叶开 著

对抗语文

让孩子读到世界上最好的文字

復旦大學出版社

contents
目 录

1 编者的话

1 序言：小学语文教材应有的底线

语文是什么

2 我们可以从老的国语课本里借鉴点什么

5 我们到底需要怎样的开学第一课

8 《功夫熊猫》中闪烁的教育真谛

14 宫崎骏动画的迷人光辉

20 我为江苏新编语文教材鼓掌

23 真挚的课本才有持久生命力

31 好词好句与陈词滥调

40 他们为何撕毁语文教材？

44 分成两半的学生

56 不是只有教师才掌握真理

59 在课堂上盛开生命之魅
　　　——为熊芳芳老师《说课》序

65 我写的两篇小学作文"不合格"

70　教育的焦虑

73　语文是人类文明的底层操作系统

78　语文的物化

悦读美好

88　阅读是最好的选择

97　阅读让我们心灵更自由

103　苦读与悦读

116　乱读书不如不读书

130　女儿的秘密阅读

132　小孩子都爱魔法师

134　夏洛与卑微者的尊严

146　我给女儿读《丛林之书》

149　我给女儿读《白海豹》

152　我为女儿读《变身》

155　我给女儿读《繁梦大街26号》

157　详细分级推荐书目

197　孩子语文成绩不好怎么办

200　做个会讲故事的父亲

202　聪明的孩子都认字

205　和孩子一起长大

214　诗歌说出内心与世界的秘密

语文之痛

- 220 巴金《鸟的天堂》在教材里变了味
- 228 被删改的安徒生童话还是童话吗?
- 237 王安忆《我们家的男子汉》被改得只剩下骨头没有肉
- 243 《餐桌上的大学》原来是意大利的作品
- 251 《带刺的朋友》变成了"带刺的敌人"
- 266 课文《信》与现代病
- 276 朱自清的真性情
- 287 从莫言获奖看作文教学的弊端
- 292 爱与恨的教育

附录 叶开写自己

- 302 倒挂在树上的童年
- 306 我的中学时代

编者的话

近年来,"语文教育"一直为社会所诟病。究其根源,在于语文教育的模式已不能更好地适应社会变革和发展的需要。

文学博士、著名文学杂志《收获》的副编审叶开先生,在从事专业的阅读与写作之余,通过自己的亲身经历,把语文教育,尤其是小学语文教育可能存在的问题找了出来,并投入了一定时间和精力加以研究,实属难能可贵。尽管他对这些问题的阐述可能还不够深入和全面,但足以引起教育人士和社会公众的关注。

更难得的是,叶开先生在提出问题之后,更是以一个父亲的担当,亲领自己的女儿徜徉于世界优秀儿童文学作品的王国,让女儿在幼小的年纪与"经典作品"结缘。在他的循循善诱下,还在读小学的女儿已养成浓厚的阅读兴趣和良好的阅读习惯,她小小的年纪就已经阅读了上千万字的作品——而这些作品,都是经典之作,不是那种市面上流行的、速成的、对孩子成长无益,甚至有害的"快餐"和"垃圾"。

叶开始终认为,学生的语文学习就是要从小就开始引导他们接触经时间检验的经典之作,以便用最好的精神食粮喂养他们,从而为他们今后的成长提供足够的养分与后劲,而不是像现在的学校语文教育那样,靠一些无趣的道德说教和假大空的词句来驯化他们。

当然,叶开的观点和说法也仅仅是一家之言,甚至有的失之偏颇,但他能把发现的问题,甚至是普遍存在的问题提出来,而且身体力行发挥自己的

专业特长,引导自己的孩子远离精神"垃圾",自小培养孩子对优秀经典作品的兴趣,逐步提高孩子的阅读鉴赏能力,这一点足以让我们感到欣慰,同时也对广大的家长朋友在引导和教育自己的孩子时有所启发和帮助。

这也正是我们出版此书的动因所在。

编者

2015年4月

序 言

小学语文教材应有的底线

我一直在惶惑：小学语文教材的编写者，心里有没有基本的底线？

在我看来，一套全市小学生必须采用的教材，起码应该有这样几个基本的起点：真实性、人文性、艺术性、宽容性。所有这些基本要求的前提，是真实性。

我在很多篇文章里，都强调了"真实性"这个大前提——"求真"，这也是人类文明发展到现在所普遍尊奉的知识基础。把这个求真的思维说成是普遍价值，一点都不为过。或许有人认为我们有自己的文化独特性，这也是一个前提条件，但是，无论中国的文化有多么独特，我们也不会承认自己的文化核心是以"造假"为基础，我们仍然尊奉"求真"的文明底线。

"真善美"不是三个空洞的字，而是人类文明的最高体现之一。在这三个字中，"真"至关重要。巴金先生在《随想录》里，一遍又一遍地倡议"讲真话"，甚至把《随想录》第三集起名为《真话集》，在里面收录了文章《说真话之四》，也是看到了社会假、大、空泛滥的深刻弊端，有针对性地作出的深刻批判。

在《真话集》的《十年一梦》里，巴金先生写道："1969年我开始抄录、背诵但丁的《神曲》，因为我怀疑'牛棚'就是'地狱'。"在这篇文章里，巴金先生还说，"我是66年8月进'牛棚'，9月10日被抄家的，在那些夜晚我都是服了眠尔通才能睡几个小时。那几个月里我受了多大的折磨，听见擂门声就浑身发抖……红卫兵一批一批接连跑到我家里，起初翻墙入内，后来是大摇大摆地敲门进来，凡是不曾贴上封条的东西，他们随意取用。晚上来，白天也来。夜深了，我疲劳不堪，还得低声下气，哀求他们早些离开，不说萧珊挨过他们的铜头皮带！"

巴金先生《随想录》写作的过程,伴随着很多压力,但是他顶住了这些压力,以一个性格原本怯懦的老人的深刻良知,一直在用笔一字一句地写文章,呼吁反思过去,提倡讲出真相。他的笔,是真正的讲真话的笔,是战斗的投匕。那个时代,《随想录》激起了多少萌动不已的良心和对邪恶的鄙视,对人性泯灭的反思。

一个社会如果不求"真","真善美"就无从说起,"善"就变成了"伪善","美"就变成了"臭美"。长此以往,恶就变成了丑恶,并且人人以邪恶为生存的武器。在这样的社会里生存,我们都有成为"猎物"的危险,我们自己让自己变成了危险品。难道,这就是我们所期盼的吗?

我们的前辈一再提倡"真善美",我们的祖先也一再教化"仁义礼",他们并不是用这三个字来欺骗下一代,而是把人类文明的精华浓缩在其中——这是野蛮人之变为文明人的基本伦理道德规范。

我的忧虑在于,如果我们继续以一些缺少"真"的课文作为小孩子人生起步阶段的学习材料,并通过集体暴力的模式强行灌输给他们,而整个社会对此毫无警惕性,也缺乏反思精神,则我们国家的文化转型并复兴的前景,仍然是如梦幻泡影,如露亦如电。什么文化建设云云,根本无从谈起。

我们是经济物资生产和贸易大国,而不是文化生产和输出大国。从最基本的日常用品开始,到最高级的文化生产的各个领域,我们都在山寨着、繁衍着,并且快乐着。

有网友给我发信说,山寨文化也是一种文化,说不定还是一种进步。

我不知道怎么回答这种山寨文化进步的高论,也不知道这种进步观念是跟什么落后观进行对比得出的。对使用这些山寨产品的普通民众来说,山寨产品确实暂时性地解决了他们的一些需求。他们的要求在这个层面上,似乎具有一点点的正当性。在文化建设的高层决策上,则不能这么低层次地思考问题。如果我们一直满足于山寨制造业,整个社会的创新思维都会被山寨产品所挤压,并窒息,我们也只能一直蹲在山洼洼里,而不知有汉有魏有晋。从普通百姓的角度来看,被彻底隔绝于武陵桃花源内,外人无法进入,或许可以维持一种相对简单的社会关系,形成一种理想中的美好乌托邦。但这种乌托邦只能是以人口稀少、地理偏僻、与世隔绝的世外桃源为想象——那种小国寡民的单纯的经济结构和人际关系，只能在几千人、最多几万人的小型村落或部落里形成。生产关系复杂化之后的现代文明社会，不可能依靠这种简单的生产关系和伦理道德来维持。不过，即使在部落社会，这种理想中的乌托邦也没有现实性，而只能是知识分子美好愿望的投射。

一个现实中的，尤其是像我们中国这样人口庞大、国土广阔的国家，根本无法关门塞户，在一个隧洞的背后自得其乐，而与世隔绝，阡陌纵横，鸡犬相闻，老死不相往来。

现在，整个世界已经进入了信息时代，地球村在技术上已经变成了现实。在网络时代，地理学意义上的距离已经不复存在了，人们通过互联网，一秒钟之内可以遨游地球好几圈，无论多么偏僻的角落，都能瞬间往来于天地间。在这个时代，仍然执著于老死不相往来的思维，实在不合时宜。

不过，如果从部落首领的思维角度，我们仍然可以伪装洞口，让重访的武陵人们在"两岸桃花夹去津"中迷路，以自官的方法再度与世隔绝，从而保持桃花源的脆弱纯洁性。在网络时代，也可以采用一些非常规手段来堵塞通路，屏蔽信息。但这种做法是被动的，也是效率低下的。《国语》里就说过，"防民之口，甚于防川；川壅而溃，伤人必多，民亦如之"。

从这个角度来看，筑坝塞川不如疏通河道。

在治水传说中，大禹的父亲鲧用息壤的方式来填平沟壑，也已经被证明为雕虫末技。如果不是大禹调用重型工程机械般的应龙来打通峻岭，开山掘道，泄水向东，现在的四川盆地也许就变成一个体积比北美五大湖还要浩瀚的内陆堰塞海了，天府之国也只是另一个传说中的大西洲亚特兰蒂斯理想国。

三千年前，我们的先贤就已经明白了制造危乎高哉、悬在居民百姓头顶上的堰塞湖很危险，只有疏通渠道，排泄洪流，才是化危为安的良策。

小学语文教材通过一些质量"低劣"的文章来壅塞孩子们的脑子，妨碍他们发展和培育自己的个人思考力，制造新一代的"没头脑"和"不高兴"，从而锻造一堆新的螺丝钉。人毕竟是智慧的生物，堵塞并不能阻止他们的求知欲。一旦有机会，人们仍然会去寻求真相，探寻真理。

在人性深处，人们天然地保存有追求真相、探寻真理的愿望。我小时候，在中国南方雷州半岛的坡脊小镇生活时，每次发现街上有热闹，但挤不进大人围观墙内，通常都是爬到树上，或骑到墙头，找到一个更高角度，一定要凑个热闹看个究竟。

语文教师也许会批评小学生说，热闹有什么好看的，大人看完回来告诉你不就行了？可是，即使大人们亲口讲述，仍然是隔了一层的，不如亲眼目睹令人激动。更何况，大人还很可能会随口撒谎。

根据我做小孩子的经验，大人常常会根据一些没有道理的借口，编造假话来欺骗我们。例如，镇上的五类分子夏振国上吊自杀，这个热闹在只有十几户人家的微型小镇上，可谓是爆炸性的特大新闻。我没有得到消息，不能及时围观。当我问起大人时，大人认定小孩子心理承受力不够，又觉得我们理解力差，不一定能明白这种事情，于是随口就撒谎说：没有人上吊，是姜援朝家杀猪了。

我后来从邻居张六通那里打听到了消息，才知道真相是上吊了。

我记忆中的夏振国，身材敦实，头发花白，腰背佝偻。听父亲说，他曾参加过国民党，还在湖南长沙保卫战中和日本兵面对面拼过刺刀，他的肩膀，有一个半指深的洞洞眼。我们小孩子不懂事，玩耍时最爱用手指在他身上抠这个肉洞玩。他是一个真正的好人，他常常给我们讲故事，但眼睛里饱含忧愁。

他死了我感到很悲伤。

从那之后，我很久都不能相信大人的话。

我一直在探求他的身世真相。在不断的阅读中，我才知道长沙保卫战的惨烈，知道汨罗江两岸的英魂埋骨无数，知道上海保卫战、武汉保卫战，国民政府军因顽强抵抗日寇的入侵而遭致惨重的伤亡。这些都是我成年之后，在不断地阅读、不断地寻找真相中，慢慢地发现的。而我深深地知道，在一个撒谎成癖的时代，我看到的仅仅是皮毛。但是，真实之皮如果不存，剩下的绒毛"神马"的都是浮云而已。

我父亲可能是怕我看见夏振国的尸体，这种谎言确实还算得上是善意的——他可能担心我会受到惊吓。但是，语文教材的编写者们把小孩子的智力看低了，并且认为只有这些"篡改"过的课文才符合小孩子阅读的论调，却毫无道理可言。

我从来不敢贬低小孩子的理解力，我从来都以小孩子为自己的老师。我们理解世界的方法，我们观察世界的模式，已经在长期的社会"浸染"中，丧失了思维的敏锐力了，只有小孩子，还具有足够的好奇心和理解力，而且跟这个纷繁复杂的世界保持着紧密的联系。我总是发现自己被世界隔离在外，但是，通过孩子的眼睛，却可以看到更加美好的真相。

我们每个人都有强烈的亲眼目睹真相、亲自探究真理的本能。

大人告诉我们真相，是小孩子在成长和学习中获取知识的一个方面，但是，参与探究的快乐，以及在这种探究中学习到的知识，体会到的情感经验，都不是从大人转述中所能得到的。所以，即使大人一再阻止，我们仍然会在发生热闹时，翻墙一睹究竟。

小学语文教材编写成现在这个样子，到底基于一种什么样的逻辑？我反复思考，至今都无法一窥其奥。这些教材自然有编写大纲，有编写指导思想，还有固定的编写格式，为这些目标，教材编写者再去找来各种类型的文章，裁剪成适合他们观点的课文。这种陈规陋习已经延续了几十年。虽然各省市不同的编写者会找到不同的文章来裁剪，但是，因为这种套式所限，他们更多是趋同化，而不是差异化。不同省份的教材编写者之间甚至出现马太效应，相互袭用对方的选文。

我们现在看到的这些教材，在编写格式上，都貌似严谨。一本书分成几个单元，每一个单元的知识重点是什么，需要用多少个课时来讲述，全都规定得清清楚楚，也因此严格地限制了语文教师的发挥空间。有独立思考能力的语文教师，通常也难以跳开教材思维，而只能勉强地依葫芦画瓢，长此以往，好教师也变成了闷葫芦。

面对这种"课文"，无论一位语文教师多么敬业、多么优秀，都不可能给自己的学生传输真正的知识，更不会有效地引导小学生热爱阅读，学会思考，也难以培养他们形成为了完善自己、为陶冶自己而主动去思考、去阅读的能力。学习是为了完善自我，而不是仅仅为了考出高分。这个观点每位语文教师本

该深有了解。但是,在当前的教育体制的严格束缚下,他们确实也是巧妇难为无米之炊。这就像只给一名大厨一块牛粪和两个石子,却要求他做出一桌满汉全席。

在这种教育体制下,我们可以断定,如果教学培养目标错了,语文教师越敬业,带来的危害就越大。

光是抱怨,并不能解决问题。

近几个月来,我接到全国各地很多记者的采访,还有到我家来跟踪采访的大报记者,跟我和我女儿交谈了很长时间。他们不仅详尽地研究了我写过的那些文章,而且还关注了这些文章产生的不同反响,为推进整个社会对小学语文糟糕现状的关注,作出了很大的贡献。我在回答他们的采访时,越来越集中地强调这样一个观点:我们暂时改变不了教材,但是我们可以尽量通过有效的阅读来完善自我。

我跟很多教师通信时说,我们每个人都要从自己做起,积小善而成溪流。我不敢说汇成江河,但可以汇流成小溪。在这种现状下,教师自己也要保持基本的清醒,不能完全把所有的责任都推卸给教育制度,因为这是我们暂时无法撼动的。我们只有从自己身边做起,改善语文教育的微环境。

我一直坚持认为,人类文明是需要有效累积的,就像千百万年来积淀下来的岩层,一层一层加高,一层一层堆积,才能变成土坡和山丘,乃至于高山。我们不能再通过焚烧和杀戮的方式,不能再通过打土豪分田地的手段,来谋求所谓的社会进步。经济建设尚且不能杀鸡取卵,文化累积则更是大忌竭泽而渔。我们每个人生存在这个世界上,不过是一瞬,而文明的累积,则是一代一代堆叠起来的。我们现在的破坏行为,直接伤害的就是下一代。而被小学语文教材伤害的,可能是三代、四代以上。

我只能提倡自我的疗救。

我们都要从自己做起,从有效的阅读做起,疗救自己的孩子遭到小学语文教材"伤害"的心灵。我们改变不了社会,但是我们从自己做起,从身边的朋友做起,通过阅读学习,来提高自己的修养,来培育自己的性情,来提高自己的智慧。这样做,也可以慢慢地改变社会的小气候,调整微细的生态环境。即使在"丛林社会"里生存，智慧也是重要的生存技能。

对这个社会，我仍然保持着一点乐观精神。我们不能把整个社会想象成一成不变、死板一块的丛林世界，不能因为一些不良事件的不断发生，就彻底悲观、放弃，以为无能为力。我跟记者说，这个世界有很多邪恶，但是也有很多温暖，不然，情何以堪？我个人的经验是，我的同事们都很友好，我的朋友都很善良。在基本的道德范畴上，我周围的朋友们，包括我所看到所接触到的小市民，包括在菜场卖菜的很多商贩，都是善良的、诚实的、友好的人。

自己心存恶念者，才总是把别人想象得比自己还邪恶。

我在考虑编辑这本书时，把重点放在了阅读上。

我不仅要把揭露和批判小学语文教材的文章放进这本书里，还要把我自己搜集到的、我女儿读过的作品，做一个详细的目录，放在这本书里，并按小学一年级到五年级以至于中学的不同年龄段，逐级推荐不同的阅读书目。有关书籍，还尽量做些简要的点评。重要的经典作品，还附有评论文章。

这样，我就把这本书的重心，从批判转移到建设上。我们不仅要认识到小学语文教材的"危害"，而且要想办法从自己做起，来自我疗救，从这种"危害"中"康复"。

我呼吁所有的父母，都要认真对待这个问题。

我们要通过有效的阅读，让孩子的心灵健康成长，让他们从最优秀的文学作品中汲取甘泉获得滋润，就像水土需要涵养，就像湿地需要涵养一样，小树苗也需要逐步培育，才能慢慢涵养成健康挺拔的大树。

语文是什么

　　语文教育的核心，不是意识形态的道德教化，不是思想改造；语文教育的核心思想，一是认写文字，二是阅读经典。学会书写，懂得欣赏古今中外的优秀文学作品，是语文教育里最重要的组成部分。而对经典作品的熟读和背诵，则是这种学习主要的、切实有效的手段。

我们可以从老的国语课本里借鉴点什么

> 这些教材不仅着眼于传达传统的核心价值,而且宽宏地容纳了世界最新的人道主义思想。对学生不是训诫和管教,而是引导和培育。

《南都周刊》今年第 44 期的报道《语文教材:从民国到现在》里说到一句让人感慨的话:"叶圣陶主文、丰子恺插画,1932 年版《开明国语课本》重印本卖断市了,连出版社都没货。同期重印的老课本系列在网上收获好评一片。"

这里提到的三种教科书:《开明国语课本》《世界书局国语读本》和《商务国语教科书》,是上海科技出版社 2005 年重印的民国国语课本系列。由叶圣陶主文、丰子恺插画的《开明国语课本》,在 1949 年前共印了四十余版次。《商务国语教科书》由大出版家张元济亲自主持编写与出版,1917 年出版后十年间,发行量高达七千万册以上。

这些国语课本,定位和目标都极为明确,以母语教育为本,传递传统核心文化价值,吸收现代西方文明精髓及新式教育思想,将新的教育理念和传统文化精神进行有机融合。这些教材不仅着眼于传达传统的核心价值,而且宽宏地容纳了世界最新的人道主义思想。对学生不是训诫和管教,而是引导和培育。并不以单一而强横的标准答案来打击学生的积极性,而能博纳多种价值和宽容各种思想,从而在国家仍然积弱时努力增强学生的自信与大度,弘扬民族优秀文化思想。

在此之前的多次回答记者采访时，我都斗胆强调，语文教材是教育思想的体现，有什么样的教育思想，就有什么样的语文教材。对比这些近八十年前的国语课本，再考量新旧两种教材的核心教育思想，我对所谓的"新"与"旧"这两个字有了完全不同的理解。被我们下意识地理解为"旧"的教材，因其浓厚的人文主义思想飘香，反而显得历久弥新，比"新"教材要好得多。有些美好的价值，流经八十年仍然熠熠生辉，有些虚伪的课文，即使只是被我们阅读一次，也已经陈腐不堪。判断课文的优劣，不能仅仅着眼于时间的单向顺序，而要着眼于思想的包容度和人文价值的传承。

我们目前的语文课程标准，把语文工具化，失去了人文性考量。目标不是培养个人自我完善的公民，而是建设者——其象征是"螺丝钉"。由于民国时期的国语课本的教材编写并不由政府指定机构垄断，当时的优秀文学家、教育家、出版家和学者，都热心从事编写小学国语课本。《开明国语课本》的编写，就是典型的顶尖专家强强联合打造出来的精品。

小学国语教育是国家文化昌明的百年大计之核心基础，一点马虎不得，疏忽不得。

根据前辈的成功经验，现在的小学语文教材，应该更加开放，提供自由的舞台，让各种教育团体组织最优秀的文学家、教育家、心理学家、出版家和学识精深的优秀学者来共同编写。教育主管部门只需要组织专家委员会来对各类出版物进行公正合理的评估和推荐，而不是现在这样恰恰相反。

这些出版于上世纪 30 年代民国时期的国语课本，距今已八十余年，早该属于"落后""过时"乃至要"挨打"，扔进垃圾堆里的"垃圾"了。根据我从小就学到的正确历史观以及特有的"新旧定律"，我知道，凡是旧的都是差的，凡是新的都是好的。这些国语课本如此陈旧，早该被历史无情地淘汰了，被滚滚灰尘淹没了。我们常被教育说：历史的车轮不可阻挡。但历史的车轮怎么没有把"陈旧落后"的国语课文碾得粉碎了呢？这里面的真正原因，值得深究。也许，从核心的文化价值传递和人文主义精神的弘扬角度来评估，"旧的"反而是"新的"，"新的"有时反而不如"旧的"。

　　语文教材是学校教学活动中最重要的材料，不仅要传达出准确合理的教学目标，而且要通过基本的识字教育过渡到美德教育和修辞教育。这里的美德，不是空泛的说教，而是有根植于传统文化最根本的价值理念，并且把这些历久弥新的道德，用美好的修辞表达出来。我们现在的语文教材，三十年来核心价值不明确，虚浮的道德说教到处飘忽，教材编写一再变更，几十年过去了仍在试验中，不知道什么时候才能结束。

　　我不知道如今的语文教材编写者看到这个"旧教材"畅销的消息时作何感想。我很想知道，但只能猜测，却又无可测度。假设他们看到了这些教材，并对比"新""旧"两种教材，到底会有什么样的结论？

　　现在的教材编写出版流程，已经变成了一件极其神秘的事情。教材的编写组、教材的出版以及教材的主管，形成了一条稳如磐石的链条，如诸葛亮的一字长蛇阵般无懈可击。什么时候，我们才能看到像民国国语课本那样历久弥新的优秀教材放在我们现在孩子的课桌上呢？

我们到底需要怎样的开学第一课

> 美不是外在的,作为现代公民,学生们应该从青少年时期开始,就直接与现实的、日常的美融为一体。

孩子学校布置任务,要周末晚上收看中央电视台八点至十点播出的《开学第一课》,并写一篇观后感。我们孩子认真,说过好几次让我们提醒她看。

过了一个漫长的暑假,到开学前一天,孩子有很多事情要做,把忘记的作业补齐,把提前返校时领回来的各种课本、作业本分类装入书包,还要在十点前上床睡觉,以便周一早上六点钟能及时起床去上学。我们当父母的,则要准备第二天的早餐,帮孩子准备好校服。各种事情挤压在一起极其忙乱,还要抽出两个小时看电视,用一个小时写观后感。晚会到十点钟结束,孩子完成作文要到晚上十一点。如早上六点钟起床,则只有不到七个小时的睡眠时间。

从 2008 年开始,教育部和央视联合拍摄《开学第一课》,每年暑假过后开学前一天晚上播放。今年主题为"美在你身边",这台面向全国中小学生的节目并没有太大的实际课堂意义,整体的构思和编排方式都暗示着这是一台"儿童春晚",弘扬主旋律,另外节目编排方式几乎雷同,主要表达"两种崇拜":对我国第一位女航天员刘洋的英雄崇拜,对伦敦奥运会金牌获得者的成功者崇拜;"两种催泪":在湖北恩施高原小学支教三年的"最美女教师"张丽莉的精神奉献,在高速公路上行驶时被异物击中身体仍顽强地把车停稳后才昏迷过去的"最美司机"吴斌的身体奉献。这"两种崇拜"

和"两种奉献"经于丹女士举例解释变成本次儿童春晚的核心主题:成功与奉献。晚会产生了悄然质变:由"发现美"转化为"奉献"。主题的审美教育被悄然改造成道德说教。我们的中小学生,则由探索自然、感受生活的可爱精灵,变成了只能张嘴被填喂道德饲料的河北填鸭。

我不反对"美的教育",我国的基础教育最缺乏的恰恰是美的教育。美的教育是从细节开始的,但今年《开学第一课》完全搞错了美的主体。美在我们心中,在我们的敬畏和自律中,我们身边的是美的外化。"美在我们身边"的寻找模式,漠视了个人主体作用,也抹杀了个性意义,寻美过程变成了道德灌输,孩子们只剩下做一只填鸭的义务,而无法从这种种的发现与自我发现中,找到自我价值,发现自我的能力。一个人如总在寻求外在美来试图感动自己,这是可悲的。没有主体意识的美是不真实的,而建立在虚假基础上的美是脆弱的。

任何叙事艺术,用感人事迹、生离死别来催泪都是有效的。我女儿看到"最美女教师"张丽莉年满三年支教即将离开高原小学时,学生们对她依依不舍的镜头,感动得眼眶里滚动着泪水。看到"最美司机"吴斌先生的女儿在讲台上谈论父亲和缅怀父亲时,她也难过得低下脑袋。到了手舞表演四季时她揭发说这是模仿日本《超级变变变》,到了于丹女士的宣讲时,她感到难为情,说:爸爸妈妈,我先去睡觉了。

张丽莉老师的奉献精神让人敬佩。一个大学刚刚毕业的女孩子来到贫穷落后的大山深处支教三年,奉献够大了。节目还藏有一手:大堆催泪弹铺垫后,张丽莉老师和学生来到节目现场,主持人当场宣布:为回报高原小学孩子们的挽留,张丽莉老师决定永远留在高原小学!掌声雷动!令人震撼!张丽莉老师的奉献精神感动全场!但且慢,我担心,张丽莉老师因为单纯与热情而被节目组以道德的名义劫持了。一个正值青春年龄的女教师把最美好的三年留给高原小学,已令人敬佩了,人们有什么理由、有什么道德令,非让她奉献一辈子?若干年后,张丽莉老师若因个人原因或需要而离开高原小学,这是她的个人道德瑕疵呢,还是节目在道德造假?从个人角度来说,奉献是有限度的,道德不能成为劫持别人的工具。

拥有百万公里安全行驶纪录的"最美司机"吴斌先生，他的事迹已经广为流传。他的伟大在于对生命的尊重，对职业道德的坚守，这样的勇者在中国太少，值得反复宣传。但在一台旨在面向全国中小学生的晚会上让吴斌先生的女儿当众宣讲往事，这样做尊重十七岁的少女吗？她的失怙之痛，真要当着全国观众的面从头到尾再撕扯一遍？

晚会宣扬人性美，实际却流于形式。在实际运作环节上，具体节目安排，没有充分考虑到收看节目的中小学生的具体情况，也缺乏对中小学生个体的基本尊重。

美本来是可以宣传的，可以深入阐发的。别的不说，中国各中小学校校服大多料子低劣，裁剪不合体，穿在身上男女生不分，都是长长短短，难看异常。这样具体的事都没有顾及，不尊重学生美的需求和美的实际要求，违背美育的原则。美不是外在的，作为现代公民，学生们应该从青少年时期开始，就直接与现实的、日常的美融为一体。青春期的男生女生，本来应该在最美、最爱美、最喜欢探索美的时期，但是我们的教育模式却是压制这种美的渴望，打击美的心灵的。在我们学生时代美更多的是一个贬义词。加上前缀后缀美就变成了"臭美"，那些在小辫子、橡皮筋以及衣服上稍微花点心思换点花样的女孩子，大多会遭到班主任的排斥和打击。

美不是抽象的，美是具体行为和体现。如果中小学生只能伸长脖子景仰他人的英雄主义和成功主义，如果我们只能长大嘴巴等着填唯道德饲料，而不能学会对自然世界的探索和欣赏，不能学会思考和质疑，这种美则是虚假的，也是不人性的，更谈不上任何的人性美。

《功夫熊猫》中闪烁的教育真谛

什么叫有教无类呢？简单地说，就是因材施教，是无贵贱、尊卑、聪明、愚钝差别的普遍性教育观。在我们的中小学里，老师都爱高分的学生，爱"天才"的学生，爱听话的学生。熊猫阿宝这种懒惰、肥胖且看起来蠢笨的学生，要是放在我们的小学里，早就被折磨成一个真正的笨蛋了。

全美班底制作的动画大片《功夫熊猫》内地上映十天，票房超亿，这让那些在影片上映之前举行抵制秀的人耳光响亮。同时，这创纪录的票房业绩，对我们的教育又意味着什么呢？

中国传统文化的核心理念，很多人自以为是地认为该由我们自己阐述，这个执见，在十年前迪士尼制作出动画片《花木兰》时，就纷扰不已了。那时，人们还可以攻击《花木兰》仅仅是包装着中国元素，精神内涵还是好莱坞的个人奋斗。但到了《功夫熊猫》，人们这才发现，这部片子除了人物是中国的熊猫，功夫是中国功夫，影片的精神仍然是中国传统中最为迷人的天人合一、有教无类以及止于至善；而且，影片精神的阐述精确明了，毫不拖沓。乌龟大师对狐狸大师的讲述，真有天女散花的至美。大陆的很多动画片，说教简单，人物呆板，喧闹无趣，哪里做得到这么有趣而深婉？

"功夫"电影的源头在大陆，20世纪20年代，上海明星影业公司拍摄《火烧红莲寺》，一时万人空巷，此为功夫电影掀起高潮的滥觞。后来，大陆式微，影人寂寥，唯有香港继承了功夫电影的衣钵，并使得功夫电影再度勃兴，影响遍及全世界，对欧美后起导演产生巨大的影响。大陆观众，也是在香港影人制作的《少林寺》公映之后，才恍如隔世般知道世界上还有这类影片存在。好莱坞电影鬼才昆丁·塔伦蒂诺就自称是香港六七十年代功夫武侠片的死忠粉丝，他的功夫片《杀死比尔》，是向香港功夫片致敬之作。而影响深远的好莱坞系列高科技幻想影片、被称为史诗般作品的《黑客帝国》，其中令人眼花缭乱的武打，则全由香港的特技师袁和平领衔设计。香港著名导演吴宇森转到好莱坞发展，也凭着自己在功夫电影里的造诣，打出一片新天地。香港功夫类型片，已经传遍世界，与世界电影融为一体，在世界电影史中占有重要的位置。

从电影类型上看，《功夫熊猫》的结构，可以说是完全模仿周星驰的《功夫》，连故事情节都差不多，包括阿宝在跟豹子太郎打斗中简单地踹了他一脚。其他的一些情节，如狐狸大师教熊猫阿宝学武功的一些设计，则源自很多香港的经典武打片，例如用碗倒扣着包子来拨弄这个情节。《功夫》里的周星驰是个努力学坏的旧上海滩的小混混，而《功夫熊猫》里的熊猫阿宝却是一个小业主家庭的后代，肩负延续鸭子老爸小面馆事业的传家重任。他跟很多功夫迷一样，对功夫历史和功夫大师们了如指掌，并且还是那个脾气很犟的老虎姐姐的"big fans"——超级粉丝。平凡普通的熊猫阿宝梦想在平凡乏味的面条生涯之外，拥有不平凡的人生。影片开头，他在梦中行侠仗义，身手不凡，击败了无数的强敌如秋风扫落叶，潇洒以至于惆怅。这是我们这些大陆人适龄时期的普遍梦想，是我们祖辈们年轻时的梦想，也是港台地区深受武侠小说和武打影片影响的小青年的梦想。瘦弱的南宋诗人陆游，在身患重病时，还幻想着"金戈铁马"的英雄生涯。行侠仗义，劫富济贫，是中国传统江湖文化中的经典梦幻。每个人小时候都有一番仗剑天下的雄心壮志，到了中年，则安守本分，小康度日。

阿宝是一个好吃懒做、身体肥胖、活动迟缓的熊猫，通常看来，一只熊猫根本不适合修习功夫。他的身材跟那五个偶像相比，差距太大了。在动物界，老虎和豹子黄金般的身体，是造物主的伟大杰作。蛇不用说了，历经亿万年的浩劫而能生生不息，自有其超绝的生存之道。英国文学大师

吉卜林在《丛林之书》里写到那条叫"卡"的蟒蛇，不仅智慧超群，而且攻击动作凶猛迅捷，力大无穷，连从小被野狼养大的丛林王子莫格里，也完全无法抵挡他在游戏中已经减少到了只有十分之一力量的攻击。螳螂不用说了，爱读法布尔《昆虫记》的读者都知道，是昆虫界中最伟大的杀手。而猴子，从来都是身手敏捷，爬树攀山如履平地的高手。仙鹤，不仅能搏击长空，而且具有犀利的目光，能在遥远的天际捕捉转瞬即逝的夕光。电影里，选择这五种动物作为五大高手，并非随意之作。在中国传统武术里，这些动物是极该学习的对象，也都有相应的拳术流传。古代文化中，万物有灵，梅、兰、竹、菊自然是高洁的象征，而虎、鹤、猴、蛇、螳螂，何尝不是动物界的高手？这五大高手还仅仅是搏击上的高明，他们的境界跟乌龟大师相比就差得很远了，连他们的师父狐狸大师也达不到乌龟大师的高度。

在武林大会隆重举办，乌龟大师亲自挑选一名能拯救山谷的龙武士时，他居然随手一点，就点着了仅仅是为了看到热闹场面坐着烟花椅子从天而降的熊猫阿宝的鼻子上。这一指，真有佛性，真有缘。乌龟大师的高明之处就在这里，就在他的心无所住。

乌龟大师告诉狐狸大师，对阿宝这种学生，你必须因材施教。孔夫子提倡"有教无类"，我们的教育书籍里也整天嚷嚷着这句话，但是什么叫有教无类呢？简单地说，就是因材施教，是无贵贱、尊卑、聪明、愚钝差别的普遍性教育观。在我们的中小学里，老师都爱高分的学生，爱"天才"的学生，爱听话的学生。熊猫阿宝这种懒惰、肥胖且看起来蠢笨的学生，要是放在我们的小学里，早就被折磨成一个真正的笨蛋了。

孔夫子自然是来者不拒，因材施教。人们送给他三根腊肉，他就收为徒弟，从不拒绝。乌龟大师的理念，显然承袭了孔子的精髓。乌龟大师羽化登仙后，狐狸大师才恍然大悟。狐狸大师知道，他必须根据熊猫阿宝的性情、爱好来教育他。这是对教师教学法的修正，也是对教师的讽劝。

你我的孩子也一样。

每个孩子在刚刚呱呱坠地时，都是一个小肉团，但是他们生而不同。

性格、性情似乎有先天的因素，所以古人说"江山易改，本性难移"。我们大陆的教育，偏偏信奉刘本移性的独特功效，我们的教育大纲和实施的教育理念，都是"平均主义教育"，是趋同化、类型化教育，根据这种教育的目标和手段，小孩子受了九年中小学教育之后，都要变成平凡普通、"呆呆痴痴"的螺丝钉。我们对学生的比喻，都是"栋梁""螺丝钉"和"花朵"之类，他们可以是一切事物，但不可以是人，一个活生生的、有自己特殊爱好和个人性格的社会的人、家庭的人。在我们的某些教育者的眼中，所有学生都是面粉，而他们的终极未来，就是被做成包子，一个个圆圆的、彼此一模一样的包子。包子虽然不起眼，但是有益于人民群众的身体健康。就像经典的"螺丝钉"的比喻，虽然你是一个螺丝钉，但是不表明你一钱不值。

熊猫阿宝对自己也没有什么信心。这种自我价值的判断，跟社会群体施加给他的暗示保持着一致性。人们通常会认为，一个肥胖的熊猫不可能练成绝世武功，只有像太郎、老虎姐姐这样身材超棒的天才，才可能是拯救众生的龙武士人选。在周边群众的长期贬抑性暗示下，熊猫阿宝也对自己没有信心，白天浑浑噩噩，只在梦中有点狂野。在梦中，他敢跟五大侠煮酒论英雄，腾云称弟兄。现实生活中，他把自己定位为一个小面馆的接班人、一个武林大会的旁观者——他的鸭子老爸，竟然在这个时候还让他推一车面条去卖。无论多大的雄心，有这么一个小业主的老爸消磨着，你也只好歇菜了——好在，阿宝还赶上一个尾声。正应了一句古话：来得早，不如来得巧。

武林世界中，还有乌龟大师这样的神仙人物，这才是武林之所以仍然是武林的终极原因。制作电影的核心人员虽然都是老美，但他们对这些研究得非常透彻。

电影中，乌龟大师说着中国先贤们才能够娓娓道来的道理，落叶飞花，皆是宇宙神秘的理趣。你不能说他好，也不能说他不好。比如狐狸大师慌忙过来说的坏消息。乌龟大师说，消息就是消息，没有好坏。不过，当狐狸大师说是太郎逃出来之后，乌龟大师也说：确实是个坏消息。

整个山谷的生灵，其命运都寄托在了熊猫阿宝的身上。

然而,熊猫阿宝根本没有任何心理准备,更没有武功基础。

这个故事有浓厚的神秘主义色彩。东方的神秘主义思想,在美国佬制作的《功夫熊猫》里,如汩汩溪流,和风细雨地渗透出来。每个人都有自己的潜能,狐狸大师只需要相信这一点——乌龟大师多次跟他强调的也是这一点,即熊猫阿宝就是一个拯救生灵的龙武士——然后去想办法教育他,教他学习顶尖的武功。阿宝身上的潜能只要激发出来,他就是大师。

我们的一些教育界人士看待教育,跟美国同行的教育理念有很大的不同。我们是趋同化教育,要求每个人都达到相同的目标;美国是差异化教育,承认每个人各有所长,只要努力都能达到人生的目标。

熊猫阿宝这个形象,假设放在中国大陆的动画片里,他将会被怎样塑造呢?

我对大陆动画片现状非常悲观,对那种渗透了深刻教化思想的动画片制作理念,已经失去了信心。熊猫阿宝如果在大陆的动画片里,他也许是一个好吃懒做的反面角色,在老虎、猴子、仙鹤等好朋友的帮助下,改掉了自己懒惰的坏毛病,好好学习,天天向上,成了一个老师和父母都喜欢的好学生。然后,他也练成了武功,成为人民群众的保卫者。想想就无趣。

在《功夫熊猫》里,狐狸大师终于明白了,对这样一个贪嘴的胖熊猫,就必须用能够诱发他努力的方法来激励他,例如影片里的馒头。在经过十公里的长途跋涉之后,阿宝已经饿得两眼放光了,狐狸大师却跟他抢馒头吃。阿宝必须努力,才能给自己挣到填胃的口粮。

熊猫阿宝就这样练成了一个武林高手。但是,且慢,他还不是一名大师。大师,是要对宇宙、对世界有独特看法的智者,例如乌龟大师。这个乌龟大师,很像老子,也很像佛陀。他就是中国传统文化中的智者化身。然而,他在流传后世的神秘武林秘籍里给熊猫阿宝的暗示,却是典型的好莱坞方式:相信你自己,你是最棒的!他的鸭子爸爸告诉他,面条汤的独家秘方,就是什么秘方也没有。相信它,就鲜美无比。

熊猫阿宝恍然大悟:每个人都有自己独特的价值,要相信自己,找回自己。

熊猫阿宝开头读不懂的那个宝卷,在他的鸭子老爸的面汤秘方的暗示下,他终于融会贯通了这无字天书般的秘密,成了一代武学大师,挽救了山谷。

从这个角度来看,《功夫熊猫》是好莱坞影片制作人员给我们中国大陆父母和教师奉献的一部生动的教科书。

那些要求所有学生都乖乖地背着手上课的老师,那些想把所有学生都做成"馒头"的教育者,都应该看看《功夫熊猫》,然后额头淌汗。

宫崎骏动画的迷人光辉

> 宫崎骏的作品拥有这么多的观众,最根本的原因,大概是他在这个冷漠而机械的后工业时代,为孤寂不安的心灵,植入了情感的温暖和人性的光辉。

一

日本动漫大师宫崎骏如今在中国大陆拥有庞大的观众。

去年,他以一部简单和纯净到了不染纤尘的新作《悬崖上的金鱼姬》,为日渐要成为美丽暮光的二维手绘动画,添上一抹令人忧伤的绚丽色彩。这部取材于安徒生童话《海的女儿》的影片我只看过一遍,然而画面里那小小的金鱼姬驾驭着滔天巨浪奔跑的庞大场面,仍然在我的记忆里清晰如刻。那么简单,那么纯洁,那么执著,仅仅是为了讲述一个孤独与友情的故事。这个故事比安徒生《海的女儿》更简洁,更温暖,也更友爱。可见得宫崎骏的一贯亮色:在一个孤独的世界里,友爱让人温暖。

宫崎骏如今在中国小资阶层属必看影目。我的大多数朋友也都看过他的作品。他们基本上都是随大流,赶时髦,甚至叶公好龙。2004年的动画大片《千与千寻》,宫崎骏这部获奖名作,人人都知道,都说喜欢。它也确实是持最根本环保主义立场者宫崎骏的集大成之作,是他顶峰状态的体现。我却觉得这部作品太庞杂,过多的妖祟气和凛冽寒。宫崎骏是一名保守主义动画家,他的立场很简单,就是环保,就是基本人性,是从当下,从后工业时代,退回到前工业时代,从机械化大生产的匆忙、严丝密缝的景观,返回到手工业时代的散漫、精美和舒缓。他的很多作品，取材和想象的发源地都是欧洲，很多作品的规划，甚至就是在欧洲实地游历、感受和摹写的。他早期参与制作的短剧《阿尔卑斯少女》《热那亚的少年》《名侦探福尔摩斯》和一些绚丽的影片《飞天红猪侠》《古城之谜》《天空之城》和《哈尔的移动城堡》等，都有浓重的欧洲文化色彩，最近的这部《悬崖上的金鱼姬》，也是安徒生童话《海的女儿》的故事主线，加上了宫崎骏的东方化和善意化元素。与欧洲文化背景相映成趣的，是宫崎骏的东方文化背景的作品，这些作品主要有《龙猫》《风之谷》《魔女宅急便》《萤火虫之冢》《幽灵公主》和《百变狸猫》等。核心也是保守的传统价值，例如人与自然的共处，人与人之间的友情，再加上东方特有的万物有灵观和日式人际关系和环境背景。另外有一些，则是东西方结合的、中性的人物和故事，例如热核战争为背景的动画连续剧《未来少年柯南》，想象力奇特的影片《猫的报恩》等。

宫崎骏动画里的主人公大多是少男少女，他把这些主角的关系和他们所处的环境都加以简单化，加上深刻的同情和善意，构成影片里最重要的暖色调。宫崎骏作品中数量较少的成年人角色，则暗示着成人社会的阴暗和无趣。

要说我个人最推崇的宫崎骏作品，却是我和我女儿一起百看不厌的《百变狸猫》。这部作品充满了东方的万物有灵色彩，又极其有趣。狸猫们为了保护被人类日渐侵占的森林，开始努力地跟随火球奶奶一起学幻术。这些学会变换自己外形的狸猫，唯一不能改变的是他们的淘气和顽皮，另外，他们对整个世界的认识，也保持在儿童的智力水平上。而儿童的世界与少年的思考和友情，恰恰是宫崎骏动画里最核心的价值。

宫崎骏的作品拥有这么多的观众，最根本的原因，大概是他在这个冷漠而机械的后工业时代，为孤寂不安的心灵植入了情感的温暖和人性的光辉。

宫崎骏代表的是已经开始走下坡路的手绘二维动画时代，观看宫崎骏的作品，或多或少带有一种缅怀和感恩的成分。他的影片主体，都是普遍的人性因素，思考人在这个孤独的世界里的生存和情谊。故事里大多有一

个少年,这个少年大多是活泼好动、百折不挠地要去救他偶然邂逅的少女,而这个少女,通常都是被后工业化的非人性力量所伤害的对象。因此,宫崎骏的这种态度,就类乎西西弗斯推石头了。他知道自己似乎不能挽回现代社会这种令人慨叹的沉沦和蜕变,但是他愿意为这种人性的衰微唱一曲动人的挽歌。

宫崎骏在令人忧伤的《百变狸猫》的结尾里,让狸猫们在极其绚丽地表演了超级天才的幻术之后,悲壮地失败了——人类的推土机仍然轰隆隆地推平山丘,砍光森林,建筑钢筋水泥的森林房屋。狸猫们不得不适应这个社会:会幻身术的变成了上班族;脑子好使的成了游乐场投资商;坚持不变的,则在城市的下水道、阴沟和公园里,继续聚会,跳舞,狂欢。他们的哀与乐,都拨动着我们身体里看不见的琴弦。

在中国,谈论普遍人性,似乎不太合时宜。

我们的顽固观念认为,世界上不存在普遍人性,只存在特殊的国情。这样,就人为地把全世界经过两次世界大战的惨痛记忆,总结其可怕的教训之后得出来的一点点反思的成果,给掐掉了。意识形态的帷幕,遮蔽了普遍人性的思考,同时,也给想象力的翅膀套上了沉重的镣铐。

对大工业化、后工业化的非人性力量的警惕和对自然环境的忧虑,深入思考人们在这个孤独时代的彼此相处困境,通过少男少女纯净的友情来净化成年人世界蒙尘和邪恶的心灵,这是宫崎骏影片里体现的普遍人性,在东方、西方和——如果可以这么说的话——南方、北方的观众中,这种普遍人性的诉求,得到了较普遍的欢迎,甚至可以说老少皆喜。

另外一种对普遍人性的通识,是渴求和平及相互理解、宽容与沟通。这不仅在宫崎骏的作品里,而且在美国的动画片里,例如最近的大片《变形金刚》《机器人瓦力》《辛普森一家》《功夫熊猫》等,都在淋漓尽致地展现着这种强烈的诉求。美国动画中的大量主题,都可以跟以宫崎骏为代表的日本动画家相互替换和重叠。

只有承认这种普遍的善、爱和宽容,才能接着谈论第二个问题:想象力。

二

在宫崎骏的动画里，主人公们常常处在飞行的状态中，但并不是我们现在所习以为常的喷气机旅行。最典型的是《魔女宅急便》里小魔女骑着扫帚的飞行，《飞天红猪侠》里的旧式水陆两用战斗机的飞行，而《天空之城》里那种超能力的悬浮石的飞行更令人心驰神往。飞行是动画片里最为经典的主题之一，这跟人类对自我局限的认识，和对未知世界的探寻欲望完美地结合到了一起。

最惹人发笑的飞行，却是美国动画大片《功夫熊猫》里，肥胖的熊猫阿宝被一捆点燃的鞭炮射向天空。

熊猫阿宝这次可笑的飞行，却彻底改变了他自己的命运和中国大陆观众特有的线性思维模式。阿宝重重地摔在狐狸大师和五个高足正忧心忡忡地等待乌龟大师挑选未来救世主龙武士的仪式现场。在这部影片里，又懒又肥的熊猫阿宝和又老又慢的乌龟大师，是战胜旋风般迅速、金刚般生猛的豹太郎的决定性力量——以慢制快，这个古老的东方式智慧，在上个世纪 80 年代早期，一度曾依靠金庸的武侠小说来给中国大陆读者空虚的脑壳里灌入醍醐。一位纯西方化导演，不曾在东方文化浸淫过，却令人吃惊地打通了身体里的七经八脉，通过一种普遍的人性的方式，从美国挖了一条时光隧道，穿过波涛汹涌的太平洋地下地瓤，突然出现在中国四川的峨眉山金顶上。

《功夫熊猫》在 2007 年，以超级旋风的猛烈姿态，在中国大陆进行了一场诺曼底登陆，以令中国人瞠目结舌的方式，娓娓动人地讲述了一个西方的普遍人性观念彻底地激活东方深厚博大传统智慧的新时代神话——乌龟大师很慢，不仅动作慢，讲话慢，甚至思考也慢，他慢慢地伴随着桃花飞舞消融不见之前，伸出那根细长的指头，在我们这些钙化了的脑壳上轻轻地敲了一下。

"荒漠现代化"的狂躁，让整个中国陷入了思想昏迷的谵妄中，不知方向，也不重视传统文化的价值，更不懂得珍惜。十三亿人，都心急火燎、匆匆

忙忙地奔跑在路上。在这种快即是美的观念里，我们不难看到"多快好省"的古老魔咒。这让整个古老的大陆变成了一个乌烟瘴气的大工场，弥尘漫天。

慢！《功夫熊猫》告诉我们，慢，也是一种价值，而且是很有用的价值。在一架喷气机上旅行，你什么细节也看不到，只是被打包在一个密封的箱子，从一处传送到另一处。只有那些相对缓慢的旅行方式，才能让人充分放松身心，观察和体会沿途变幻不停的风景——喷气机旅行时代，我们已经失去了对事物的直接感受。在网络旅行时代，我们被虚拟的现实所征服——在此之前，乌龟大师也用这根枯瘦的指头，在当时武艺超群、快如闪电、横扫山谷无敌手的豹太郎脑门上点了一下，让后者轰然倒地。

我们跟豹太郎一样冥顽不化，一味地追求快。这种求快的心态，体现在统计局的经济数据上，也体现在拼命地破坏自然而追求 GDP 的数量增值上。

好在狐狸大师很信乌龟大师的话，他听进去了：每个人都有自己的价值，只要你有耐心，你想方设法地去激活他，他就会成为一个超人。这个理论并不神奇，我们的老祖宗孔子在两千五百年前就说过"有教无类"这样的金言。

纯好莱坞西人班底的《功夫熊猫》，用乌龟大师的一阳枯指，轻轻地点着了罩在我们脑袋上空的这个鸡蛋般坚硬的壳上。

去年美国很卖座的二维动画大片《辛普森一家》里，小镇突然也被一个透明的巨大玻璃罩给盖住了。

怎么办？

只需钻一个洞。

普遍人性就是这个锋利的钻头。

在当前这个世界上，东西方通过长期的交流融合，逐渐发展出一些普遍性的人类价值。好莱坞在中国传统的文化元素里，寻找了很多题材。在《功夫熊猫》之前，有成功的《花木兰》系列，同样让一个古老的故事，骑上了俊逸的战马。这也是普遍人性的力量：宽容、沟通、爱。

普遍人性不是说教，而是现实的诉求。在中国大陆，人们面临的最大问题就是说教。我们必须祈求《变形金刚》里的老大擎天柱带领他的外星高级智能变形机器人从天而降,挽救我们于冥顽不化之中。

要解放想象力的翅膀,前提就是要承认普遍的人性。只有空气,才能让人类飞行,哪怕是凭借着喷气发动机和金属的翅膀。

宫崎骏影片里的飞天红猪侠在亚得里亚海上空忧郁地飞行。他不愿意加入法西斯,情愿为了自由而不变回英俊的人形。那个深爱着他的老板娘,也只是远远地、尊敬地看着他,并且为他祈祷。

这像是一个暗示,也像是一种心愿。

我为江苏新编语文教材鼓掌

江苏的新版教材,起码让我看到了教育界改进的新希望,"回归到人"这个核心思想稳固了下来。新入选的文章有:蒙田的《热爱生命》、帕斯卡尔的《人是一根能思想的苇草》、余华的《十八岁出门远行》、蔡元培的《就任北京大学校长之演说》、戴望舒的《雨巷》、卞之琳的《断章》、马丁路德·金的《我有一个梦想》等。

中国的中小学语文教材,一直都是"试用本"。不幸被强迫作了"试验品"的学生,最后基本上都充当了实验室里的"小白鼠"。在僵化的思想观念掌控下的"教材编写大纲",让时至今日的中小学教材编写,仍然在"阶级斗争"和"反帝、反封建"这样狭隘的空间里盲目地打转。新的中学语文教材的编写工作,据我所知,很多省市都改由重点大学的资深教授主持编写,编写组由各方人员构成,包括各学科教授、博士和中学资深语文教师。这样的编写阵容,并非另拉一套人马重起炉灶,意图是衔接和稳定,改良而不是革命。在暂时不可能越过"语文编写大纲"的前提下,中学语文教材的编写也只能稳步进行,不可能进行根本性的彻底更新。不管怎么说,中学的教育,最终的趋向还是要回归到"人的教育"。这个人,就是大写的人,是有独特的个人价值的"人"。对"人"的核心价值的确认,就是对"生命""财产""自由""安全"的全面肯定和保护,对以"人"的价值为核心的综合价值的彻底考量,这也是现代文明的最新和最高的成果。

江苏语文教材编写组的负责人余立新说得好,语文"教材所选篇目不再以意识形态划分,而是让语文教材回归到语文、回归到人文"。

在江苏语文教材中,剔除的篇目有:《孔雀东南飞》《药》《阿Q正传》《纪念刘和珍君》《雷雨》《南州六月荔枝丹》《陈焕生进城》《廉颇蔺相如列传》《触龙说赵太后》《六国论》《过秦论》《病梅馆记》《石钟山记》《五人墓碑记》《伶官传序》《项脊轩志》《背影》《狼牙山五壮士》《鲁提辖拳打镇关西》《朱德的扁担》《牛郎织女》。这些篇目中,《孔雀东南飞》《廉颇蔺相如列传》等古文暂且存而不论,《药》《狼牙山五壮士》等现代文学篇目,更多是从意识形态的角度,从阶级斗争的角度,而不是从培育现代文明社会中正常的人的角度来选取的。

中国大陆的语文教材,从50年代后期叶圣陶受命主持编写十年一贯制的"新"语文教材起,就配合着"简化字"的运动,从军队和学校开始强力推广以至今日,其主要的编写思想,是"阶级斗争"理论。我记得中学上课时,教师一讲到《孔雀东南飞》,就是标准的教师参考书上的解释:封建社会的压迫;一说到《阿Q正传》就是标准的"愚昧落后"的"国民性"。

"新社会历史学者"把两千多年的中国社会,强行贬抑为"旧社会",把这两千多年复杂的社会制度统一打包鄙称为"封建社会"。封建意味着落后,落后就是愚昧的,这些都需要被抛弃。中国古代文明和文化有自己的独特价值和辉煌的历史,可一旦被冠以"落后的封建社会",这些文明和文化也相应地变成了"四旧",可以焚毁,消灭了。不独是北京四十多公里伟大的、壮观的、几乎可以说是独一无二的城墙被拆毁了,更多的文物国宝,也被破坏掉了。

在这种历史观下,一切旧的、落后的东西,包括"地富反坏右"都可以无情地抛弃和毁灭。而落实到中小学生在学校里必读的教材里,一部两千多年的中国历史,就是"农民起义史",一部语文教材里大部分课文,都是反帝反封建和阶级斗争为纲的斗殴派和歌德派作品。

中小学的语文教材编写,已经到了不得不变的地步。

相比之下,中学语文教材已经走上了逐步更新和改良的轨道,如果教

材能够放开,不被某些地方利益集团控制,而是教材编写权放开、放下、放宽,广纳贤才,相信以后将会编写得更好。

我看到的小学语文教材,大部分是编写者摘引来的。这些课文不仅不署原作者名字,而且原作在被摘引进教材时还遭受了"窜改",很多文章都被改得水准尽失,有的甚至可以说是面目全非。我曾撰文批评过小学语文教材里的种种怪异现象,所研究的教材还只是四年级第一学期用书,相关的批评文章,我大多发表在《语文教育与研究》杂志2009年的"语文之痛"专栏上,后来又贴到了网易博客里,很多关心孩子教育的父母,都给帖子回帖或者给我留言,反馈了更多的语文教学弊端。我后来又翻看小学语文教材四年级第二学期用书,发现整本教材四十篇课文,居然只有一篇课文署名作者为郑振铎,其他的全都是从空气中"长出来"的无作者的文章。个人能力和精力有限,我已经很难继续对这些教材进行批判了。我只能努力让自己的孩子多读好书,用古今中外优秀文学作品做"清洁剂",对她的脑子进行"清洗"而独善其身罢了。

江苏的新版教材,起码让我看到了教育界改进的新希望。虽然新选入的文章可以见仁见智,但是"回归到人"这个核心思想稳固下来,逐年一砖一瓦地改善,不必追求"毕其功于一役",对教育、对社会,都是一种很好的促进。我看江苏教材新增的文章,都很赞同。这些文章篇目如下:蒙田的《热爱生命》、帕斯卡尔的《人是一根能思想的苇草》、余华的《十八岁出门远行》、海明威的《老人与海》、蔡元培的《就任北京大学校长之演说》、杜甫的《咏怀古迹》、柳永的《望海潮》、苏轼的《定风波》、辛弃疾的《水龙吟》、戴望舒的《雨巷》、卞之琳的《断章》、马丁路德·金的《我有一个梦想》。

真挚的课本才有持久生命力

即使经过了79年的风雨，人与人之间的基本情感交流，人们对身边伙伴、对世界万物的体察和描述，人们从自我出发而旁及他者的宽厚精神，仍然与我们这个时代所匮乏的精神相契合。

这段时间，每次手捧初版于79年前（本文写于2011年）的影印《开明国语课本》，我都有一种奇特的感受。对比我曾仔细翻阅过的现在小学语文教材，这种感受清晰而强烈。《开明国语课本》穿越时空突然重现，犹如二战时期迷失在第四维时空里的美国野马战斗机，强劲的轰鸣声呼啸而过，让我产生"今昔是何年"的深度迷惑。

从现在往后数79年，是2090年，到那时，现在上小学的孩子已经是太爷爷太奶奶了。在那个并不遥远的未来，会有出版社翻出现在的小学语文教材，重新排版翻印发行，让未来的父母们争相购买，并且读得感慨万千吗？

这是一个值得想象的问题。往后和向前，都值得推想。

按照现代人类科技令人目眩的发展速度，我无法想象那时的现实世界。三千米高的摩天大厦在建筑科技上不再是难题了，据说，建筑设计师借鉴金字塔萌发的灵感已经设计出了整套的图纸。还有科学家说，从地球上修建一个通道直抵月亮，在科技上并非没有可能性。假设这真的变为现实，我们从地球这一头上去，身踩青云梯半壁见海日，感受危乎高哉阵阵眩晕；

但是，从月亮那一头抬头仰望，我们却是从高悬头顶的蓝色星球上急速滑行下来。

换一个角度看问题，这个世界完全不同。

从现在往回数 79 年，是 1932 年，在那个动荡不安的历史时期中，这是相对平静的一年。这一年，开明书店出版了叶圣陶先生编写、丰子恺先生绘图的初小八册《开明国语课本》。

1980 年，叶圣陶先生在《我和儿童文学》里说这套课本"初小八册，高小四册，共四百来篇课文"。这四百来篇，"形式和内容都很庞杂，大约有一半可以说是创作，另外一半是有所依据的再创作，总之没有一篇是现成的，抄来的"。

叶圣陶先生的记忆可能有些出入，根据现在的统计，他以一己之力创作和再创作了总共三百三十六篇课文——这些课文少则几十字，多则几百、近千字，有完全独立创作的课文，有根据《格列佛游记》《鲁滨逊漂流记》《伊索寓言》等名著改写的课文，还有模仿他的挚友朱自清笔调写的《月夜》等课文。叶圣陶先生以一己之力就能创作和再创作这么多课文，而现在的教材编写组二十几名编撰者，竟要东拿西抄。前后相比，可谓有天壤之别。

叶圣陶先生在编定教材之余，会开动想象力，畅想七十多年后的中国景象吗？他们会料想得到，比他们晚出七十多年的教材编者工作竟如此便利吗？

叶圣陶先生是相信达尔文进化论的，《开明国语课本》高小四册最后一篇就是《达尔文》。据此理论，现在的教材编撰者应该编出比前辈们更完善的教材——现在有更多的人手，有更便利的条件，有更丰富的材料可供选择。

上个世纪初叶，新文化运动的发起者和鼓吹者梦想着的美丽新世界，一百年后我们这个世纪，中国早该是一个国家富强人民富足的现代化国家了——落后的汉字也早已经被消灭，取而代之的是"先进"的拼音文字，甚至干脆就是世界语或英语了。

与新潮前辈的想象相反，我们这些"不肖"子孙们还在顽固地用着汉字，甚至还有很多人用着繁体字。可见，文化的更新，与形而下的物质世界生生灭灭不尽相同，并不是新鲜劲头一来，就一定要完全更换，并脱胎换骨的。

文化有一个内在生长的过程，用揠苗助长的方式，并不能在这棵树上结出硕大的果实。

出于救国的迫切需要，一些激进知识分子企图通过文化自戕的方式来凤凰涅槃。他们认为中国文化已经失去了生命力，必须死灭而后能复生。汉文化的载体，独一无二的汉字系统也该被彻底抹去，同时被抹去的，还有我们这个国家、这个民族悠久的文明记忆。

在新文化运动之后，知识界重新反思这种偏激的主张，更多的专家和学者开始着力于中国传统文化的文艺复兴——整理古籍，重新思考，努力发微，以现代思想模式来阐发传统文化中能够与现代文明对接的核心价值，进而提高中国文化的自尊心。我们现在所熟知的"四大名著""四大发明"等观念，就是在那个时期逐渐形成的。

上个世纪20年代至40年代，在这个短暂的三十年间所爆发出来的文艺和学术的繁荣景象，至今仍然令学术界景仰不止。

有生命力的作品，完全可以穿透虚假的屏障，而彪炳自己的存在价值。

我们常常会着眼于未来，却不知道未来存在于过去。

就在这样一个教材改革越改越混乱的时期，我们忽然有机会看到前辈们在很久以前编写的教科书，并为其中持久的生命力所感动。这时，我们或许应该沉下心来好好想一想，在这些奠定了孩子们的思想认知基础的教科书中，最重要的价值到底是什么？到底是什么力量，在持续了近一个世纪之后，仍然会让我们的内心怦然而动？

当我们有机会重新翻看、阅读这些从出版时间的角度来看已经古旧了的教科书时，我们是不是被这些教科书所蕴涵的丰富人道主义思想所打动？感动是相通的，人性也是共同的，我们对于善与恶的基本认知仍然不变。人们已经硬化的情感，在被激活之后，仍然可以感受到在那些美好的课文中隐蕴着的美好细节。

我们不能仅仅用"新旧""古今"的简单二分法来看待文化产品和文艺作品。有些作品表面看着是新鲜的，但转瞬即逝；有些作品历经千年仍然

被我们吟诵不已。新出的不一定就是好的，旧有的可能更有生命力。判断一种文化产品是不是值得学习，是不是还有生命力，要看这作品有没有表达出真正的普遍人性价值观——尊重自然、敬畏生命、与人为善。还要看这些作品是不是基于深刻的人文主义价值，传递着持久不变的情感。

《开明国语课本》里，有篇课文叫"小鸟回家"，通过写小孩子释放小鸟的故事，传达出尊重自然、敬畏生命的美好情感。这种人性升华，没有因近一个世纪的时间流逝而失色，反而随着我们对身处其间的当前这个世界的日渐忧虑，而继续熠熠生辉。

从现在往后推79年，汉字仍然会鲜活地存在着，通过这种优美的文字而阐发出来的人文主义价值观，仍然会具有持续的生命力。

那个时候，文字的载体可能大为不同了，纸质书可能真的成了古董，那时的纸质书，可能像现在的宋版书一样珍贵。

想象力总是匮乏的，现代科技的发展速度却是在跳跃式前进着，我无法具体想象出一个世纪之后的阅读方式。即使最优秀的科学预言家，在40年前开动脑筋浮想联翩，也无法想象当今如此发达的、无处不至的网络世界。现代科技的急速发展，给人造成一种想象力匮乏的无助感受。

然而，文字载体的变化也不过是具体物质形态的更替而已。我们现在习惯着、并已经逐渐要过时的"纸质书"，跟两千年前的甲骨、钟鼎、竹帛的差异，并不比纸质书跟电子书的差异小。

不管外部世界怎么变换，人的内心思想总是稳定而缓慢流动的。对肌肤之亲的感受，对美好事物的热爱，对花开的喜悦，对叶落的忧愁，对时间流逝的无奈，对人生意义的思索……在很长一个历史时期里，仍然会是人类文明范畴中最为核心的部分。这些感受，仍然要依靠各种文化表现形式，通过真情实感的表达，以准确的描述诉说出来。

文字和语言，是人类文明的核心要素。无论以后的声、光、电诸种表现技术多么发达昌盛，文字和语言仍然不会消失，除非这一个文明被消灭了。或许，将来会有另一种高智慧生命体不使用我们现在习熟的这种文字和语言方式来交流，他们只需要通过某种冥想，就能把自己的思想或者念头传递给其他的对话者——但这些已经超出我的想象力了。

　　一个世纪对一个人来说很漫长,但是对于文明的延续,只是很短的阶段。古人云:生年不满百,常怀千岁忧。这既是自我讽喻,也是现实的感受。我们的汉字历史有三千多年,其中虽历经变化,但主要的文化信息一直得以沉淀,在复杂的恶劣环境中顽强地存活下来。

　　相比之下,上推79年或下延79年,在时间之流中,都只是微小的一瞬。一幢大楼只有一百多年的寿命,我们祖先创造的汉字,生命力却还要持续几千年、几万年。

　　从现在往前推79年,日本军队刚占领我国东北不久,他们扶植的傀儡皇帝溥仪也刚刚成立了伪满洲国。在欧洲,第一次世界大战的血腥尚未飘散,德国纳粹又在急促地开创自己的短暂历史纪元,一战后继续结为同盟的英法两国,眼看着自己的宿敌正以令人瞠目的速度复苏而无计可施。与欧洲大陆远隔重洋的美国,则被一场史无前例的大萧条所击垮,到处都是停业的银行、关闭的工厂,几百万失业大军迷离彷徨,有人甚至跑到苏联驻美大使馆要求移民到苏联。积弱已久的中国,则处在一种极其不安的存亡焦虑气氛中。

　　上个世纪30年代,我们的知识分子前辈们,一部分人正思考着最迫切最重要的民族救亡问题,一部分人正脚踏实地努力做着文化启蒙的工作。叶圣陶先生等,就是直接走入最基层教育,推进国民文化启蒙的先行者。他们授课,创作,编辑,运用了各种方法,努力为促进民族文化的复兴而奋斗。

　　经过30年急风暴雨的经济发展和蓬勃的城市拆建进程,我们现在所生活的世界,是不是已经进入了前辈们可能无法具体想象的物质世界?

　　《开明国语课本》里有一篇课文《乘飞机记》,写"舅父"从上海乘水上飞机到南京的特殊经历和感受。在那个时期,人们的旅行方式跟现在完全不同。我们现在所处的时代,喷气式飞机促使国际旅行日常化,网络的普及让我们一秒钟遨游地球,家用电器成为日常生活中不可分割的部分,手机等综合通讯工具让人们真正实现了天涯若比邻的梦想……但与此丰富

的物质世界相对应的,却是一个日见涣散的精神世界。

精神世界并不总是跟物质世界的进展同步。

我们的精神被现有的物质世界所禁锢,我们从小就被至今都在"修改不止"的语文教材以及相应的呆板教学的考试所折磨,我们的思想已经完全钝化了。《开明国语课本》给我们打开了一扇繁重的旧木门,反而让我们进入了一个被遗忘的世界。这本老教材的突然风靡,简直不合逻辑。

这种不正常的现象,到底是怎么出现的呢?

我想得到的原因,第一是对现在教材的不满意;第二是旧教材历久弥新的人文主义精神让人产生了共鸣;第三是旧教材的真情实感和亲切的表达激活了我们的人生经验。

即使经过了79年的风雨,人与人之间的基本情感交流,人们对身边伙伴、对世界万物的体察和描述,人们从自我出发而旁及他者的宽厚精神,仍然与我们这个时代所匮乏的精神息息相契合。

《开明国语课本》涉及面非常丰富,课文与课文之间的编排合理实用。课文一开始,就从每个人学习的过程出发,而见到小路、远山、花草、老师、同学、校舍、操场、作物、劳动、布置教室……一步步展开,把读者引进学校的具体学习环境中。基于当时的切身经验,叶圣陶先生的灵感在乡村小学的具体氛围中展开,现在的城市学生虽然缺乏这种乡村经验,但并不会产生很大的阅读障碍。经验是可以移植的,关键在于这种经验要以真情实感为基础,而不是以假大空为出发点。

在这里,"真情实感"就是一名小学生在日常生活中所能经历到的、感受到的人与事,并由此而产生的具体情感。除了上面举例讲到的小路等,还有小学生家里的日常生活,他们的父母兄弟,他们的小猫小狗,以及在这种生活中所碰到的、所产生的各种需求——求助、求友、求信息——例如,丢失了小猫要学会写"失物启事",这里有篇课文《寻找小猫》做范本;放假了想向表姐借书看,要学会写"借条",这里有篇课文叫作"借书";课文里还有"日记""书信""电报""邀请""感谢""庆生""游记""意见书"等具体篇目,基本涉及了一个中学毕业生所要学到的一切实用文写作。

在课本里，叶圣陶先生竟然还细心地想到要模拟一位中学毕业生去上海印刷厂当工人后，给学校写来一封"毕业生的信"。把这封工作汇报跟此前课文里的"中学生的信"和"小学生的信"放在一起读，更能灵活地应用到人生中可能具体碰到的各种需求。

相反，我们现在的很多学生，包括一些学习写作的作者，甚至已经成名的作家，很多人都不会写一封符合规范的信。

在这套教材里，我没有看到一篇虚假的课文。课文里的游记，例如《游中山陵》和《游泰山记》，也情感朴素，用词贴切，全文很难找到什么"好词好句"。

《游中山陵》开头："中山陵在南京城东北钟山的南面，靠山建筑，从远望去，全体像个钟形。常绿树整整齐齐地排列着，受着阳光的照耀，现出可爱的绿色。"如果换成现在的小学语文教材，大概可以植入"阳光明媚""郁郁葱葱"了。又如《游泰山记》："……向下望去，许多城镇像鸡笼，许多山岭像土堆，黄河像一条带子，树林像一丛细草。"

"真情实感"和"真善美"这两个貌似陈旧的概念，在文艺作品里具有决定性的价值。"真"的思想，是我们人类文明的最伟大价值之一，而"求真""说真话"，或像巴金先生那样出版《真话集》，就是这种"真"的具体体现。如果不真，那么"真善美"就变成了"假大空"，"善"就是"伪善"，"美"就是"臭美"。

虽然因为时代的差异，这套课本不可能被完全照搬地用来当作现在的小学语文教材，但是叶圣陶先生他们的编辑思想，仍然是有生命力的，是值得学习的。

上个世纪 30 年代的小学生在入校前可能一字不识，现在的孩子在幼儿园时就识了很多字读了很多书，这些都是不同的具体情况，需要比照着重新思考和编写。根据小学生的特定年纪和兴趣特点，相比略显简单的《开明国语课本》，现在的教材可以选入更多优秀的儿童文学作品，而不必局限于篇幅的框框。有趣有益则长，含蓄隽永则短，无需泥之不化。

一套教材的准确定位是引导学生进入学习的大门，提高他们的阅读兴

趣,打好思考的基础。《开明国语课本》给我们立了一个崇高的模本,但是这套课本同样不能涵盖一切。一名学生的学习,最终总要超越教材的天然局限,进入知识的广阔世界中去。

让我感到意外的是,当我在鼓吹"求真"时,才惭愧地知道,上海科技出版社出版的影印本《开明国语课本》并不是完整版。这个版本的"编后记"含混地说:"考虑到今天学生的阅读习惯,我们在保留原书风貌的同时,删去了一些不合时宜的内容。"我不知道这些被删掉的内容到底怎么不合时宜,也不知道我们的出版者为什么如此"好心",总是预先为读者考虑好了种种"不良后果",而动手删除,使得我们所看到的印刷品部分"失真"。

求证于方家,我才知道,这个版本删掉了老教材中的72课——这几乎是五分之一的篇幅了。另外,老教材的练习课和附录也被全部删去,并打乱了原书课文的排列顺序而随意组合,导致现版的老教材课文顺序不匹配。老教材共有课文336课,到影印本只剩下了264课——上册176课,下册86课。

读者有足够的智慧来判断哪些"合时宜",哪些"不合时宜",他们根本不需要越俎代庖,"被代表"。

文明的进步,公平与正义的推进,更多要依靠对真相的追寻和还原。如果连基本真实面貌都被掩盖了,那么公平与正义都只能是虚伪的。具体落实到一部老教材,依然如此。

即使有一点点的进步,也是我们的幸运。

好词好句与陈词滥调

> 小学语文教材，大多数是教材编撰者用"好词好句"堆砌起来的"黑板报"，充满了空洞的道德教化。
>
> 不去阅读经典名作，不去感受这些作品给人们带来的高尚情感，而专注于搜集"好词好句"，是典型的杀鸡取卵。

好词好句

在中小学语文教育里，最富中国特色的莫过于摘抄和记诵"好词好句"。

前晚，我女儿在做一本《语文拓展与训练》作业。里面有一道题目：写出和"翻来覆去"相似的三个词语。

女儿说："爸爸，请帮我想三个跟翻来覆去相同的成语！"

我随口就答："游来游去！"

女儿妈妈说："不对……两个游字相同……"

我苦思冥想了半天，总算说了一个："眉来眼去。"

女儿妈妈勉强同意，但"翻""覆"是动词，"眉""眼"是名词，总不配。我很努力才想出这个词，实在辱没自己研读文学二十年的薄名。

汉字和词语，作为造句单位，大多数并无特别的褒贬倾向。在《现代汉语词典》里，这些词按照拼音顺序排列，显示出了词语与词语相互平等的观念。每个词语在形态和表达意义上，都有自己独特的价值，一个词不比另一个词更好，词与词之间也没有特殊的等级差。一些常用的成语，也不比其他普通的词语更有价值。有独特文学追求的优秀作家，都回避俗语，

研求新句。被选入中学课文里的现代文学名家作品,如要求学生背诵的《荷塘月色》,开头就极"平淡",无奇特的词语。

我仔细地排查了整篇文章,成语寥寥,"好词好句"无踪,换成中小学生的作文要求,大概只能勉强合格。文章里那几段著名的"好句",如"微风过处,送来缕缕清香,仿佛远处高楼上渺茫的歌声似的"和"光与影有着和谐的旋律,如梵婀玲上奏着的名曲",句子拆开成单词单独来看,并无特殊之处。其中的"微风""渺茫""和谐"等词,实在算不上特别的"好词好句"。它们只是被作家有机地组合到一起,准确传神地表达出那一刻的细微感受,才形成了整段的"好句"。这"好句",也必须融合到整篇文章营造出来的特殊气息里,才有价值。

朱自清是一名有追求的散文大家,他在行文中,精心择取情感色彩很淡、语气相对平和的中性词语,尽量排除华丽、高亢的词语,营造一种内敛的气氛:不偏倚,不渲染,不煽情,不造作,不激进,不颓丧。这是一位审美个性卓绝的文学家,他因为不随流俗,不入媚语,不喊口号,他的作品才具有自己独特的风格。

中小学语文教育的基本"工具性"思维,让中小学语文教材的编写者只见树木,不见森林,看到的只是一个个"死词死句",并且规定这些脱离了"文学"肥沃的土壤,被折断下来的、枯干了的词句才是学生学习的核心内容。他们或许以为,用这些"好词好句"堆砌到一起,就会变成为他们所认同的好文章。小学语文教材,大多数是教材编撰者用"好词好句"堆砌起来的"黑板报",充满了空洞的道德教化。

中小学生在这种死板的语文教育逻辑下,变成了可怜的"词语垃圾"搜集者。他们每天忙于寻找散落在地上的词语碎片,把枯枝败叶扫到作业本这个垃圾筐里,为变成搜集词语的垃圾大王而白费工夫,而不去好好阅读前人的杰作,体味其中的独特文学魅力,也不去学习观察、欣赏、体味生机盎然的树木,去感受这些自然万物婆娑、高洁、挺拔之美。一个孩子的健康心灵,需要从具体的日常生活中学习和培养。只有丰沛的精神和敏锐的趣味,才能激活那些平淡词语身上的光彩。

如果一名学生不懂得去感受自然生命的美好，尊重自然生命的个性价值，他们就不会懂得：无论多少堆落叶，都代表不了一棵树。无论收集多少"好词好句"，也难以写出一篇好作品。

这种机械、僵化的思维模式，让小学教材编撰者自信心爆棚，他们自己汇编杜撰出几十篇拥塞着"好词好句"的课文让小学生学习，有些甚至要求背诵。他们同样不知道，百货商场橱窗里的木头模特，身上披上再多再华丽的衣衫，也只是一段没有生命的木头。它们没有面孔，缺少五官，肢体僵硬，永远只会摆出一种僵硬的姿势。小学语文的低劣课文，就是这种没有面孔的木头人。

古今中外有很多脍炙人口的名作，都适合编进教材里，尤其是小学教材里。中小学生如果要真正获得知性的认识与情感的培育，他们就应该在整体性的名作阅读中，浸润心灵，培育德艺。

真正的好作品，会引导读者进入一个独特的、超然的世界里。人们读完这样的作品之后，不会仅仅记住其中的若干"好词好句"，而是会沉浸在这部作品整体营造出来的深挚情感天地里。词与句，只有被格调高妙的作家准确细腻地运用到表达情感、描写景物、展开想象的行文中，才具有独特的意义。

单独存在的词语，仅是一个中性的字符，它的字（能指）和意（所指），在长时期的约定俗成中，大致固定。只有变动急剧的社会，尤其是像20世纪中国的巨大变化时期，才会把各种词语的表意符号和它的特定表现内容加以割裂，重新组合，蜕变或者剥落，变成复杂的新含义。比如"地主"这个词，在其先前的本意上，并无特别的贬义，而是对土地权拥有者的命名：占有大量农田的"士绅"是"地主"，拥有耕地的"农民"也是"地主"。凡是拥有土地的士绅、官宦或者黎民百姓，都是土地的主人。这个普通的名词，经过上个世纪中期的改造之后，变成了一个可怕的恶咒。"地主"自己不仅会被打倒，会被消灭，会永世不得翻身，他的后代子孙也会被剥夺基本的教育权利，成为真正的社会弃儿。那个时代，任何人对"地主"这个词都唯恐避之不及，生怕沾边惹祸。

词语的"阶级性",是被赋予的,不是天生的。这种"阶级性"的判断方法,在语文教育中改头换面,变成了"好词好句"的优劣评级选择。难道"好词好句"需要记诵,"坏词差句"就要全数扫进历史的垃圾堆,一把火烧个精光么?这种词句好坏的判断标准到底是什么?按照中小学教材的编写和教学逻辑,在《现代汉语词典》里只能挑选十分之一不到的词语来膜拜、学习和记诵。剩余的大部分词语遭到了贬抑,受到了鄙视。这些词语,是不是该全都挑出来扔掉呢?根据过去的贫下中农识字逻辑,确实不需要这么多词语,只需要出一本薄薄的、只有二三十页的识字本,足矣。

一篇好作品的最基本要素,不是"好词好句",而是作家的独特思想和情感。好作家,能运用貌似普通的词语,把自己独特的感受和趣味表达出来,使这些词语具有鲜活的生命力。

新的语文教育,从1958年开始推行叶圣陶主编的简体版中小学语文教材起,为了迎合各种需要,不断地修改,最后简化成了"以阶级斗争为纲"的大字报集中营。

近三十年来,虽然在选择篇目上、在教材编选和图文形态上,有了很大的变化,但是核心的教育思想,没有明显的改进。

"语文"侧重于"语",而无关乎"文",其"机械论""工具论"的思维,已经习惯成自然了。对于经典作品的解释,也用寻找中心思想,划分段落大意的方式,来"屠宰、肢解"那些无辜的作品。

这种教育进行了50年,我们可怜的中小学生,经过多年的机械训练,脑袋里塞满了成千的"好词好句",却写不出一篇稍微有点真情实感的文章。1978年以后,大陆文学界里有点成就的作家,不乏一些是语文学习的"差等生"——他们的文学感受和阅读训练,是从阅读跟课文毫无关系的"闲书"开始的,他们的写作学习模式,大多数是自学成才。而那些中小学语文考试成绩"优秀"的学生,往往长大成人之后,失去了对文学作品的基本欣赏能力。对自己、对情感、对时代、对社会、对人生,他们都几乎一无所知,而患上了"失语症"。只有当今网络疯狂流行的缩略符号,聊天工具上的各种怪词串词,人与人之间的陌生"雷"词,才是对他们封闭已久的蒙尘心灵的最大解放。

只有好的文学作品，才使得最普通的词语具有鲜活持久的生命力。

不去阅读经典名作，不去感受这些作品给人们带来的高尚情感，而专注于搜集"好词好句"，是典型的杀鸡取卵。就像是把一头美丽的驯鹿杀死，剁成碎片，然后让学生们来围观鉴赏这些肉块。好的作品，不会堆砌"好词好句"。欣赏一篇作品，就要用心地去感受其整体的品格，凌迟肢解，只能得到片鳞只爪。

陈词滥调

与"好词好句"相对应的是"陈词滥调"。

从浅层意义上看，这两者本来应该有着本质的相反意义。"好词好句"就其表面的词意而言，应该指那些感受独特的、个性化的词语，而我们的中小学教育里的僵化模式，却把这种个性化的词语摈弃，而选择共性化的、无差别的词语来代替。在中小学语文教育中很受重视的成语的学习和记诵，就是这种共性化词语的明显例子。

经过相对漫长的历史时期的整合以及提炼，中国传统文化中的成语变成了一种高度浓缩和概括性的描述符号。而正是这种概括性和浓缩性，使得该词语的特定描写对象普遍化、庸俗化，进而变成了人们不经过大脑思索就脱口而出的"陈词滥调"——一到春天，就姹紫嫣红；一到夏天，就骄阳似火；一到秋天，就果实累累；一到冬天，就冰天雪地。一高兴就欢呼雀跃，一难过就伤心欲绝。

这些都是典型的"好词好句"，它们因为被长时期地、无意识地滥用，而变成了"陈词滥调"。通过对这种"陈词滥调"的僵化传承和记诵学习，人们的个人感受，就被抹杀了——巨大的南北距离，广袤的东西差异，全都在这样一个简单的概括性词语里，被彻底填平。无差别的认同，是整体社会的意识形态诉求，也是文化取向。人们通过这种"陈词滥调"的学习和表述，获取了彼此的身份认同感。

"身份认同",是一个相对封闭的政治、文化圈里诸种人群的习惯性焦虑。人们通过传诵"陈词滥调"的方式,不断地寻找彼此的共性,在这个基础上,种群内所有成员都获得了继承种群文化暗语的权利,排他性地并且自由畅通地通过这种"陈词滥调"进行信息交换。

巴尔扎克笔下的法国巴黎小市民,用"外省人"一词来确立这座城市的中心地位,以及作为这座城市市民的潜在荣誉感。张爱玲和王安忆笔下的上海小市民,则用"外地人"一词来区分他者的身份,寻求内在的认同,并且通过排斥性、贬抑性的命名方式,潜意识地凸显了一种相对狭隘的排他心理。香港人,则站在长期外在的政治文化经济的角度,把整个中国大陆称为"内地",大陆人则被命名为"内地人"。这种跟上海的"外地人"的排斥性命名方式,相映成趣,都同样地隐含着这两座城市与其他地方不同的特殊性诉求。

"樱花"是日本国民性的相对稳定的性格特征描述,"郁金香"是对荷兰的另一种指代,而"紫荆花"是香港人的自况。每一种具体的象征,都暗示着这个群体——国家、地区、民族、部落、城市、乡村——的强烈自我认同心理。身份认同,是对个体所无法承受的孤独的恐惧和逃遁,而"陈词滥调",则是最好的"抗生素"。

从中小学开始学习"好词好句",是我们这个民族的强烈自我价值认同的方式之一。通过这种学习,各具自我个性特征的学生,被集体化、类型化、抽象化,从而获得了一个强有力的隐喻指称:鲜花。"鲜花"所具有的脆弱象征,是学生们被园丁肆意修剪的最好借口。而这种对学生个性的有意识压抑,是把他们训练成合格"螺丝钉"的必由之路——脆弱的个人,只有融入集体,才有价值。单独的螺丝钉没有价值,只有千千万万颗螺丝钉拧在一起,才组成一台具有价值的机器。所有的比喻,都指向了"物性"。

在这个弯曲而漫长的路途中,"好词好句"变质,成了"陈词滥调"。

在我们当下社会,"陈词滥调"的泛滥,表明了整个社会的自我缺失的焦虑正在弥漫,犹如法国作家莫迪亚诺在《暗店街》里描述的那样,自我被自己遗忘,因此自我变成了他者。叙述者在寻找自我的过程中彻底失踪,被漫天飞舞的"陈词滥调所淹没",成为一个阿Q在最后画押时努力描摹的"○"形符号。

跟法国20世纪60年代自我解放运动的激烈探索不同,在一个"自我"成为沉重心理负担的社会里,"陈词滥调"反而变成了便于隐伏的草丛。个性价值的消失,让这种无罪感轻松地超越了"原罪感"——集体有罪,而个体无辜。

在一个特定的范围里,群体性事件往往隐伏着巨大的破坏力,而在"正义""复仇""血债要用血来还"等陈词滥调的鼓舞下,群体中的个体,往往会情绪失控,而以暴力的方式来倾泻仇恨与不满。个体隐伏在群体中,却往往能得到赦免。在中国传统的习语里,这句话叫作"法不责众",在西方传统文化的理解中,这是"多数人的暴政"——例如苏格拉底"被民主"地处死。暴力和暴政的背后,通常隐伏着这些没有五官特征、只有握着石头的手高高地举着的群体中的个体。

法国学者阿莫西和皮埃罗所著的《俗套与套语》里说,"群体,某个少数民族,或者某个较大的民族,某个国家,当然还有某个性别。这些不同类别的集体意象在身份确立和相关的行为和互相作用中起着决定性的作用"。

人们在长期的相互指认中,形成很多概括性很高的描述——法国人浪漫,英国人绅士,德国人认真,等等。这些词语,如"法国人浪漫",是典型的"陈词滥调"。它通过一种无差别的描述,把整体法国人囊括进去。即使这个国家里有很多认真的法国人,也无法逃脱这个"陈词滥调"的枷锁,他必须"浪漫"起来,才能融入"法国"这个身份认同里,或者,他拒绝认同而被排斥到另外一个国家,不得不身份移民或者精神移民。也有一些伪法国人,为了给别人造成一种"浪漫"的假象,他们的交谈中,时不时地掺杂着一两个法国词。19世纪的俄罗斯上流社会,如列夫·托尔斯泰笔下的俄罗斯贵人们的嘴巴里,总要不断地进出几句法语来,才能把他们跟普通的贩夫走卒之辈区分开来。在谈话中加入法国词汇,这是19世纪俄罗斯上流社会社交圈的时髦。在中国大陆,上个世纪80年代,港台流行歌曲

里常常会加进几个英文词,而增加了时髦、洋派的气氛。这种"时髦"的话语,这种"陈词滥调",就像是在身上喷洒花露水来冒充法国香奈儿香水一样,是一种有意识的自我和他者的混同,通过不同意义的偷换,而占有了对方的一部分价值。又或者,一个高级女人,因为喷洒了兰蔻花露水,而让自己沾染了"法国"色彩,从而把自己和身边的俗人区分开来,并顺利进入了另外一个价值圈里。

在中国内地文化圈里,南北差异也很大。

北京人喜欢嘲笑上海小男人,上海人喜欢抨击北京人的夸夸其谈。

这种城市身份的标签,同样适用于其他不同的省市,例如武汉和长沙,浙江和江苏。不同地区的人自我互相混同,而跟其他的地区彼此排斥。这种认同的方式,是典型的庸众生存,大众化生存。

从上个世纪90年代初开始,上海的一部分文化人开始言必称"30年代",张爱玲笔下描述过的"旗袍",成了穿越时光隧道的云霄飞车。一旦这个词汇和风尚迅速风靡,它就变成了"陈词滥调"。"陈词滥调"的最明显特征,是"从众"——在那个时期开始风靡大陆文学界的原捷克作家昆德拉把这描述为"媚俗"。

一个好的艺术家,一个个性独特、有自己独立思考能力的知识分子,必须跟"陈词滥调",跟"媚俗"作抗争。正如昆德拉在他的名作、长篇小说《不能承受的生命之轻》里写到的医生托马斯和女画家萨宾娜一样。为了把自己跟"布拉格之春"事件里的庸众、政客和御用文人区分开来,他们改变了自己的生存模式。托马斯变成了建筑工人,萨宾娜远走他乡。只有"生活在别处",昆德拉笔下的独立知识人,才能保持自己的敏锐洞察力,而不被"陈词滥调"淹没。

《俗套与套语》这样为"陈词滥调"作了描述:

> 俗套(Stereotype,即"陈词滥调")加强了个人对自我的承认,而自我承认被定义为主体对于自我进行的评价。事实上,俗套(Stereotype)首先是把"我们"和"他们"区别开来的归类工具。在

此过程中，一个群体获得了一种面貌特征，一种同一性，这种面貌特征使之与其他群体区别开来。……个人的多样性被缩减到最低程度，人们拒绝看见这种多样性，或者说，他们缺乏发现这种多样性的能力。

"人们拒绝看见这种多样性"，正是对中国大陆中小学语文教育模式的最精确描述。

语文教师奉命行事，他们通过每天强迫小学生进行无意义的"好词好句"的训练，从而把他们全都混同为一个整体——"好好学习，天天向上"的"三好学生"。这种学习还造成了这样一种强烈的暗示："好词好句"是"我们""三好学生"的，"坏词差句"是"他们""差等生"的。通过这种简单的"分拣"程序，把"我们"和"他们"分开，用一种粗暴而简单的"二元对立"观念，"一分为二"地把整个世界破开，分成两半，一半是好的，一半是坏的；一半是善的，一半是恶的。这种可怕的分裂无处不在，不仅造成了白天和黑夜的分裂，造成了城市和乡村的分裂，造成了人与人之间的分裂，而且造成了词语的分裂，从而把"爱与恨"的观念，灌输给这些学习者。

在这种学习不断地得到强化之后，这些学习者的智力开始退化，只会用"接受"和"抵制"的方式来看待"他者"。凡是赞同和表扬我们的，就"接受"；凡是对我们进行批评的，做出不符合我们观念的事情的，就"抵制"。

一整篇文章，例如上文引用的《荷塘月色》，假设精心地把"好词好句"挑选出来之后，把其他的内容扔掉，那么，这就像是吃鱼时，挑出了几根鱼刺塞进嘴巴里，然后把鱼肉扔掉一样。

这不可笑，也不荒诞。

这是正在进行中的现实。

他们为何撕毁语文教材?

> 这些经验和记忆不仅没有什么价值,反而成了他们人生中的累赘,必须彻底地抛弃,扔掉才能获得新生。这让我想到了一艘即将沉没的航船抛出压舱物,想到飞机抛弃副油箱,想到热气球的飞行员扔掉篮子里的重物,这都是为了远航和高飞,更主要的是为了保住未来的希望,所以,告别得越彻底,就越可能如释重负,如凤凰涅槃。

在中国,教育一直是个热门话题,而且,随着经济发展,人们对个人自我价值提升的认同程度越来越高,教育的话题也将会越来越热。在这个渐进的变化中,新一代越来越有自我价值的认同感,越来越对自我的价值定位产生强烈的诉求,这样,就会对僵化的制度产生强烈的抵抗心理。

最近有两件事情值得一提。

第一件,据教育部统计,2009年中国自费留学人数为21万,比2008年提升27.5%。自费留学人数的绝对数量和上升比例惊人。这意味着两点:几十亿教育资金的流出和对中国教育的不信任。

我太太的好朋友打电话给我,说打算送女儿去澳洲读中学。我听了很震惊。这位朋友离婚很久了,一个人努力工作,赚钱养家带女儿,非常辛苦。她要把女儿送出去读中学,就得卖掉房子。

我提醒她,一定要考虑清楚,送女儿出国去读书,值得不值得这样倾尽全力。有两点值得考虑:第一,不能把孩子当作养老的依靠或投资;第二,不能用国内的所谓成功模式来要求孩子。

朋友的女儿在上海有名的中学读书，压力大，作业多，每天补习，没有一天不在重压中度过。这种学习不像是学校的正常生活，反而像监狱里的罪犯在劳动改造。朋友看着女儿被书包和作业所压，感到无法忍受。

父母有尽可能给自己的孩子提供优质教育条件的义务，但这种义务不能转化成对孩子的巨大负担。这种教育，更多的是希望孩子能够得到更好的自我完善，而非出于功利性的目的，只把留学当成一种人生奋斗的手段和技术储备。一个现代人，如果没有自我价值认同和自我完善的能力，就不能很好地享受自己的人生。

我们国家的教育，人性化的教育成分显得不足。这种教育的最终目标，不是培养一个有责任心、有独立思考能力、有一定劳动技能和知识的现代公民，而是生产合格的"社会的建设者"。

出国留学的很多人，不仅是看中目的地国家的优质教育资源，而且更欣赏那里的多种价值肯定、多种手段鼓励和培养人的自我提高能力的模式。

我注意到了一点，居然有超过一半以上的朋友把孩子送到了国外，这是一个惊人的数字。我的硕士生导师的女儿在美国留学并工作了，我的博士生导师的女儿也在美国留学并工作了。他们在国内都是很成功的学者，但是孩子仍要送出去。现在的一些父母更极端，留学生越来越低龄化，从高中、初中到小学，越来越小。只要有经济能力，就想送出去。

我太太的朋友并不是第一个这样做的家长。

我女儿幼儿园的同学中，有一位家长早早就办理了加拿大移民，女儿幼儿园一毕业就带她去了加拿大。这个小女儿本来是一个腼腆、不善交谈的女孩。过了两年，她给我们打电话，说话大方，诚恳，自然，对成年人不胆怯。我女儿及她的小学同学，打电话如果是大人接，都会紧张，说话不自然。在幼儿园时，我女儿的表达能力比加拿大的女孩子好，现在正好相反。

小学阶段，在学校里，小孩子受到最多的教育就是恐吓——分数恐吓，教师权威恐吓，标准答案恐吓，没完没了的考试恐吓，三座大山一样的复

习资料恐吓,而且,还要加上对每个孩子独立思考的压制和个性的打击。相反,加拿大那位女同学,却能在轻松自由的状态下正常地成长。我女儿二年级时正为跳绳很难达标而急得要哭时,这个女同学说她在加拿大不需要这样被强制性地统一上一种体育课,全班同学们都可以根据自己的爱好挑选自己喜欢的项目。比如她喜爱安静,选练瑜伽,好动的同学可以修习武术。相比之下,她的学习进度较慢,但过得很快乐。我们女儿现在是四年级,单从数学上做题目这种能力来比较,加拿大女同学可能比不上我女儿。可是,人生不仅是算数字,还需要有很多方面的开拓,尤其是在中小学阶段,是一个人情感培育的最重要时期——这种培育包括友爱、和善、交流、平等、自由等内容。这种情感的培育,不是填鸭子灌输式"教"出来的,而是切切实实在小孩子们的日常生活和交往中慢慢地养成的。我们中国的学生在学校里,这种自我完善、人际间友好相处的培育气氛基本消失了,学校在功利主义的思想控制下,在物化教育的模式下,把所有的学生混同在一起,学生们除了做一些"虚假"的好事之外,剩下的时间就是做作业,复习考试,年复一年,十一年的中小学教育,简直犹如漫长的个人"劳役"。

第二件事更让人震惊。网上出现湖北仙桃、河南平顶山等地高中里考生在教室里撕毁教材的场面,那些从教学大楼上抛撒下来的废纸,形成了这种十一年一贯制的强制性教育下的荒谬景观。这个激烈场面表明,考生在中小学阶段缺乏真正有效的情感交流和情感教育,他们进了学校,仿佛就被"宣判"了十一年徒刑,熬到高考终于算是等到"假释"来临了,全身心都需要来一个彻底宣泄,并由此而产生以下的系列性行动——彻底撕碎教材,打破身上的枷锁,告别可怕的机械化教育,从此获得新的生命。

我是曾经参加过高考的"老考生",过去没有进行过这样的撕教材的"娱乐",但是我曾在网上问太太,她说她自己是考完试回家,立即把所有的复习资料搬出来撕碎烧掉。

从小学到高中毕业,总共十一年的时间,最后居然以这样一次类似上梁山式的近乎暴力的方式来进行告别,难道这样的事件还不值得教育界深刻反思吗?难道十一年间,给这些从少年长大到青年的学生的记忆,居然是如此的不堪，如此地急于忘记吗？他们在这十一年间，一定有各种事情发生，一定有些美好的记忆可以发掘出来留存在人生的硬盘里，那是什么？是同学间的友爱？是自由地探索新知的欣喜？是得到理解的宽慰？是和教师之间深刻的情感交流和彼此在一起相处那么长时间之后一旦毕业离别而产生了难以释怀的伤感，还是更多的苦涩记忆？是漫长无尽的作业和作假的人生？这些经验本来应该累积在学生们的身上，成为他们人生中精神财富的原始积累，为他们今后的人生打下坚实的基础。但是，这些经验和记忆不仅没有什么价值，反而成了他们人生中的累赘，必须彻底地抛弃，扔掉才能获得新生。这让我想到了一艘即将沉没的航船抛出压舱物，想到飞机抛弃副油箱，想到热气球的飞行员扔掉篮子里的重物，这都是为了远航和高飞，更主要的是为了保住未来的希望，所以，告别得越彻底，就越可能如释重负，如凤凰涅槃。

除非是病态心理或者说谎，或者入入黄昏后的美化记忆，很少参加过高考的人会热爱高考和高中复习的苦熬。我本人至今都觉得是一个可怕的噩梦。

但是，宣泄过后呢？是一片废墟，还是一篇培育美好的苗圃？我对此仍然很迷惘。

分成两半的学生

说老实话,我们也不敢落下自己孩子的作业,怕她在学校里自信心遭到打击。这样一来,小孩子的课外阅读时间,就少之又少了。我的孩子,她被时间分成了两半,一半是应试,一半是自己的阅读。

我们的应试教育,不会告诉学生们这样的事实:考试成绩只能证明你在学校里的成功,不能证明你日后人生的成功。我们只会告诉学生,成绩能给你带来一切:升学、就业、挣钱。

同济大学张教授来喝茶,座中说起自主招生面试时的情形。

张教授给面试考生提的第一个问题是:两会中有些委员提出要恢复繁体字,你对这个提议有什么看法?

张教授的这个面试题,内容灵活,涉及面广,适合考生自由发挥。张教授的本意,这不是一个是非题,不需要应试者作出明确的是与非的判断,而是要考察他们的综合思考力和表达能力。题目看起来简单,回答起来可难可易,学生的日常积累、学习兴趣和独立思考,都可以在这个问题中体现。

然而,这个问题击中了考生的软肋。

应试考生,最有把握的不是发挥题,而是选择题、判断题、是非题。中小学的长期训练,使得考生在面对一个问题时,首先想到的是:什么是正确的？什么是错误的？

　　这个问题并不要考生必须给出一个正确与否的回答。对于这个问题，考生可以反对，也可以支持，并说出支持或者反对的理由和论据，并无在道德上、法律上和政治上的对错判断和要求。

　　听到这个问题，面试的考生看着他，反应不安，回答断断续续，支支吾吾，不能爽快。考生们对这样一个问题显然缺乏心理准备。考生们最擅长对付的是判断题，先找出对错，站对立场，然后开始论述。一旦找到正面的、正确的角度，他们就可以滔滔不绝，肯定好的，批判坏的，最后做一个总结。这个问题不是传统考试题中的态度和立场鲜明的是非判断，乍听之下，似乎不知该从何说起，也不知道什么该说什么不该说。

　　考生最没有把握、最害怕的事情，是无法捉摸出题老师的意图。语文考试，一个作文题，往往像猜谜一样，出一个谜面，让学生猜谜——猜中谜底的考生百分之九十八，百分之二的不幸者，例如区区不才，可能会犯下中小学应试教育中最大的错误——"下笔千言，离题万里"。所以，语文教师在教授作文技巧时，常常会说这样的话，写作文，一定要先测题。先判断什么该写，什么不该写，确定中心思想，然后再下笔。可谓是：战战兢兢，如临深渊，如履薄冰。

　　前年，江苏一家报社邀我拟写江苏省高考作文，题目为"怀想天空"：人人头顶一方天。每个人的生活都与天空紧密相连，每个人的心中都有一片天。明净的天空，辽阔的天空，深邃的天空，引人遐思，令人神往。请以"怀想天空"为题写一篇不少于800字的文章，立意自定，除诗歌外，文体不限。

　　这个题目范围很大，可发挥性很强，但也容易无边无际，不知道写什么好。我没有高考患得患失的心理负担，也不用做其他的题目，整个上午都在写这个作文，比同时进行的考生时间宽裕得多，作文却写得很不自在，磕磕绊绊，推倒再写者二。为什么呢？因为要猜谜，要猜出题教师的意图，要猜改卷教师的意图。第一稿，我写着写着，觉得自己离题万丈；第二稿写好，仍然觉得自己漫无边际。

写好提交给编辑,报社去掉作者名字,请特级教师批改。

特级教师目光犀利,一眼就看出了文章的弊端:……有些内容扯太远了,"从那时候开始"到"伤及无辜"全可删掉,最后13字更无必要。高考作文是不允许说废话的。

"高考作文是不允许说废话的",这句批语,指出两个问题:扯得太远和说废话。这个评判出自语文特级教师,非常有道理的,代表了阅卷教师的真实意图。

因为是作文游戏,特级教师看出了我这个老考生的游戏心,很宽容,也很机智。但是,一个真正的考生写出我这样不合格的作文来,却要颇为内心忐忑了。

违背高考作文规律,要想得高分,甚至得满分,是不可能的任务。不过,高考作文中,好像还真有不少满分作文。我对这些考生的崇拜,真如"滔滔江水绵绵不绝",不知道他们怎么做到的,感觉就像用尺子量过一样。

我从来就不是一个合格的考生。事后看看那篇不成样子的拟作文,跟别人的拟作文对比,跟满分作文对比,还有"离题"之虞。好在不是真的参加高考,不然,这一次我就得从独木桥上掉入万丈深渊,被一巴掌打回农民的原型了。假装批改的特级教师,看来已经手下留情,给我面子了。

朱自清在给俞平伯的散文集《燕知草》作序时说:"《重过西园码头》这一篇,大约可以当得'奇文'之名。……赵心馀……他的文真是'下笔千言离题万里'。所好者,能从万里外一个筋斗翻了回来。"

我不是赵心馀,不会翻筋斗,只会倒栽葱。

想想当年不知道祖上哪座坟冒了青烟,竟然使我这样一个差等生不小心摸进了大学校门,至今回想起来,我都心有余悸。

二十二年前参加高考时,我可能也是作文题的猜谜高手,对是非判断题,情感态度和倾向极其鲜明,可能想也不用想,就能判断出何者为对,何者谬误。现在人到中年,我发现自己彻底退化了。对事对物对人,我都很难一下子做出判断。在我面前呈现的整个世界,是一个圆融的、整体性的世界,而不是一个被分成两半的世界。这个世界充满了多义性,充满了可能性,换一个角度，会看到崭新的景象。

虽然跟别人在"同一个天空"下讨生活，我很惭愧地发现，太阳每天都是旧的，我们这个世界，并没有什么太大的变化。我从来就没有"怀想天空"，对天空我没有意见，这么大的一口锅压在我脑袋上，又塌不下来，就算是孙悟空，也逃不过它的笼罩，我想它干什么？我只是眼睛死死地盯着眼前一米距离内的地面，小心提防随时可能会出现的沟坎和陷阱，躲避迅猛的汽车和行人，蟪蛄不知春秋，也无鲲鹏之志，吃饱喝足，实己腹，弱己志，和光同尘，而已。

二十二年前，我郁闷于是非判断，二十二年后，我迷惘于事物的纷繁复杂。"色"与"空"之间，瞬息万变，又纹丝不动。

唯"执"是误。佛告须菩提："凡所有相，皆是虚妄。若见诸非相，即见如来。"

我读这话，总是不能明白。因为我从小被训练成一个很"执著"的人，没有慧根，是个愚人、顽人，我相、他相、众生相，每一样都让我迷惘。辩证唯物论说"物质不灭"，佛说"凡所有相，皆是虚妄"。但我不能悟，因为我"执"。灭与不灭，都是从"我"这里生发的，要想换一个角度来理解，谈何容易。何况，换角度，仍然是"执"迷不悟。

老子说："天下皆知美之为美，斯恶已；皆知善之为善，斯不善已。"

别人都从"正面"的角度看世界，思考问题，老子总是从反面，从侧面，从背后思考。他看到了"天下人"都没有看到的东西。

老子还说："故有无相生，难易相成，长短相形，高下相倾，音声相和，前后相随。"

一个事物作为整体，不能分割开来。长和短、高和下，都是放在一起比较，才能得出来的概念。没有一个单独的长或者短，也不能把前和后截然不同地分开。

经过十年的应试训练，考生唯"执"是从。我们都很执著，一定是要从每一个问题中分出是非来。这在某些场合里，也有合理性，但是不是在所有的地方，都需要分明。

面对上面这样一个问题，考生们可能在想，张教授到底是支持简体字呢，还是支持繁体字？本来，在这其中做一个选择并不难。中国内地是世界上唯一采用中文简体字符的地方，作为从小就受到简体字学习和训练的学生，想也不想地就会支持简体字。既然简体字有这样多的方便，这样多的好处，不妨一一道来。

香港大学的面试，更加灵活。教授们出一个问题，让学生分成两组，就这个问题进行讨论。教授不参加讨论过程，而是旁观。这样，每个学生不同的资质，思考和思辨能力，都能在与同龄人的交流中得到体现。

不过，且慢！

来参加面试的都是各地的优秀中学生，他们不相信张教授出的题目会这么简单，这么表面，这么没有技术含量。

去年同济大学自主招生面试上的题目，跟这个题目就不同。例如其一，随意写出一首五言绝句，然后每行各添上两个字，变成一首七言绝句。这个问题也有技术含量。这个题目，我思忖半刻，发现自己做不好，没有把握。五言绝句我会背诵若干首，但是要在这些千锤百炼的五言绝句里掺沙子，却是一项高难度的技术活。另外有一道题：模仿被抓贪官写忏悔书。这也是一道高难度的题目，还有一定的发挥余地和弹性。但是，我们可以引用《庄子》里的惠子驳难这么说：子非鱼，安知鱼之乐？

十八九岁的考生，没有工作过，更没有贪污腐败过，他怎么写这个题目呢？只能是隔山打牛，隔靴搔痒，浮皮潦草，不了了之——呵呵，有了文章的语境，我也可以弄出"好词好句"一大堆啊——所以说，模仿贪官写忏悔书，是一个很有技术含量的活。

此前，我曾看到台湾的国文考试题，其中有一题，请就"晏子使楚"这个典故，分别用第三国记者、齐国记者和楚国记者的角度，写一篇新闻报道。这个题目不仅涉及中国古代文化知识，还让考生有机会运用当下语境思考和表达，是古今有机结合的绝佳题目。还有一道选择题目，三副对联，选择哪副对联应该用于祝寿，哪副应该用于开业，哪副应该用于乔迁。这也是古为今用、古体今用的好题目——这些题目显示，中国古代文化跟现代生活并不脱节，仍然有活力。台湾的国文测试，并不艰深偏僻，注重测试考生的综合理解和运用能力，也给了一定的发挥空间，我觉得很亲切。但是因为囿于大陆的教育背景，很多题目，我仍然没有把握做出来。

中国大陆面试考生所受到的教育，乃是应试教育，他们所得到的训练，是非此即彼的选择性训练。他们所面对的世界是"一分为二"的世界，这个世界善恶对立、黑白分明、非对即错。从小学一年级开始，考生们就天天面对这种"是非题"，必须做出正确的选择：不得分，就扣分。高度严格的高考制度的重压下，造就了应试教育的极大规范性和趋同性。这种教育是同质化教育，不是差异化教育。

在中小学教育中进行差异化教育，呵护个性差异的不同学生按照自己的爱好进行发展，这种想法虽然美好，却充满着危险。即使一名中小学教师有满腔热情，他也不敢、不能对抗这种体制性的力量。轻则挨批，重则丢饭碗。

在应试教育的体制下，我们的教育评估手段，采取的是标准化考核。一个学生是不是优秀，主要看他的考试分数、他的竞赛得奖，而这种分数的模式，看着很精确，不能有任何差错——几分之差，就会决定一个考生的命运。人性不是几何、不是代数，不能精确地测量，也不应该用数学的方式来测量人才。谈论教育的专家，常常会提起民国时期，钱锺书和吴晗不懂数学，却能被清华、北大录取的典故，来证明偏科也能出人才的事实。现代的教育体系，僵化的训练模式，几乎人人都知道其弊端，却无从置喙。近年来，有关部门和相关专家，都在努力，考试模式跟二十二年前我所经历的有很大差别了。我虽然批判语文的教育，但是中学语文教材的编撰者也在努力改进，尽量选入一些当代名家的作品。这些努力，有一定的功效。但是在教育的基本理念限制下，这些努力，都显得非常有限。

数字化测试模式不符合"人性"。"人性"作为个体的性格特征的综合体现，基本的模式是多样性并存。所谓的绝对规律，绝对的正确与错误的判断逻辑，都是基于一种狭隘的物质主义推演。我们总被教育要站在正确的立场上，采取正确的态度，而这种所谓的正确性，却是一种数学公式、

一种计数手段,是非人性的抽象。在对具体的学生进行抽象的严苛考试时,非人性的逻辑就体现出来了:专家们相信这种数理逻辑的评测模式,能够以一种严格的统一标准,把优秀的人才评估出来。

个性化、差异化在这种评测中,可能会遭到灭顶之灾。

以高考为模本的考试训练,不会、也不可能特别给考生提供差异化样本,而只能提供同一性的考试题。在应试教育中,学生们就必须对考试可能涉及的问题尽可能地涉猎、记诵,而对无关考试之重的知识,一概摈弃——这种非应试的知识,对学生来说,是知识的"冗余",是"无用"的知识。无用的知识不仅不能给学生带来成功、荣誉,反而可能让他们遭受挫折、打击。

考试制度具有不容置疑的权威性,考察范围就必须圈定——教材,相关的参考资料,阅读书目,都有相对明确的规定。知识被划分成有用的知识和无用的知识。这种庸俗的功利性"知识"概念,跟应试教育紧密联系。被排斥在考试范围之外的知识,即是非实用的、无用的知识,因为这种知识不能给学生的考试成绩任何增值。对于学生来说,成绩就是他人生的一切价值体现。

张教授说,他的第二个问题,是请考生说出一本自己最喜爱的书,然后介绍和评价这本书的内容。他说,有个考生居然说不出来。他没有喜欢的书。

我说,这怎么可能?例子是我女儿,她已经把J·K·罗琳的《哈利波特》七大部翻来覆去读了好几遍,到现在,又从头到尾读过来,读到《哈利波特与混血王子》这六十多万汉字的译本了。这个同济大学的面试题目,让我家廖小乔来回答,最方便不过了,她写过一篇读后感,我觉得很不错。她连书里的各种咒语、魔法都了如指掌,还跟刷子姐姐一起,用筷子制作了两根魔棒。另外的那些书,例如《吹小号的天鹅》《夏洛的网》《格列佛游记》和《骑鹅旅行记》等,她也大多读得滚瓜烂熟。

一个中学生,怎么可能没有一本自己喜爱的书呢?

然而,张教授就碰到这样的考生了。

我跟他说，在这种应试考试的训练下，除了必读书目，一般学生哪里主动有兴趣阅读课外书呢？他们即使有兴趣，也不见得有时间。像我女儿这样，每次读书，都是要挤了又挤，冒着做作业拖沓被妈妈骂的危险，冒着不好好吃饭，而是边吃饭边偷看书的危险，才陆陆续续读下来的。这些阅读，对于她在学校里毫无帮助，她既不是这个优秀又不是那个优秀，写作文偶尔还不及格。如果不是我这个"顽固"的父亲，谁会让自己的孩子读这些闲书、这些"无用的书"，干那些"制作魔棒"的无用活呢？这些"无用"的书所带来的"无用"的知识，很难让小孩子在考试中获得高分。而分数，是学生在学校里获得老师喜爱、得到荣誉和自信心的最重要标准。

说老实话，我们也不敢落下自己孩子的作业，怕她在学校里自信心遭到打击。这样一来，小孩子的课外阅读时间，就少之又少了。我的孩子，她被时间分成了两半，一半是应试，一半是自己的阅读。因为她还小，无法自由地在自己的两半中穿行。北师大的张教授去年末来玩，说他的儿子贲贲已经人格分裂得非常"好"了，在学校里做一套应付老师，回家自行其是做另一套。我虽则对他道喜，对他的儿子表示钦佩，但是更多的是忧伤和难过。因为这种可怕的教育锁链，使得自由的阅读成为"冗余"，而更多的学生，则对阅读毫无兴趣。

我们的应试教育，不会告诉学生们这样的事实：考试成绩只能证明你在学校里的成功，不能证明你日后人生的成功。我们只会告诉学生，成绩能给你带来一切：升学、就业、挣钱。

同济大学张教授所提到的这个"恢复繁体字"的问题，跟中小学的教育逻辑完全无关，即涉及的是"无用"的知识。学生可以努力背诵古代诗词、名言警句，可以大量地做练习题，可以写出一个四字词语，要求偏旁部首一样——很惭愧，这个考题我答不出来，我太太说，"噼哩啪啦啊，女儿的练习题里有的"。连这个你都不会！昏倒！——但他们不会接触到"繁简之辩"的问题。这个问题可大可小，但在当下的应试教育体制里，是一个伪命题。

这样一个伪命题，让考生来回答，确实勉为其难。

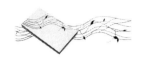

在中小学生长期遭受应试教育魔鬼训练的折磨下，张教授在自主招生的面试时提出这个问题，是对考生的双重折磨——他们先被应试教育折磨，又被这种临场发挥折磨。最惨的还是这些十几岁的可怜的考生。我作为一个小学生的父亲，对他们的困窘充满了同情心。

张教授自己承认，中小学的应试教育体系跟高校自主招生的模式相冲突，在这种前提下，高校的自主招生反而显得不合理了。这要求同一名考生适应两种不同的测试理念，这对学生来说，又增添了新的负担。

我们从小学习到的思维逻辑，是先验性的逻辑。教材、教材编写者和教师给定的"正确的人生观"，具有不容置疑的正确性，而且不证自明，你只需要牢记，而不需要任何的质疑和思考。在这种逻辑下，任何与之相悖的概念或者逻辑，都会遭到否定和摈弃。

而学生们所获得的正确性逻辑到底在哪里？世界上是不是只有一种绝对的正确性？世界是多元的还是一元的？这些都不是中小学教育的任务。教师不去碰，学生也没有机会去训练自己的思考力。

根据我的学习经验，我们所给定的是"一分为二"的世界。

意大利作家卡尔维诺的小说《分成两半的子爵》里，参加十字军东征的梅达尔多子爵在战场上，被土耳其人的炮弹当膛击中，劈成两半。但他并没有死去，而是分成两半的身体各自回到故乡。在小说里，梅达尔多子爵邪恶的一半先回到村里，这下他可是把村民们弄惨了。他对自己的侄子说：

> 如果能够将一切东西都一劈为二的话，那么人人都可以摆脱他那愚蠢的完整概念的束缚了。我原来是完整的人。那时什么东西在我看来都是自然而混乱的，像空气一样简单。我以为什么都已看清，其实只看到皮毛而已。假如你将变成你的一半的话……你便会了解用整个头脑的普通智力所不能了解的东西。你虽然失去了你自己和世界的一半，但是留下的这一半将是千倍的深刻和珍贵。……因为美好、智慧、正义只存在于被破坏之后。

《分成两半的子爵》最初完稿于1952年，创作这部不朽作品的卡尔维诺早先曾是一名抵抗运动的游击队员，后来以《阿根廷蚂蚁》成名。他的作品短小精悍，却总能单刀直入地揭示人类最根本的脆弱、丑恶和自我局限。

《分成两半的子爵》这部小说，把"一分为二"这个至今根植在我们国家的基础教育体系中的文化暴力内因，揭露得清清楚楚。空想社会主义者为了一个美好的理想世界，可能采用暴力手段——所谓的为了达到目的，可以不择手段。这种暴力，就是梅达尔多子爵所做的那样：把尚未成熟的梨子劈成两半，把青蛙、甜瓜、石菌、红蘑、水蛭等都劈成两半。如果可以，梅达尔多子爵会希望把整个地球都劈成两半，这样，世界就美好了，清净了。

小说里，拥有这种"美好"观念的是梅达尔多子爵邪恶的那一半，他为了"美好"的世界，疯狂地到处劈砍，把自己见到的一切，都劈成两半。直到梅达尔多子爵善良的那一半也从战场上回来，村民们想方设法把"他们"弄昏，重新缝二为一，变回完整的整体性的人，梅达尔多子爵这才恢复正常。

我们从小学开始，就被"一分为二"了，我们都是梅达尔多子爵，都希望整个世界能够被一劈为二，我们的思考像菜刀一样，到处切割。我们选择好的事物，居住好的世界；坏的事物和坏的世界，全都留给坏人。我们要做好学生，不要做坏学生；我们要做鲜花，不要做杂草……这是一分为二世界的必然选择，我们的父辈拼命选择当贫下中农，因为地富反坏右全都被打倒消灭。中小学的校园，是一个花园的微妙象征，这个花园，只愿意保留鲜花，而学生们也必须像鲜花一样。然而，把花园扩充至整个世界，这种理想就变成了暴力。世界是一个多样性的世界。在世界上的某些地方，杂草可能比鲜花更有价值。例如在戈壁滩，在沙漠里，杂草是一种最让人感到亲切的植物。然而，我们从来不让学生有机会思考这样的问题。

"一分为二"的思想，让我们变得狭隘，不宽容。我们变得只会选择，我们的人生，充满了非此即彼的选择。这样的人生，不仅单薄无趣，而且匆忙草率。

在中小学教育中，不仅是非题、选择题要这样做出选择，而且连语文作文，也要做出选择。在一篇"好"作文里，你必须表达出"正确"的思

想态度，必须运用最多的好词好句，才能获得优良评价。

我作为三年级小女生廖小乔同学的父亲，对此深有体会。为此，我还写过文章，对中小学教师对作文的评判模式进行批评。文章发表后，我也看到了对这篇文章的批评，说小学教师"惨遭我鄙视"。

实际上，中小学教师也一直对大学教师持有偏见。他们认为大学教师在大学里面对的是大学生，所以大学教师不懂得中小学的教育。把学生按照年龄分层，用不同的方法来施教，这不无道理，但差异的只应该是施教的手段，而不是内容和价值观。很多的中小学教师，都把这种差异理解为内容和价值观的差异了。在他们的理解里，似乎相信在中小学所传递的价值观跟在大学后所传递的价值观要完全不同——可惜，这种不同却是事实。

中小学教育和大学教育之间最大的不同，是中小学采取的是"同质化"教育模式，要把各种不同性格、特质、爱好、嗜好也不一样的学生，都驱赶到同样一种套式里去，不容许、也是事实上不提倡学生的个性发展。大学，从逻辑上是提倡差异化教育，但是并不是所有大学都能做到，还要具体的大学、具体的学院和具体的教师的现场发挥。这也是中国大陆的高校教育的无奈——看起来，高校教育也渐渐要向中小学的同质化教育模式靠拢了。

我曾在《语文的物化》这篇文章里写到了中小学老师和学生的关系问题。在这种关系里，中小学生被认为是"幼稚的""脆弱的"，因此他们不能做出、也不该做出自己的兴趣判断。在学校里，学校教师不仅是这些学生的监护者，是羔羊的牧人，同时也是全知者，至高无上的裁决者，不能容忍异类的出现，也不能接受不同的答案。

我女儿小学三年级第一学期有一道测试题：请给下面这篇文章起一个题目：（大意是）下雨了，三只小羊找到了一所空房子，可是门锁上了，进不去。三只小羊的反应各不相同。两只认为打不开，不能进去。第三只说，不去试试，怎么知道呢？它去试了，打开了锁。

我女儿的答题：三只小羊躲雨。

老师给了零分，正确答案是：三只小羊。

这种作业批改思维很强悍，中小学语文教师的习惯性思维却大多如此——有些比较灵活的教师，也会容忍这种例外，但是灵活的教师，同样也要冒学生成绩提高不快、班级升学率不够高、缺乏竞争力的风险。

给文章起题目，不应该是唯一性的，这几乎是为文者的常识——小说家苏童的长篇小说《河岸》（刊发于《收获》杂志2009年第2期），原来的题目叫作《离岸记》，后来他改成《河岸》。女作家鲁敏的中篇小说原名《碎镜》，后来她改成《羽毛》，我反而觉得不如《碎镜》更妥帖，但仍然尊重作家自己的选择。文章题目，怎么能只有唯一的选择呢？

任课教师，也不见得不明白这个道理。然而，在应试教育体制的压制下，任何背离，都要冒极大的风险，这不是我们的教师所能承受的。

上面这个题目，只要小学生回答不是"三只小狗"、"三匹马"，都不应该算错。我拿这样的一个问题测试周围的作家、学者、编辑朋友，大家都觉得很惊奇。

这种唯一性、标准化的思维，恰恰是教育偏执症的具体体现。

以标准化、选择性、判断性的思维来面对"繁简之辩"这样一个开放性的题目，可谓南辕北辙，风马牛不相及也。

在中小学教育体系维持着应试教育模式的前提下，大学自主招生反而具有充分的不合理性。中小学的同质化教育模式和大学的相对灵活的自主招生办法，合在一起就变成了"二十二条军规"，彼此不衔接，最终受到打击的仍然是应试教育的牺牲品——考生。由于"中学和大学衔接"上出现着巨大的反差，自主招生的做法，反而给全力应付高考的中学生增加了额外压力和负担。中小学的教育，是应试教育，最终目标，是让这些学生通过一级级、一层层的考试，闯过一道一道的关卡，最后到达大学的大门。

优秀的大学，在文科教育上提倡的却是差异化教育、个性化教育。一名好的教授，可能会鼓励学生自己阅读和思考问题，而不去给定框框。这些学习方法和能力，本应是从小学时就要开始培养和训练好的习惯，在我们的教育体系中，却要到大学才能再度开始打基础。这样一来，学生从入小学到高中毕业的十年黄金时期，就白白浪费了。

不是只有教师才掌握真理

哈佛大课堂的那种热烈、融洽、自由的气氛，具有强烈的感染力。还有那些青年才俊们的干净、整洁、得体、靓丽的妆扮，更值得我们的大学生借鉴。

女儿受我影响，不知怎么的，居然迷上看网上流行的那个由桑德尔教授开讲的著名的哈佛伦理学教程视频《公平与正义》。先前我们一起看过第一集《谋杀的道德》，她对桑德尔教授幽默有趣的讲课风格大为着迷。我本是随便看看的，一看也着迷了。

我虽鄙陋，在中国内地也算是经较为正规的重点大学训练，由本科而研究生至博士，一路读过来的。虽无实才，但薄有虚名。我自己实知中小学学习的黄金时代被白白浪费，基础不扎实，看到好书总是急匆匆扑去恶补。好老师和好朋友的影响，我也从来都不敢稍失敬意。但在中国内地的课堂，很少能够看到像桑德尔教授讲课的这个场面：几百人的大教室，座位上满满当当，从少数的老年人、中年人，到主要的新科哈佛大学骄子。看那些学生的面孔，真正是来自五湖四海，踊跃举手站起来回答问题的也是欧、亚、非、拉齐上阵。他们个个都有自己的观点，敞开心扉，踊跃发言。桑德尔教授应是业内名师，据他自己介绍上世纪70年代曾去英国牛津大学读研究生。他乐于让各种观点和立场摆明在公开的大课堂上，并且鼓励学生们彼此有理有据地展开辩驳。

他那个关于有轨电车突然失控，即将撞上五个人的故事开头极其有趣。

我女儿看了好多次,都饶有兴味。

很简单的一个正确与否的选择:假设你是电车司机,正在行驶中,发现车闸失灵,正前方轨道上有五个人,如果继续向前,他们必死无疑。这时,你突然看到旁边有一个岔道,而且你的方向盘还好使。在岔道的尽头,只有一个人。你如果转动方向盘,这个人也必死无疑。但是,他一个人死了,却可以挽救另外五个人。这个情况下,你会怎么做?他请学生们投票。多数人选择转向岔道,让一个人牺牲挽救五个人。这是一个极其有趣的问题。

我问乔乔:如果你是电车司机,会怎么做?

她回答:我会选择转向。

撞死一个人,挽救五个人?我问,以少数人牺牲换取大多数人的利益。对吗?

乔乔很机灵,她不急于回答,沉吟了一会儿,这样说:爸爸,我还小,不一定能正确回答这种问题。

我说,岂止是你呢,宝贝。爸爸也回答不了,所以爸爸也要学习。再说,桑德尔教授在这里,并没有告诉我们什么是绝对正确的选择。

大学时期,我们也有一门《伦理学》选修课,但我已经不记得上过什么了。其中,大概有诸如为大多数人的利益要牺牲小我此类的大道理。

在我们所谓"大国"和"强国"至高无上的逻辑里,个人的利益和价值,在"集体"这个绝对真理面前显得比较微弱。即使在哈佛的大课堂上,也是多数人选择:压死一个人,挽救大多数。桑德尔教授说,这是有道理的,这里有结果主义和绝对主义的深刻影响。他从这个貌似浅显的例子开始,逐步深入,不断加入新的元素,来引导学生们对这么简单的一个道德判断,进行深入的分析。在课堂上,他们连最近的"9·11事件"也进行了思考和辩论。例如,一架被劫持的飞机乘客,选择坠机而不是撞击大楼。这是牺牲小我的例子。

这其实是哈佛的本科生公开课。这个哈佛公开课的视频,让我产生了"虽不能至心向往之"的强烈敬仰之心。倒不仅仅是桑德尔教授渊博的学识、严谨有趣的教学谈吐、松弛有度的课堂气氛,而是整个课堂里那种全球顶

级青年俊才济济一堂所营造的自由、民主的气氛和热烈、有趣的学术辩论过程。

下午我正在回过头来看《哈佛伦理学教程》视频，乔乔又进来了。我把电脑让给她，她看得津津有味。两段视频，四节课，加起来近两个小时，她从头到尾看完了。要知道，她们小学的课时，是二十五分钟一节，很多小孩子尚且坐不住啊。这些哈佛的课程内容，她自然是不能完全理解。我也不强求，但她喜欢，看看也无妨，当学英语，练习听力。桑德尔教授的美语发音吐字极其清晰，速度中等，很有感染力。课堂虽轻松，但绝不浮夸，而能循序渐进，由浅入深。

我女儿感慨地说，这个桑德尔老师真是太了不起了。我们班的老师，哪里会这么上课？根本不让你说自己的想法。还骂人呢。

我说，别说你们小学了，国内最好的大学里也几乎没有这种老师。我对大学自然是熟悉的，尤其是文科学界。即使有能讲的，大多是夸夸其谈；可能幸存的个别饱学之士呢，又大多是口讷之辈。桑德尔教授一点都不卖弄，但康德、洛克、边沁等的著作随口拈来，感觉得到他对这些哲学家的相应名作烂熟于胸，方能随意说出，恰到好处地说明问题。所以，这组十二个视频，绝对值得观看。我更推荐家里有小孩子的网友，也让小孩子来看看。听不懂不要紧，权当听听桑德尔教授讲故事。听到这故事能会心一笑，即有收获。哈佛大课堂的那种热烈、融洽、自由的气氛，具有强烈的感染力。还有那些青年才俊们的干净、整洁、得体、靓丽的妆扮，更值得我们的大学生借鉴。

如果我英文更好一点，如果有条件，我一定不顾自己已经四十岁的事实，立即赶赴哈佛做个中年旁听生——事实上，那个课堂上确实有不少比我年纪大很多的人在听课。

古贤云：朝闻道，夕死可矣。这是圣哲的高见，我不够格用这来自勉。但是，见贤思齐的渴望，还是有的。

在课堂上盛开生命之魅

——为熊芳芳老师《说课》序

> 尊重、平等、自由、亲近，这些都是生命的特性，在这样的生命之泉激越下，语文课就会成为师生共同享受生命成长的美妙课场。

人之有缘无缘，总在冥冥茫茫间。

熊芳芳老师在这部皇皇四十万言的新著《说课》中，多次强调爱与美的怜惜之心，我有灵犀焉。事与情纷纷扰扰，感知到细微处，便觉人与世都好。

生命与自然有蓬勃特性，造物主才能明了其丰富性，因此熊芳芳老师直接破题而入，提出了"生命化语文"的观念，从而对僵化的无生命语文陈规形成了冲击。

对语文现状的批评声音越来越浓，我也是其中一个。我主要给语文教材"找麻烦"，具体到一篇一篇地分析这些课文的不好之处。不好的课文类型有二：一种本来就是"烂"文，另一种是好文被改成"烂"文。更多的是不好不坏的鸡肋文，真是食之无味，扔之不得——扔了要违反这个条那个规。这是教材问题，搁下不表。

语文教材之外，语文教师对语文教材的研究，对课堂教学的运用，又是另一个重大系列。一些教师满脑子应试题目，用陈腐条框来压制灵动的学生，却让美的不美，趣的无趣，把原本活色生香的语文课上成了乏味无趣的说教课。

从《说课》所谈及的课文内容来看,我仍然感觉到陈旧篇目满眼的悲哀,那些从道德选文、从教条选文的无趣课文,即优秀如熊芳芳老师等,也得戴着镣铐跳舞,忧伤地说笑。现有语文教材选编,难得看到真正有生命力的、丰富有趣的杰出作品。一名优秀的语文老师,内心是萌动的,思想是活跃的,但面对如此古板无趣的课文,却要努力跟聪明活泼的孩子讲得兴致勃勃,实在不易。即便你是五星级饭店的大厨,手拿一条小鱼干,无论蒸炸炒溜炖煮,都不可能做成法国大餐。

唯其如此,更显得一名优秀语文教师的不易。

我欣赏熊芳芳老师提出的"生命语文"观念。语文一旦被"生命观"激活,就如同溪水遇见春天的喧腾,如同奔马欢跃在草原,随处都是美好,不需要你运用太多的授课技巧或制作太多的精美课件。尊重、平等、自由、亲近,这些都是生命的特性,在这样的生命之泉激越下,语文课就会成为师生共同享受生命成长的美妙课场。师生们交流、探讨,师生们激动、开心,师生们耳语、会心,这一切都因为有一条生命的河,在师与生的内心深处脉脉流淌。

熊芳芳老师举例说,在讲"朽木不可雕"时,她班上那些聪明学生就明白了,问题不能只看一面,而是要学会多面思考:朽木虽然不可以用来雕刻,但朽木有自己之用。她让学生们自己思考:

朽木显然是不适合用来雕刻的,但是朽木本身是不是就毫无用处呢?

学生回答:不是的。

很好。我问:那么,说说朽木有什么用处?

郭松葳说:朽木腐烂后可以改良土壤。

很现代化,很科学的理性思维。好。

……

我继续问:朽木还有没有别的用处?

黄贝安说:朽木上面可以长木耳、长蘑菇!

我笑了，真是个富有想象力和童心的好孩子。多么美好的画面啊，我也喜欢能长木耳和蘑菇的朽木。

这段师生对话充满了生命性和丰富性。孩子们的成长是多元的，性情是多元的，未来也是多元的。尊重生命的老师，会尊重每一个学生的意见。

美国儿童文学大师E·B·怀特的长篇儿童小说《吹小号的天鹅》有一个令人记忆深刻的片段——"吹号天鹅"路易斯的人类好友萨姆回到五年级后，老师教他们数学，问：

"萨姆，如果一个人一小时能走三英里，四小时他能走多少英里？"

"这要看他走完第一个小时以后有多累。"萨姆回答说。

其他学生吵起来了。斯纳格小姐叫大家安静下来。

"萨姆说得很对"，她说，"这个问题我以前倒没有这样考虑过。我一直认为那个人四小时可以走十二英里。不过萨姆说不定是对的：走完第一个小时以后，那个人可能不会觉得那么精神十足了。他可能拖着腿走。他可能慢下来。"

艾伯特·比奇洛举手。"我爸爸认识一个人，那人想走十二英里，结果心力衰竭死了"，艾伯特说。

"天啊！"老师说。"我也认为这是可能发生的。"

"四小时里什么事情都可能发生"，萨姆说。"脚后跟可能走出水泡。路边可能长出浆果，他停下来采浆果吃。这样他就算不累，或者脚后跟没走出水泡，也会让他慢了下来。"

这是多么有趣的课堂，而且是"溢出"课堂的讨论。

熊芳芳老师引用台湾散文作家张晓风的文章，谈到了老师要勇于承认"不知道"。张晓风小时候问老师"挖"字怎么写时，老师说不知道，然后请她上去写出来。这个细节，这种尊重，让张晓风久久难忘。相反的例子，是一位老师讲《孔雀东南飞》时发生的"事件"，一位学生问："为什么是

孔雀东南飞而不是鸳鸯东南飞呢?"老师随口就说:"因为作者当时看到的就是孔雀而不是鸳鸯。"课后,有听课的老师对她说:"因为孔雀在古代经常是用来表达悲伤的意象,而鸳鸯是幸福甜蜜的,与故事的情感基调不符合。"

熊芳芳老师体现出一种钻研到底的劲头,并不止步于此,而是对"孔雀"这个问题着了迷:"孔雀在古代经常用来表达悲伤吗?我怎么一点印象都没有?我能查到的最早提到孔雀的诗文,就是《孔雀东南飞》了。……用孔雀的意象来表达悲伤的'传统',到底是从什么时候开始的?还是正因为有了《孔雀东南飞》,后人才渐渐开始借孔雀来寄托美丽而忧伤的情怀?"

在这种追问的精神下,她开始寻找各种证据,然后进一步推理,得出自己的结论。熊芳芳老师还为《孔雀东南飞》里的汉代女子刘兰芝这个人物形象,写了一篇文章《认识一个真实的刘兰芝》,谈到"汉代是女子的黄金时代",她们"在婚恋上自主得多"。这也突破了教学大纲里对"刘兰芝"的定位,也突破了对这篇课文的传统解读。

语文老师肩负"传道授业解惑"之重任,然而,老师不仅要解学生之惑,还要解自己之惑。孔夫子"四十而不惑",是对人生道路选择的不惑,还是对万事万物都通透体察的认知?学会给自己解惑,才能更好地帮助学生解惑。师道尊严是靠老师自己严谨、踏实、敢于承认不知道,并在此基础上不懈探索的作风而形成的,不是靠威吓和装扮。老师更不能养成随口乱说的习惯,这种坏习惯会对学生今后的学习、思考、研究都产生长远的负面影响。一名优秀的语文老师就应该勇敢地说:对不起,这个我倒是不知道。哪位同学知道?请你们说一说。或者,课中干脆调转船头,用一些恰当的时间来研究这个"为什么不是鸳鸯东南飞"的"怪"问题。研究下来,师生都会有很多收获——如萨姆和老师的对话那样,成就生命化语文的经典场景。也如罗宾·威廉姆斯在《死亡诗社》里激情四溢地"反权威"一样,会成为教育的诗篇。

在这部书中,还可以读到熊芳芳老师为鲁迅的《拿来主义》《祝福》,为莫泊桑的《项链》,为古乐府《孔雀东南飞》等古今中外的课文做了详细的备课,还有各类精美的辅助理解图片。在她的课中,包含了很多课外知识,例如在鲁迅的《拿来主义》中谈到了胡适,谈到了邵洵美,在《巩乃斯的马》中谈到周涛和余秋雨的"文革"经历与经验,做了很详细教案文本。这些,都可以看到作者的广泛阅读,从而形成自己的人生体验和教育思想。我甚至觉得,熊芳芳老师仍然可以更加自由一点,充分调动学生的自主思考意愿,养成独立思考能力。

从头到尾阅读熊芳芳老师这本厚厚的《说课》,对我冲击很大。语文的"讲课"到这程度,大概已登峰造极,触到语文教学天花板了。要再上一层楼,须走出教室去寻找向上的阶梯。

一线语文老师如此执著,可敬,也可爱。我尊重生命化的语文探索,但我反对固守语文课堂原有的固定形式。教室、课桌、讲座和学生之间,形成的是一个令人无法超越的封闭空间,阻断了真正的学习行动。虽然我们不可能如《死亡诗社》中的老师那么超越,那么直接地"破坏"原有课堂秩序,让学生们跳上讲桌,再跳下去,换个视角看世界。但老师可以做些"非常规"的小而好的事情。8月份上海书展期间,我与上海市重点小学天山路第一小学的吕华琼校长一起做个对谈活动,其中我特别谈到作为语文学科带头人的吕华琼校长的可敬尝试:有一年冬天上海下雪,吕校长与教师们商议之后,临时决定不在教室上课了,而是把课堂搬到室外,让孩子们去操场观雪,玩雪,在具体的玩乐中,体会自然的丰富性,并自然而然地诱导孩子们对美好事物的感受与表达。

我与熊芳芳老师至今缘悭一面,但已经读过她的《语文不过如此》和《高考微作文》两本书了,《说课》是第三本。我与很多优秀的语文老师有联系,大多是神交,大多中的大多是热爱写作的诗人、作家,他们对文学、对艺术、对生命的热爱,反哺着对语文的热爱。这种热爱,以深刻的生命性,滋润了原本略显苦涩的语文。

对生命价值的珍重、珍惜、珍爱,如今已成为一种社会共识。有一句话深深打动我:宇宙大爆炸到现在137亿年了,才有了你。

生命之不寻常可见于此。

　　熊芳芳老师在课堂上,独出异心地提出"生命化语文"的概念,是语文教育的一个很重要的变革。

　　期待更多的语文老师加入平等、尊重、爱护、探讨的语文学习流程中来。

我写的两篇小学作文"不合格"

> 走遍了深山大川之后,徐霞客写道:黄山归来不看岳。这就是阅读的积累,游历也是一种积累。不长见识,不习名著,读书不破两卷,下笔就有了神,那也就是走神而已。中小学是学习的黄金时代,应该多阅读,多积累,少落笔。积累够了,感受新鲜了,写文章才会出彩。

女儿的班主任曾"吩咐"我写过两篇命题作文。班主任知道我的职业,却不知道我的真实底细,误以为我擅长写这类应景作文。我惶恐地说,我写不好。班主任说,您太谦虚了。

我有自知之明,知道自己写的作文不合适这类报纸的套式。我认为我女儿也不行,我不鼓励她写这种应景文章。

受班主任之托,我硬着头皮写了。

头一篇是《我看考试》。我对考试无话可说,实在要说,那就是恐惧,非常之恐惧。我挠破头皮,从对考试的恐惧开始,写自己的恐惧和绝望。这篇文章我修改了两遍,发给班主任后,再也没有了下文。很久以后,从女儿拿回家的报纸上,我拜读了被选上的家长文章,发现都是对考试进行热情洋溢的"歌颂"。原来这命题作文是有格式的,但我很为自己没有被选上而感到宽慰。甩掉了命题作文的束缚,我另起炉灶,愉快地重写,再修改润色了一遍,废物利用,发给《现代快报》,用在专栏上,换几百块钱给女儿买书看。

第二篇是《我的无烟童年》。

这是学校给小学生出的作文竞赛题目。班主任不死心，又让我女儿写。她误以为我女儿应该是写作文的高手。我还得到一点小小的暗示，必要时可以帮她捉刀。我一听就头大。让我帮她写作文，简直就是赶鸭子上架。然而，爱女在上，我又怎敢违抗？我坚持让女儿自己写，末了我帮一点小忙，给她写的那两百个字增删过一些句词,忐忑不安地提交给太太审阅。她看完，如食鸡肋，不置可否。

我们合计，统一意见后认真地跟女儿交流说，宝贝，你就这样交上去吧。通得过通不过咱们都不在乎，也没有办法。这种作文比赛，爸爸妈妈都觉得没有什么价值。

果然没有下文。第二个星期某天，我们下午去接小孩子，看到学校的大屏幕打出了喜讯，很多同学获得了作文比赛一等奖、二等奖。我们女儿的名字仍然无幸忝列其间。好在先对女儿做了心理辅导，不然她会感到失落了。

我女儿也是普通的孩子，她自然希望得到这种荣誉的。

问题在于，我一直让她表达自己的真情实感，而在这种作文里，你需要表达的是虚假的情感。你必须从作文的第一句话开始，就说谎、瞎编、假大空、拔高、升华、提炼，用尽陈词滥调，获得某些平庸评委的青睐。小学二年级教材里有一篇课文《蜗牛》，里面写到那只蜗牛坚持不懈地终于爬上那块石头之后，说：世上无难事，只要肯登攀。我跟家访的班主任说，这是什么东西？这也敢自称是作品？陈词滥调竟到了如此程度！

我拜读了小学二年级的教材之后才发现，这样一本第二学期的课本有四十多篇文章，除了两篇选自学者季羡林和儿童文学作家秦文君的文章外，其他的全是来自由本地的小学语文教师组成的编委们"自己创作"的"优秀作品"。这些文章不仅充满了各种假大空的道理，而且毫无趣味。最令人惊讶的是，竟然还没有作者！

编委们自得其乐，把供几百万小孩子阅读的教材，当作自己的黑板报了！

我一直给自己的女儿拖后腿,不愿她的语文考试成绩太好,尤其是作文。我跟太太都认为,这种作文分数越高越有害。工作关系,我接触到一些由中国内地培养出来的少年作家,他们成年之后基本上都成了"废料"。你还不能跟语文老师探讨这种问题,因为没有探讨的共同基础。在工作中,我读过很多语文老师的作品——年轻点的,还有点锐气;年纪大点的,大都充满腐朽气息。这样的语文教师,怎么能指导孩子写文章呢?

中小学生,根本就不应该要求他们没完没了地生产这种"废品",而是要留出更多的时间和空间给他们来阅读古今中外优秀的文学名著。不然,你长大了,也只好像韩寒那么附庸风雅,说钱锺书文字很优美了——用朱自清的话,反过来可以叫作"俗得这样雅"。韩寒大概没有空翻过《管锥编》或《谈艺录》。这些文章用小学语文教材编写者的标准来看,简直是毫无文采了。以韩寒那样的中学教育基础,虽然凭着自己的天份,写出了一些针砭时事的时新应景文章,得到了大量看客们的围观和喝彩,但他看那些"偏门"的东西,不仅无趣,恐怕也无用。这个时代,处处都以"功用"为目的,纯学术的乐趣早就消失了。韩寒虽然很有才能,对那些寂寞的文字,如何有空去看?又如何看得进去?一个人阅读量有限,不知道知识的传承关系,很容易就会拿一个小山包当华山,在那里杀猪一样抒情。

走遍了深山大川之后,徐霞客写道:黄山归来不看岳。这就是阅读的积累,游历也是一种积累。不长见识,不习名著,读书不破两卷,下笔就有了神,那也就是走神而已。中小学是学习的黄金时代,应该多阅读,多积累,少落笔。积累够了,感受新鲜了,写文章才会出彩。

语文的考试,我也只要求女儿应付过去。这次期末考试,离考试一个星期了,她复习语文很是抓狂,听写生词什么的都心不在焉,屡屡出错,遭到了妈妈的批评。我说这么乏味,谁能集中精神?我让她看《哈利波特》。她一看就入迷了,手不释卷,把一本《哈利波特》偷偷藏在桌边的被窝里或者枕头下。她的爸爸、也就是我老人家从小是干这种偷读小说的行家里手,哪里不明白了?我看到她慌慌张张地藏书,就觉得好笑,也想到了自己中学时拼命偷看小说的往事。我对女儿偷看小说这件事情,做了两项预备的

工作。

首先，我对女儿说，宝贝，你偷偷看书爸爸是知道的，爸爸多厉害啊，过去也是专干这个的。你没有必要这么紧张，就当是一次游戏好了，爸爸根本就不反对你这么干。爸爸假装没有看见，你看怎么样？不过，你要抄的语文生词生字，你要临写的字帖还是要完成的。你完成了，我随便你偷看。

其次，我赶紧去跟太太沟通——她跟我不太一样，对女儿一直比较严格。我跟她说，女儿偷看小说，诚然有点不太正规，但是我认为并不是件坏事情，起码培养出阅读的好习惯，今生将受益无穷。我说，已经跟她一起把这件事情转化成游戏了，而不再是一件错误，你千万不可责备她，打击她。我说，与其让女儿温习语文教材，还不如看看这些小说。至于考试成绩，虽然我们两个都是所谓的文学博士，但是我确实对她的语文考试成绩也没有太大的信心。考个八十几分足矣。中小学语文教育，尤其是教材内容，大多数是僵化文章。

我们送女儿去华东师大数学系的长江学者谈教授家跟他女儿谈伊澜玩。小孩子凑在一起，高兴极了。聊天时，我跟谈伊澜妈妈说，这个暑假，我就在给女儿"催吐"，让她把在学校里不幸吞食的那些"语文垃圾"都吐出来。催吐剂，就是这些小说。《哈利波特》我女儿看到了第五部，怀特的《夏洛的网》她看了三遍，《彼得兔》系列共五本她翻看了三四遍，《丁丁历险记》二十二本，她也反复看了好几遍，《小王子》她对大人们的愚蠢哈哈大笑……后面，黑柳彻子的《窗边的小豆豆》、《怪医杜里特》四大部、林格伦的七部儿童小说我都已经给她准备好了。这些催吐剂的功效，就是让小孩子知道，文学世界之大，远不是那些教材内容所能涵盖的。

女儿的班主任来家访，我就这么跟她如实坦白：我支持学校工作，但是我也要在暑假里给女儿换口味。我很感激我的大学老师，尤其是在某次讲座上给我们当头一棒的著名文学评论家李劼老师。他在第一节课上，就给我们这些自鸣得意、不知天高地厚的前高中生当头一棒喝：上我的课之前，你们必须先把高中学到的那些"垃圾"全都彻底忘掉。他把我们刚刚发下来的那本《现代文学教程》也随手一扔，加上一句：包括这本。

震惊啊！大学四年，我就像一头发疯的饿牛，拼命地咀嚼，图书馆里找到什么就读什么。不管读得怎么样，先把脑袋塞满了再说。华东师大图书馆的藏书量当时据说是上海第二大，80年代中期藏书就达250万册。我感觉自己是耗子掉在米缸里了，于是忘记了正常的上课，不知春夏更迭之速也。那种囫囵吞枣的阅读，虽然让我得了"消化不良"，但是随着岁月的流逝，慢慢地也似乎变成了一点点的营养。人生经验需要的是时间的历练，阅读却要尽量在学习的黄金时代完成——我到了大学阶段才囫囵吞枣，虽然也读了一些书，但是已经来不及了。所以，我对小孩子的阅读特别关心。

谈教授的"丑闻"是解不出女儿一年级的数学题！我的"丑闻"比他好点，两次写作文都惨遭语文老师的"鄙弃"。

我为这种惨遭鄙弃的遭遇而感到如释重负。

给女儿催吐，并且让她养成阅读的好习惯——她已经是一名阅读爱好者了——并且逐渐学会了分辨，这是我的努力目标。

教育的焦虑

考试能力是一种较低级的能力,我觉得并不难,难的是怎么把小孩子培养成拥有健康心智、健全体魄和正常的人际交往能力的公民。

人生是长跑,而不是短跑。可是,我们做父母的,大多数都希望孩子是个短跑选手。

自从有了女儿之后,我的生活就陷入了巨大的困惑中。过去,我们在"伪丁克"时,看别人教训孩子,勤勉送孩子上学,报各类补习班,都非常不屑,很为他们的奔忙而生些许怜悯。从各类媒体中学习到的知识告诉我们,教育孩子,就要让他们自立,就要严格要求。

我们一班朋友中,最早有孩子的是格非和老王。过去大家一起玩,没有小孩子在旁边捣乱,总是不知夜之将逝,黎明分悄悄已至。不管是打四国大战昏天黑地,还是讨论文学问题,总不怕有任何牵掣。格非有儿子后,这种黑白颠倒的快乐生活就被纠正了。有孩子的格非和老王,变得多愁善感起来。他们看奥斯卡最佳外语片奖影片《美丽人生》,为那意大利男子贝尼尼的父子情深感动得满腔泪水。我和太太去弄碟来看,虽觉电影不错,却不能像格非他们一样入戏,对他们的"廉价"感动有些不解。他们有儿子,对电影里的父子情深感同身受。这种情感,没有孩子时很难体会。我们可以假装认同,但是情感这东西是发自内心的,不会欺骗人。

格非说，小孩子是宠不坏的。他的高见，又跟我们从书上学来的观点相抵牾。格非处处高我们一等，凡事总是领先一步，书上的教条竟然也敢随意违抗。我们又习惯性地对格非宠孩子的观点有些不以为然。小孩子要成材，别说"闻鸡起舞""悬梁刺股""凿壁偷光"了，起码也要"孟母三迁""劳骨苦志"，这样，才能把自己的孩子锻炼成拥有超能力的顶尖高手，将来才可以立于不败之地，睥睨天下无敌手。

过去，我们的前辈教育孩子，总是要为国建功立业，终极目标是出将入相，将来光宗耀祖。眼下的教育没有这么大的野心，从私人角度、家庭角度，人们照样希望孩子学会高超的本领，可以凌驾于其他孩子之上，日后成为"人上人"。男生将来就像韩寒那样口不择言做个狠角色，女孩子的楷模是默克尔、希拉里、杨澜。要求再低一点，起码也要当个会做美味佳肴，会写情调文章，还会伺候好老公的专栏美食女人。我们身处的这个社会是"丛林世界"，生存法则是弱肉强食。在这个世界里，你没有本领"干掉"别人，起码要练一身水上漂、墙上遛的轻功，一看风紧就扯呼，三十六计，逃命为上。总之，留得青山在，不怕没柴烧，不能傻呵呵地等在原地，跟猛扑过来的狮子和老虎谈"和平"。

我们女儿从小就行动能力差，进了小学，她的显著特点是"慢"。婴儿时代，缺乏爬教育；到了走路，太小心，特谨慎，动辄爬到爸爸身上不肯下来。有人对此讽劝，其父立即不悦，其母亦持有类似看法。其父说：慢不是她的错，是这个社会太快了。那么，是不是要社会适应她呢？这当然不现实。这个社会就像一辆呼啸而去的特快列车，谁行动稍慢，就无法搭乘，不能"与时俱进"。其父就是一例。人家不断进步，他不断后退。有其父必有其女。这种命中注定要成为外公的人，已经无法赶上那趟飞驰的列车了。我也不希望自己的女儿去赶。赶上又怎么样？不一样是往最后的那个终点快速驶去，甚至更快到达？

当一个落后分子，需要有点自我安慰的能力。我对自己的孩子，憧憬着她能到香港去念大学，到美国去读研究生。这是个美丽的幻想，而这种念头一旦起来，就会收不住自己的缰绳，跑得无边无际。也许英国更好，

北欧更合适。既然改变不了"丛林世界",那就找一个相对安全的地方。女孩子,拼搏什么?奋斗什么?还是从小平平安安,长大顺顺当当,把身材保持好,把皮肤娇嫩好,学点小资必备的音乐、绘画以及写写风花雪月文章之类的技能,将来俘获一个本质还算善良的男生,也就行了。

有人会指责说,我这是性别歧视。他们不知道,我最高的理想,就是平安。

不管怎么说,和谐虽然很美好,可是在一个狮子、老虎横行的丛林里,这和谐对小白兔、小绵羊不见得是什么好事情,反而会让他们丧失警惕,连逃跑的机会都没有。因此,我们都很紧张。为了教育出、培养出一个"轻功好手",而呕心沥血,精神紧张,彻夜难眠。

然而,我们所处的社会毕竟不是真空地带,每时每刻,都会有各种事情上身。你上了小学,免不了就会被迫跟同学们比较。一比较,就会感到紧张。前天太太去小学开家长会,各科老师一合计,她就紧张了。班上每个同学看起来都是天才儿童,只有我们女儿慢慢腾腾的,让老师着急。不是她成绩最差,而是她有一种无法与时俱进的趋势。这怎么行?于是,回家就跟我商量。我说,算了,别着急,别上火。我就不信,凭着她的爸爸、妈妈二十多年身经百考的经验,这小东西考试会很差。考试能力是一种较低级的能力,我觉得并不难,难的是怎么把小孩子培养成拥有健康心智、健全体魄和正常的人际交往能力的公民。过去我们听到某奶粉广告:不要让孩子输在起跑线上。我的看法是,跑得越快,就越可能撞墙。人生是长跑,而不是短跑。可是,我们做父母的,大多数都希望孩子是个短跑选手。我说这些话,不过是给自己鼓鼓劲而已。

痛苦和幸福,都是比较出来的。

后来,鼓励在起跑线上占便宜的奶粉出了问题,我们惊出了一身冷汗,于是又找到了小富即安、自我满足的理由。

语文是人类文明的底层操作系统

> 所有人类思考、人类谜团、人类科学及人类文明，真正的基石是语言和文字。

一、语文的重要性

语文是什么？语文怎么学？语文怎么教？

困扰语文界的问题听起来像哲学三问。有个段子说：北大门卫都是哲学家，每个进北大的人都会被问：你是谁？你从哪里来？你要到哪里去？

语文教师正扮演着被询问的人类思想者的角色。

面对哲学三问，哲学家没有得出"正确答案"。如今，哲学隐退，物理学家霍金说，物理学家接过了哲学的火炬，引领人们探索未知世界。现在，科学家们继续从宏观和微观两个方向不懈探索。宇宙学家研究宇宙大爆炸、星云、银河、恒星系，生命学家探索蛋白质、基因构成，物理学家在探索电子对撞制造微型宇宙。

语文侧立在一旁，似乎事不关己。实际上，所有人类思考、人类谜团、人类科学及人类文明，真正的基石是语言和文字。

"语文"对人类文明形成与发展至关重要，各国文化传统虽然不同，但对"语言与文化"的重视程度，都是排在第一位的。当一个婴儿看着妈妈微笑，开口发出第一个音节"mama"时，他就在开始学习语文了——很久以后，他开始学一加一等于几。

语言学认为，人类语言文化有一个共同源。人类走出非洲，散居世界，

每一个不同种族系、文明系的深处,都携带着特殊的语音基因,如元音"a",各文化大多用来表达主神,而近同于Mama(妈妈)的发音,遍及世界几乎所有文明。在学会书写前,人类在前文明时代携带这种语音烙印,遍行于各大洲。其后,各大洲色彩绚丽的原住民岩画,让人类文明有了第一缕光——当原始人在岩石上刻下第一个画符时,人类文明就开始发芽了。而当这些岩画进化成文字,形成语言系统时,人类开始有了初步的文明。

我们今天可以小语文,也可以大语文。"小"是把语文工具化,确定语文的目标是教会学生口头表达和书面表达。这也是叶圣陶发明"语文"这个概念时的解释。这种解释有时代局限性,也迎合了当时的"扫盲"运动,但是排斥了原"国文"概念所包含的丰富的文化外延,这就把"国文"从包含着时间与传统维度的三维系统,降成识字与表达的"语文"二维系统了,也平面化了语文,让语文成为乏味无趣的工具。

如今,面临着世界性的挑战,我们开始重新思考和定位本民族的文化与价值,更迫切地感到要从传统文化中寻找、提炼出独特的核心价值,确立民族文化的主体形象。语文学科因此也面临着"升维"的挑战,必须引入传统文化,吸纳文、史、哲,以及艺术、影视、科学等各类知识和智慧,形成一个立体的高维语文世界。也因此,语文这门学科面临着新机遇与大挑战,对语文教师也提出了更高的要求。语文教师也要保有持续学习的态度,不断阅读,吸收古今中外和跨学科的知识和智慧,打破禁锢自己的狭隘思想,而与学生一起进入丰富的知识与思想的海洋中去。

二、语文是什么

关于"语文是什么"这个问题,我自己做了一个比喻:语文是人类文明的底层操作系统。可以肯定地说,没有语言和文字,就没有人类文明。但要多维地去理解语文,打破狭隘语文观念。

语文是一门涉及传统与现代,中国与外国,有关文、史、哲及艺术、电影、音乐、科学的综合学科。语文的目标:独立自由地思想,准确流畅地表达。

语文的定义：语文是语言和文化的综合素养。

我不喜欢"语文"这个表述，它把这门学科工具化，而剥离了应有的丰富文化与传统内涵。相反，"国文"的概念更加准确，也更加丰富。学会简单的口头表达和书面写作，只是"扫盲"运动的追求，普通的小学毕业生完全可以达到这个目标。而立足于新时代，面向世界来进行自我文化定位和反思时，我们却要超越语文工具化的定位，提升国民的综合素质，让我们更有文化自信。这就要在中学阶段的六七年时间里，通过丰富有效的阅读，来学习经典，传承文化，丰富思想，纵览世界，自由思想，培养人格独立的新时代公民。

我曾写文章反对"语文是一门科学"这个说法。

"语文是一门科学"这样的论断，长期在语文教师的脑子里徘徊，似乎不强调它是"赛先生"，语文就不能获得准生证，其存在就缺乏合理性。但很少人想到，在"科学"诞生之前的很长时间，人类就有了语言和文字。"语文"无需依靠"科学"来证明自己存在的合理性，就如同一位祖父无需孙儿辈来证明自己存在的合理性一样。

在思考教育问题时，我常想到美国著名影片《死亡诗社》那位文学教师基廷先生。在上世纪80年代念大学时，基廷老师是我们的人生偶像，也是我们的思想启蒙者。基廷老师的扮演者罗宾·威廉姆斯去世后，我重新观看了这部作品，在观看过程中，仍然内心感动。

我们今天的语文教师，或许无法做到基廷老师那么勇敢、那么无畏，但内心深处都应该有一颗爱与柔软的心，在爱与激励中，与学生们一起成长。语文教师不应该是一名掌握着绝对真理的布道者，语文教师应该是一名领头羊、一名带领者，要与学生一起思考，打破禁忌，学会超越各种有形和无形的墙。我们阅读那些卓越的文学作品，不应该是为了应付考试，而是要追问人生的意义，让我们的人生价值更加多元、更加丰满。

在电影里，基廷老师说："我们读诗、写诗，并不是因为它们好玩，而是因为我们是人类的一分子，而人类是充满激情的。没错，医学、法律、商业、工程，这些都是崇高的追求，足以支撑人的一生。但诗歌、美丽、浪漫、爱情，

这些才是我们活着的意义。"

基廷老师让他的学生们相信:"学会自己思考,学会欣赏文学和语言。不管别人怎么说,文学和语言的确能改变世界。"

三、语文如何教学

在中小学的语文教学里,语文学习的评估一直是个无法打破的魔咒。现行语文考试一直存在两个问题:一个是测不准,一个是考不到。

一个考试得 128 分的学生,其语文水平不见得比 115 分的学生高,然而粗糙的分数,却暴力地区分了这两位学生的等级。这是"物化"教育的最明显例子。教育面对的是活生生的人,然而我们却企图科学化评测,用无生命的分数来给学生们的生命分等级。更好的教育模式,是差异化地面对不同个性的学生,发现不同学生的不同才能,从而让他们成长为自己应该成为的人。

量化、僵化的考评如果不能得到柔性化的改善,语文学习只会是简单粗暴的知识灌输,我们的教师就会蜕化为往鸭子嗉囊塞饲料的饲养员。有些语文专家认为,语文具有丰富性、暧昧性,评测应更加人性化。语文应该是一种能力与修养的评估,而不是分数的评估。但要打破现行评估方式,仍然需要从"应试教育"上破解。现行的高考制度需要破解,要各高校实行真正的自主招生,以培养有创造力的人才,才可能慢慢落实素质教育的目标。

今天的各地各级语文教材,仍然过多地偏重于抒情性文学作品,而缺乏更为丰富的历史、哲学、社会、科学乃至艺术和影视的内容。我们的教育要更明确地培养合格的、富有创造性的公民,而不是某种合格的物体。在教育思想上不加以突破,受制于此的语文教材也无法真正有效地更新。但在这种现状下,一线语文教师也在反思,并推进广泛有效的阅读,同时以阅读推进表达和写作。

杭州外国语学校高中语文组的课外阅读书目曾引起教育界的反响,这份书单包含了文史哲内容，还有音乐、影视的学习，这正是立体化、多维化的"大语文"学习的具体体现。

一名语文教师面临所有这些"材料"时，首先需要自我学习提升，并以生命化的方式，来重新理解这些"材料"。我们读西方艺术史，观看文艺复兴时期那些伟大的绘画，除了惊叹于技巧上的成就之外，还要注意到其中对人类生命的肯定和赞颂。"文艺复兴"就是生命之歌，这首歌一直唱到了现在，还应该继续唱下去。

面临语文的新挑战，现在很多有反思精神的语文老师，都喜欢运用"生命语文"这个概念，而所谓的生命化，是让语文进入到我们的人生中来，与我们的现在和未来息息相关。

《死亡诗社》里基廷老师在第一课时，就与学生坦诚地谈到了死亡问题，并因此要求每一个人都百倍地珍惜生命，思考生命的意义。

因此，学语文和教语文就不再是一个问题，而是一种行动。语文教师要行动起来，与学生一起阅读，来自我提升。

我理想中的语文，是师生一起阅读、交流、探讨、朗读，是生命蓬勃的象征。我一直在强调，一名中学生，如果有持续几年的有效阅读经验，加上适当的写作训练，即便在面临当前的考试时，也能轻松应对。而对于字、词、句、段的理解，也要大量阅读才能更好地理解。

语文的物化

分数成为决定一切的首要条件,这也是学生"物化"的最本质现象。通过"分数"联结到教师身上,学生和教师的关系就"数字"化了。教师与学生之间,本来应该拥有的人性化情感因素,也完全地被"物化"。

如果是一个开放式的植物园,我们可能看到里面的生态多样性:有乔木,也有灌木;有鲜花,也有杂草。但是在园丁掌管的小花园里,这却只是一种理想性培育的世界。

鲜花作为一种植物以及拥有的物性

教师与学生之间有一个精妙的比喻:园丁与鲜花。

这个比喻,蕴涵了语文教育几乎所有的秘密。

在长期的反复使用之后,这个比喻已经变成了隐喻:学生被"物化"了——他们是"鲜花",而不再是一个活生生的人。鲜花是一种草本植物,外表漂亮,根茎脆弱,经不起狂风暴雨的摧残。鲜花虽然令人愉快,却只能摆设观赏,缺乏实用价值。在贫困年代,很少人会想到鲜花有什么用处。鲜花,本质上只有审美价值,能给人带来愉悦,展现的是一种浮面的美。通常来说,鲜花并无内在价值——食用、药用,像粮食那样果腹,像药物那样治病——因此给人一种"无用"的延伸性联想。

鲜花如果凋谢了,不再美丽,不再散发香气,就缺乏存在的意义,有沦落为杂草的危险。

作为一种现实存在的植物,杂草也有自己的价值,但是在"花园"里——这是"园丁"和"鲜花"的天地,他们彼此构成一个排他的貌似和谐的世界:除了他们双方,其他任何的事物都没有存在的价值——杂草却因为鲜花的审美外缘过分庞大,远远超过了杂草自身的生存价值,因此,杂草就变得毫无用处了,会被"园丁"强行拔除。

从生存能力来看,杂草比鲜花强。"园丁"不警惕地进行维护和弹压,鲜花就会遭到杂草的围攻,失去生存空间——鲜花与杂草,形成了一种不对称的生存价值:生命力脆弱的事物反而拥有更高的价值。在这里,价值的评估标准,形成了对生命力的一种巨大的压制:制订"花园"管理标准的园丁只喜欢美丽脆弱的鲜花,而讨厌丑陋顽强的杂草。

在审美的意义上,鲜花占了上风,然而在生存的能力上,它们却失去优势。这样一来,美丽的鲜花就变成了一种脆弱的象征,必须在外力的保护下才能生存。

"鲜花"这个隐喻,有效地把活生生的学生形象转化成弱不禁风的植物,从而赋予了"园丁"介入他们生活的充分理由。

就这样,"园丁"就以合理的身份出现了。

"园丁"为了拯救和保护鲜花,在巡视花园时,会时刻地注意着区分着鲜花和杂草,并随时把杂草拔掉。鲜花们脆弱不堪,遭到杂草的威胁,不得不依赖"园丁"的保护,只能把一切权利让渡给"园丁",从而换取自身安全的保证。

学生首先转化为一种"植物",于是就形成了学生"物化"的效果。那些生而具有不同个性、好动好静各不相同的学生,其最为重要的人性,也因为这种"物化"而被芟除了。鲜花拥有的是物性,只有一个活生生的人才拥有人性。"物化"之后的学生,其"人性"也被"物化"成了"物性"。人性不再具有价值,因为它是"不存在"的。人性只有转化成物性后,园丁们才能进行有效的价值衡量和评判。

为什么学生会转化成一种"物",他们身上固有的"人性"也需要转化

为"物性"呢?

这是这个时代的教育体系所决定的。教育管理者和教育规则制订者,不把被教育的对象当作活生生的人,而是看成一个一个的"物体"。他们执著于对物体的计量,是数量和体积。例如,对于学校的评估,人们最容易感兴趣的就是这所学校的校园建设、校舍建筑总面积、教师数量以及学生的数量。人们还会关心这所学校考试成绩的总体排名,关心这所学校学生参加各种知识竞赛的成绩,关心历届毕业生的升学率,关心学校里是不是出现考试状元。这些都是具体的数字。这种评估模式,是量化模式。量化模式的数字化教育,通过纷繁复杂而且貌似公正的评测数据,把整个教育也物化了。在教育物化之后,具体的人就变成了抽象的人,具体的人性就变成了物性。

这种计量模式,最后彻底抽象成了数字。从中小学到大学,对于每一个学生来说,他们十几年的受教育生涯,只剩下每一年期末考试的成绩:一串阿拉伯数字所呈现的分数。

分数成为决定一切的首要条件,这也是学生"物化"的最本质现象。通过"分数"联结到教师身上,学生和教师的关系就"数字"化了。教师与学生之间,本来应该拥有的人性化情感因素,也完全地被"物化"。

在这个具体的"物化"过程中,教师每日上班下班,通过自己的劳动获取工资报酬。他们面对的学生,就如同园丁面对鲜花,机床工人面对零件,面点师面对蛋糕。学生的产品化,是教师与学生关系"物化"的最具体表现。

作为隐喻,园丁管理下的鲜花们,需要的只是对风雨的遮蔽和对肥料的吸收,至于它们的具体特性,因为它们是"植物",所以无需特别关照。在当代教育体系下,教师和学生的关系,更多的则是"物与物"的"物化"关系,而不是人与人的"人性化"关系。

教师形象的低化倾向

把教师比喻成"园丁",是一种蓄意的"矮化"和"反智化"。

就像把繁体字的"太陽昇起"的"昇"简化为"一升米"的"升",把繁体"戰鬥"的"鬥"简化为"一斗米"的"斗"一样,把教师比喻成"园丁",意味着知识阶层的教师群体,被农民阶级化,教师进行知识传递的教学活动跟农民下地耕作也差不多,他们脑力劳动的价值也几乎就等同于体力劳动者的价值。

长期以来,这种对知识人阶层的"贬抑",导致了社会阶层的混淆以及对知识人阶层的习惯性歧视。一个明显的例子,是王朔执笔编剧的电视连续剧《渴望》里,对女医生王亚茹的"知识人"的"丑化"和对刘慧芳小市民阶层形象的"拔高",就是长期以来,社会主导力量压制和贬低知识人阶层而结出的恶之果。教师作为知识人中的一个主要群体,也长时期地遭到了贬抑。这种贬抑,在"文革"中达到了登峰造极的地步,至今仍然贻害无穷。

用"园丁"来比喻教师,长期以来,人们觉得是一种褒奖,实际上不然。在近几十年来的文艺作品中,知识人的形象唯唯诺诺,胆小怕事,自私自利,这种认识已经进入了全社会的集体无意识之中。教师的价值取消。

"园丁"的隐喻,在这个时期,忽然具有现实性。

插秧的农夫,地位被突然转化,升级为教师。

教师和农夫的身份互换,就导致了教师价值的沦丧。

把本应掌握现代知识、本该具有相应理性分析能力和独立个人精神的、理当充满爱心并懂得对学生进行人性化和差异化教育与引导的教师群体,比喻成是农夫(园丁),这就把教师身上所肩负的知识传递和人格培养的重任,轻易地扔到了臭水沟里去。于是,教师和学生之间的独立人与独立人的关系,就物化成了物与物的关系。他们之间联系的纽带,不是知识传递和爱的教育,而是生产与回报的价值关系。

教师的价值等同于园丁,意味着教育的低级化。教育不再是培育人的人性,不是对其具体而微的差异化人性进行引导和呵护,而是对这种人性进行压制和抹杀。

由此一来,教师和学生的关系,就变成了新时代的寓言:园丁与鲜花。

在这则新寓言里,园丁和鲜花构成了一种有趣的物与物的关系,也就是马克思的著名的"物化"关系——其中包含着极其微妙的意识形态秘密。

这也是语文教育物化的最生动、最有趣的例子。

因为自然形成的等级差,园丁对鲜花具有很大的主导权力。过去,这种权力体现在体罚、斥责上,经过一段时期的进化,这种暴力收敛并伪装成了一种标准的尺度:成绩。通过成绩这样一个尺度来衡量,园丁就可以对鲜花任意处置了。

如果是一个开放式的植物园,我们可能看到里面的生态多样性:有乔木,也有灌木;有鲜花,也有杂草。但是在园丁掌管的小花园里,这却只是一种理想性培育的世界。在这里,园丁的理想是种植出一种符合市场需求的产品,因此,他不会对鲜花的差异性予以关注,而是对类型化特别留心。

与此形成呼应,中小学的语文课本里选入了很多与花草树木有关的文章。在这些文章里,作者不是欣赏鲜花自身的美丽,而是在鲜花这个符号上寻找道德寓意。

小学教材里有一篇季羡林的散文《自己的花是让别人看的》,歌颂德国的居民种植鲜花,都朝外摆设,供别人观看,引出"我为人人,人人为我"的道德寓意。中学教材里有一篇周敦颐的《爱莲说》,通过"莲"的描写与想象,赋予了"莲""出淤泥而不染"的道德理想。从物性化的学生到人性化的植物,他们互相混淆,彼此取消。

现代教育体系里的学校,本来应该把学生培养成具有现代科学知识、具备理性分析能力、身体健康心智健全、能够正常有效地与人进行交流和交际、每个人都得以充分发挥各自个性价值的新人。然而,通过伪装成"花园",并且把师生关系物化的教育理念,这种教育强化了一种物的概念,而不是人的概念。

物化的最高境界,是"螺丝钉"的比喻。

在这个比喻里,学生的终极目标,就是经过各自的努力,彻底消磨掉自己身上的个体特征,把自己融入一个统一的尺度里,让自己变成了千万个同类型零部件中的一枚。源自欧洲文艺复兴早期的"机械唯物主义"理论，在这里得到了升华。在这种理论中，整个世界、整个社会乃至人的身体，都是一架精密的机器，由若干个零部件构成。因此，只要我们生产出合适的零部件，我们就能生产出整个世界。16世纪的西医有一个终极的幻想，就是通过机械化的生产，能够把人体身上的所有部件都换成人工的产品，例如人工肢体、人工心脏等。

这个幻想，在科学技术进步下，部分地得以实现。

前苏联作家布尔加科夫在著名的小说《狗心》里，描写一位著名的外科医生把一个一无所有者的大脑装到一条癞皮狗的脑袋里，创造出一个名叫"沙里科夫公民"的无赖汉。这是对机械唯物主义和极权社会的最伟大讽刺之一，布尔加科夫凭此进入世界文学大师行列。

现实生活中，假肢、人工心脏等机械唯物主义的幻想，确实在逐渐走向现实，似乎也努力地暗示着人类彻底物化的命运——如果不是现代生物学发现了人体的排异性，这种机械唯物主义的理论也许就会彻底贯穿人类文明的始终，最后在真实生活中，制造出类似《终结者》系列里的施瓦辛格那样的超级的、机器的人了。

通过以上的分析，语文教育的终极任务就出现了：物化。

不是培育人，而是创造物。

从小学开始，学生们就被教育要用机械的方式、零件的方式来学习语文。他们天天写字，却不知道每个字背后的真正文化含义和具体的构成方法；他们天天背诵词句，却不具备分析和感悟这些词句的能力。他们阅读一篇文章，不是去整体感受这篇文章的风格，体味文章的优美修辞，而是忙于寻找段落大意和中心思想，划出好词好句。最不可接受的是，从小学到中学乃至大学，学生们无法阅读到真正的好作品，小学教材里的绝大部分文章，竟然是那些来自各小学语文组的编委们自己汇编和"杜撰"出来的"黑板报"，充斥着无聊的陈词滥调和虚假情感。长此以往，学生们逐渐失去对美好事物和文学佳作的感受能力，最后，他们的心灵在高考之后彻底枯萎，而真正地变成了干涸的、死板的行尸走肉。

我每次上下班，在乘坐的地铁里，总能看到那些年轻的白领们，一旦

站稳就会从包里掏出手掌游戏机，一刻不停地玩。没有玩游戏机的，则在玩手机发短信，或者看一些无聊的报纸和读物。他们不能闲下来，也不能安静下来，哪怕什么也不干地好好待一会儿，似乎平静地待一会儿，会产生一种生命中不能承受的重压。在这种简单的沉静中，人们的肉身就会幽灵般浮现，压在他们单薄而脆弱的心灵上。大多数人所能做的，就是忘掉自己的存在，忘掉自己的肉身，忘掉自己的个性，通过打游戏和发短信等方式，让自己在这样一种几乎是习惯性的痉挛中麻木。

几乎看不到一个阅读的人。

十几年下来，读了太多的"垃圾"文章，他们的胃口早已经被彻底败坏了。

他们就像吃多了有毒的垃圾食物一样，对这些语文垃圾产生了眩晕和呕吐的欲望。为了压制这种呕吐的冲动，必须通过别的方式，让自己的身体失去具体存在的感觉。无论是随时随地打游戏，还是泡吧唱歌看电视，都是这种对自己的有毒身体不堪重负的具体体现：有毒的身体缺乏存在价值，因此必须将其麻痹或者遗忘。

在这种物化的教育中，把个性差别万千的学生打磨光滑，由各种形状变成统一的、光滑的鸡蛋状，是其终极目标。

"园丁"拥有极大的权力，可以随意修剪自己管辖下的鲜花。"园丁"所理解的世界，是一分为二的世界。"园丁"所持的态度是"爱"与"恨"。鲜花得到"爱"的保护，杂草遭到"恨"的消灭。

这不是一个真正的、自然的世界，而是人为的、被加以粗暴划分的理想世界。在这个理想世界里，扮演园丁的教师，他们的终极理想是制造出一种合格的产品：小到螺丝钉，大到栋梁，都是物，都是扮演了大小零件角色的物件。"园丁"的任务，就是要把学生身上的物性激发出来，把他们的人性打压下去。使他们成为物，而不是成为人。

在这种把具体的学生朝着物化和工具化的方向去压榨的过程中，语文教育具有最直接的工具性职能。

在中小学教材编写大纲上，明确地说明了：语文是一种工具。在这种工具理论掌控之下，一切都是工具理性的牺牲品，每一个人每一件事都被物化了：教育者是工具，被教育者也是工具。

在教育工具化、教育关系物化的理念控制下，语文教材的编选，从小学的虚假道德、中学的空洞理想到大学的无趣审美，形成了一条严格运行的"废品"生产的流水线——学生们寒窗苦读十年，毕业之后，人人都成了合格的"废品"。

这才是语文教育的真正伤痛。

悦读美好

唯阅读时，千万不可努力去寻找中心思想，做那笨驴刨食的傻事。真正的阅读，是放松的，倾心的，自由自在地漫游在这些作品所创造出来的美妙幻想世界里。

阅读是最好的选择

一个阅读量大，并且又深入阅读的学生，只要他长大一点，掌握一点点技巧，他的语文考试成绩就不会差。

大量的阅读，是非常重要的积累，也是语文成绩能够真正提高的本质基础。

去年，报纸上一则上海七高校自主招生不考语文的消息，在坊间掀起巨澜。这个消息本该引起更多关注的，可惜我们这个国家大事迭出，什么问题都很难引起持续性的关注，更谈不上深入探讨了。

有人忧心忡忡地认为，现在中国的语文教育已经很糟了，很多理科生连一则使用说明都不会写，再不考语文，就变文盲了。这种判断颠倒了主次，掩盖了问题的实质。问题的实质是，理科生不会写使用说明跟高校教育无关，这种能力应该在中小学时期就打好基础了。可以这么说，九年义务教育结束，没有继续上大学的人也应该写得出一篇使用说明。到了大学才教如何写使用说明，岂非为时晚矣？

问题沉淀下来，稍作推理即可明白，语文教育有今日的惨象，不是自主招生的高校拒考语文造成的结果，而是当今持续进行着而一直没有进步的中小学语文教育在对中小学生进行虚伪教化上，已经达到了严重的程度。学生学得越多，考试分数越高，就越白痴。语文考与不考，都一样惨不忍睹。与其如此，还不如不考，少折磨学生一趟，功德无量。

前年，同济大学的张教授说起自主招生面试的情形，说那些中学考生进入考场，紧张得手都不知道放在哪里才好。他问了一个跟书本无关的问题，想考察一下考生的独立思考能力。具体问题一下子记不起来了，大概是某某事件你怎么看？这个问题，朋友说，他自己也没有标准答案，只是随便问问，想看看考生的思考能力和表达能力。结果，考生被吓得什么话也说不出来。我当时就对这位教授表示了抗议。我说，你这是在折磨那些可怜的孩子，他们已经在中小学被折磨十年了，你要想想，他们多么可怜！他们在这十年的高强度训练中，脑子塞满了各种僵化的指令，他们的脑袋已经异化成了应试教育体制那套标准答案下的电脑程序，看到一道题目，他们首先想到的就是选择对与错。实际上，高考试卷里，大量的就是这种二元选择对错题。他们的人生，就在选择对错中一惊一乍，岁月蹉跎。你这个问题，居然没有对错项可选，学生该怎么回答？他甚至还会揣摩你的心思呢。你这一问，他不知道你喜欢什么，你认为什么才是对的，到底怎么回答才能讨好你。中小学语文教师在课堂上，大多数都是这样权威无比的样子。他们似乎掌握了全世界的一切真理，无论什么问题都有标准答案，凡是不符合规格的都判为错误。我们的语文教师，很多不都是真理和正确的化身吗？他们的拈花微笑，常常让教室里的学生吓得胆战心惊。你想想，学生哪里敢随便回答你的提问了？

其实，我知道这位朋友的意思，无论考生回答什么都可以，他只想考察一下考生的思考能力和表达能力。但是，他的考察逻辑，跟中小学的语文教育正好相反。在这十年的中小学教育中，我们的语文老师恰恰一直在压制这些学生的个体思考能力和表达能力，他们根本没有机会，也没有勇气表达不同的意见。在语文课里，语文课文和语文教师，永远是"正确"的。这样一来，最惨的自然是考生了，他们是老鼠钻风箱，两头受气。这样貌似随意的提问，对长期养成下意识就会启动"对错"选择程序的考生来说，造成了致命的打击，各种数据涌现，他的脑子"中央处理器"又处理不过来，只好"死机"了。中小学教育理念和大学教育理念不衔接，这造成了对考生思维的巨大撞击，在耀眼的白斑中，考生一片迷惘，变成了可怜的牺牲品。

昨天，这位教授又来我家里坐，聊，喝咖啡，吃零食，叹气，摇头。

他刚面试研究生完毕,说自己心都凉了。面试一个考他研究生的山东籍学生,问读过什么书?闷了半天,摇头。又问,平时都爱读什么书?学生继续紧张地迷惘。教授加上解释:比如,消遣时读什么书?还是摇头。最后憋出了一句:看杂志,《故事会》或《读者》。这些不是书,教授说。那考生憋得满脸通红。

该教授对学生的期望值本来已经很低了,他打算只是问这样一个简单得不能再简单的问题,看看考生的阅读量,考察一下他的阅读能力。教授倒也不是专门反对读《故事会》消遣,他只是想知道考生读过什么书,考生却只能回答出这两本杂志。这样一来,教授的下一个问题,就胎死腹中了——他本来要问:你对这本读过的书有什么看法?你看,这位教授多友好啊。他的问题一点都不刁钻古怪,不生僻艰深,而是普普通通的一种聊天,一点都不故意为难学生。这个问题,我看也算是最基本最简单的,简直是不成为问题的问题了。一名教授问一名受过四年本科教育的文科考生,随便找一本书说一说,怎么谈都可以,只是需要针对某本具体的书。这总是最低要求了吧?这个问题也照样不要求标准答案,没有简单的对错选择,更不要求顺着老师的脾气和爱好去说好话。

这位教授朋友的要求不可谓不低矣,他只是想考察一下大学本科毕业生的阅读能力和思考能力,却一无所获。或许他碰到了一名奇人,是特例中的特例,但是这个问题仍然值得深思:到底是什么原因,让学生们厌读到了这种程度?某某中文网不是号称自己旗下有几十万写手,很多写手一出手就是千万字的鸿篇巨著,点击量数以千万计吗?网络上有那么多读书种子,怎么在现实中,我们发现青年学生却是普遍地厌读呢?一名爱读网络小说的人,也可以说是爱读书的,他读了,总应该有点阅读心得,有自己的看法,有些个人的判断吧。如果读完了千万字,还毫无判断,无论好坏,这种阅读有什么意义?还不如在床上睡个懒觉,或者到什么地方遛达遛达,又或者打打游戏喝喝茶。以此,也可以反推出来很多网站的所谓点击量的真实性。有朋友指点我上淘宝网搜索,这才醍醐灌顶般明白了,原来,网络上的任何点击量和投票,都可以用软件来刷票助战的。这些软件,在淘宝用"刷票"为题搜索,可以找到两千多个商家在大量出售。由此可见,我的闭塞程度,真到"骨灰级"了。

我跟朋友开玩笑说,你不如招我女儿读你的研究生得了。她虽然才十岁,小学四年级,但是面试时,保证能跟你随口说出几十本书名来,而且还不会重复。很多书她都读了很多遍,可以说对书里的内容了如指掌,很多细节脱口而出,一些段落都能背诵,她碰到这种问题,肯定能跟你聊得热火朝天。

我一直跟很多朋友推荐中国少年儿童出版社出版的瑞典儿童小说女王林格伦的那套经典儿童小说,我买了八本,后来女儿在某本书的译者前言里发现少买了一本《绿林女儿》,我又紧急帮她从网上订购这本小说,再加上其他的例如十卷本的《小淘气尼古拉》等,又买了二十几本。《绿林女儿》她在拿到书的当天上午,不到两个小时就看完了。第二天我抓紧看,确实写得有趣。林格伦的小说中,《淘气包埃米尔》她起码读了七八遍,《长袜子皮皮》《吵闹村的孩子》《疯丫头马迪根》也看过了三四遍。

另外,斯威夫特的《格列佛游记》,她也读过若干遍。我为了能跟她聊起来,不得不重读了一遍,但熟悉程度还不能跟她比,只能在谈到例如耶胡、慧骃之类的人物对象时恳请她提醒一下。现在拿她当提词员很好使,什么作品里的人物名字忘记了,只要是她读过的,请教一下她,很容易就能得到答案,比打开电脑用搜索引擎查找还快。又比如《哈利波特》七部近三百万字,这位小女生已经看了不知道多少遍,第一第二第三本,她大概每本看了六七遍,最厚的第七本《哈利波特与死亡圣器》和其次厚的第六本《哈利波特与混血王子》可能也看了三遍以上——我在修改这篇文章的端午节期间,她一天之内,又一口气翻了前三本和第四本的一大半,但是语文作业,未免流于对付。

前天,她拿着湖南少儿出版社出版的那套"全球儿童文学典藏"的导读手册,把自己想读而我又没有买到的小说题目都打了一个勾,共十一本,让我帮她购买。这套丛书此前我已经买了三十本,她全都看过了。其中一些好玩的,例如意大利的《天上掉下大蛋糕》、美国的《我的宠物是恐龙》、

法国的《小彩人的抗争》,她也读了好几遍。

以此而言之,我可以大言不惭地夸奖她算得上是某方面的专家了。比如《哈利波特》,比如林格伦的小说,相信读过的人不少,但读过的次数如她这么多,对里面的细节熟悉到脱口就能说出的程度者,估计不会太多。我也读过,但是碰到什么细节,还得谦虚地请教她。这有两个方面的原因,一是阅读次数不如她多,二是记忆力不如她好。我只剩下一点点长处,那就是比较谦虚,能跟她友好地探讨这些作品的人物和情节。比如《吵闹村的孩子》里有一个细节,我只记得母鸡下蛋像机关枪,一问女儿,她立即告诉我,这是大哥拉赛对二哥布赛说的:你以为阿尔贝特娜下蛋像机关枪一样快?

"阿尔贝特娜"是小说主人公丽莎的二哥布赛养的母鸡,这个名字,也是请教女儿才打出来的,我已经记不住了。

什么叫作专家呢?专家就是对某一个门类的知识,掌握得比一般人充分。从这个角度来看,我女儿虽然才十岁,但是她已经是《哈利波特》和林格伦经典儿童小说的专家了。一般人跟她对聊,很容易被她击溃——除了我这位久经沙场、屡败屡战的爸爸。其他的书,她也看了很多。她的阅读量,似乎已经远超她的语文老师乃至语文组的同级老师。但是,她的语文考试成绩在二三年级时只是中等,总在八十几分上。她的作文成绩也只是中等。她原来写点读后感,我觉得不错,二年级时在《中文自修》上还发过两篇。现在,到了四年级,反而毫无感觉,写得更差了。但是,正如我预料的那样,她的考试成绩一下子就跃上去了,很简单地就站在全班前五名中,一点都不费劲。

这个结果,在我的"算计"中。

我自己本来就算得上是"应试"专才,对自己的女儿很有信心。但是,人生不能光为考试而活。很简单,一个阅读量大,并且又深入阅读的学生,只要他长大一点,稍微适应一下考试的陈规陋习,掌握一点点技巧,他的语文考试成绩就不会差。我上中小学时,比女儿条件差多了,可看的书也少多了,除了我自己收集的连环画和我姐姐藏有的几部中国传统小说名著,其他的书只能到县城一家私人书店里借来看，而且大多是武侠小说。就凭着这点说来惭愧的小小阅读积累，现在都不好意思说出口，我高考语文照样成绩不差。

所以，大量的阅读，是非常重要的积累，也是语文成绩能够真正提高的本质基础。

比方说你教小孩子煎鸡蛋。学生A知道了一百种煎鸡蛋的方法，但她一只鸡蛋都没有；学生G只知道一两种煎鸡蛋的方法，她旁边却有一百只鸡蛋。相较之下，学生G最多浪费五个鸡蛋，第六个开始她就会煎得很好了。她有的是鸡蛋，浪费几只怕什么？那没有鸡蛋，只能纸上谈兵的技巧，永远是虚的。

现实中的语文教育，缺少对学生独立思考能力的培养，更多的是对他们进行"洗脑"教育，让学生变成螺丝钉，变成缺乏思考能力，缺少阅读习惯的"废物"。

语文老师有各种写作文的要求，例如多用好词好句等。有的语文老师，自己就不会写一篇基本逻辑通顺的作文，却自我感觉很好，要指导学生写出好文章来。他们也是现行教育体制的牺牲品，每天都忙着布置作业批改作业，忙忙碌碌，累得要命，脾气都变得很暴躁。

以我的浅见，语文这个完全是"工具性"指导思想下而编造出来的科目，在中小学阶段就应该取消，代之以真正的"国文"教育。

我们现在所熟知的语文教育模式和相关的教材编写程式，是1958年叶圣陶主编新编中小学统编教材时定下来的。当时的教育思想是搞革命教育，普及推广阶级斗争的思想。这些小学生长到初中，正好成为"革命"的主将。那时，在政治挂帅的情况下，匆忙地推出简体字表，然后推广简体字和简体字统编教材。全国还必须都用这个教材，由人民教育出版社统一出版，各地不得私自印行使用。其主要目的就是对传统优秀文化进行清算，悠久的中国文化和历史，被削减成了阶级斗争史和农民起义史。在这些教材里，传统文化中优秀的文学作品不见了，被冠以"封建糟粕"之恶名通通销毁了，代之以新编的、虚假的小英雄、小农民之类的假大空。这套教材编写模式，

至今还在"有效"地运行着。不过,表面上是放权到各省市自治区了,像上海、北京、江苏、广东等地,有自己编写的地方教材。但是,各地的教育思想都是统一的。

有什么样的教育思想,就有什么样的教材。这是常识。

假设能取消现行的语文教学思想和教材,那么我们也许可以借鉴台湾和香港的成功模式,改为"国文"教育。中国的语言和文字尤其特别,不能单独拆开来认知,所以,古代的童蒙读本,都是编写成优美、容易记诵的读本。我们老祖宗两千年来成功的教育模式:识字,练书法,背诵经典,而不急于做文章。识字很简单,两千五百个字,在《千字文》《百家姓》这些蒙学书籍里有,再加上背诵经典的四书五经、《老子》、《庄子》、《千家诗》、《唐诗三百首》、《古文观止》,就全有了。要什么有什么,不仅有祖宗五千年的文化精华,还有最重要的为人的仁爱和宽恕,以及最为精深的中庸文化。语文本身是个不成熟的工具化概念,起码不如"国文"这个概念涵盖面广。从国文的角度,一个是文字,另一个是经典。当年章太炎在日本开讲《说文解字》,座下听者皆一时之俊杰,刘文典、周作人、鲁迅等赫然倾听。如果觉得《说文解字》太艰深,上面的童蒙又稍显粗浅,国内找不到,那就找瑞典女学者林西莉教授写的《汉字王国》来当教材吧。说老实话,我也是中文系毕业,甚至是博士,看了人家这本书,深入浅出,诙谐有趣,言必有据,深感汗颜。换成刘文典等人,因受过扎实的基本功训练,自然就不会像我这样内虚而慨叹了。这本书,我让女儿跟着里面的甲骨文和金文描画了两遍。我是跟着督促自己,也是有空就拜读。

我郑重地把林西莉教授的《汉字王国》推荐给年轻的父母。

认字了,再背最浅显的《千家诗》、最经典的《诗经》,外加《唐诗三百首》《宋词三百首》《元曲三百首》,再熟读《古文观止》,这样的孩子初中毕业,就不会被台湾的周杰伦这样的流行歌手吓傻而只会在欢迎会演唱会上泪流满面地咋呼尖叫了。其实,周董大概《古文观止》都没有看完过。但是他高中毕业,《诗经》若干篇目自然是熟悉的,会背诵不少的,其他的经典不用说了,大概随便就把我这样的大陆土老帽博士击倒了。我的青少年十年,也是学习的黄金时代,在中小学被彻底糟蹋了。上了大学,记忆力已经无法达到少年时期那么深刻和准确。上述书籍,我读则读矣,但是除了146首《千家诗》可以背诵无碍,其他的,都只能零星记住。《千家诗》我在女儿三四岁时,就在她睡觉时,读给她听。读着读着,我自己全都背下来了。可是,过一阵,不去复读的话,就会忘记。成年之后的学习,大抵如此。所以,这些背诵的篇目,必须是小孩子在少年时期开始。那时候的记忆是不会磨灭的。而我们大陆在中小学的学习黄金阶段对孩子们采取的教育,则让两三代人脑袋空空地长大,毕业之后走向社会,发现自己一无所有。这种事情,想起来都让人愤恨。

这不仅是我本人的悲剧,还是适龄中小学生的悲剧。

"五四"新文化运动以降,在文理科两个方面都出大师的时期,是在民国时期。温总理曾大声赞扬的楷模钱学森"大师",也是在西南联大那简陋的学堂打基础之后,到美国深造出来的,跟近六十年来的教育体制无关。那些从旧有的私塾教育走过来的跨时代的"旧人"所达到的成就,是之后的"新人"望尘莫及的。进入21世纪,中国每年都会被诺贝尔奖羞辱,每年都有各种专家在谈,为什么当今的大陆教育出不了大师。连我们日理万机的温总理,都在这样发问。

这些孩子,脑袋空空长大,像本文开头写的那样,面试时一问三不知。但是,他们中间,总有要成为新一代教授的,总要完成在核心期刊上发文章的任务的,总要面临出专著的。可是,他们脑袋空空啊,下笔如有鬼啊。一句话都说不清楚,还得敷衍成篇,乃至成书啊。怎么办?只好做文抄公了。天下文章一大抄嘛。可是,这句话,古代的诗人学者说得,我们说不得。他们的抄,多是袭用创意,是读书破万卷,下笔如有神。我们是把人家的文章整段搬进来。你自己的脑子里没有存货嘛,只好去搬人家仓库里的东西了。

现在呢,小学生胸无点墨,却每周都要写作文,一定要写,而且严格要求要用成语和好词好句。我去年在批判语文的专栏"语文之痛"里发文章,就曾痛批这种好词好句是"陈词滥调"。这种陈词滥调像病毒一样侵害我们

孩子的脑袋,也损伤他们的思考能力。

我女儿的作业里,有很多所谓的文章让我看着摇头。前天作业里,有一个比喻说:荷花超凡脱俗,像一个个白蜡烛一样,亭亭玉立。这句话让我哭笑不得,简直昏倒。好好的荷花,古往今来,什么佳句没有呢?光是出名的诗句,小学生就已经学过了好多,连我这种对传统文化从小就被某种力量有意识地隔膜起来的人,都能脱口而出三五句诸如"接天莲叶无穷碧,映日荷花别样红""水面清圆,一一风荷举"之类的名句。在这里,却用一根根硬邦邦的"白蜡烛"这么可笑的死物来糟蹋荷花。这句话的特点,是死活塞进了两个"好词",作者因此可以好词好句地说"死而无憾"了。

这样"赞美"荷花,荷花若有知,只能羞愤地再钻回到淤泥里去,而不能沐春雨曳春风了。

语文教育不除去僵化的思想和观念,中国教育则无望矣。

阅读让我们心灵更自由

在很多阅读推广做得比较先进的国家和地区，他们对教材的重视程度很低，更多是利用或者运用非常成熟的分级阅读体系，或者说就是阅读体系，让不同年龄段的孩子阅读，家长和教师可以据此进行有效的评测。

我这些年一直在全国各地与教师交流，发现优秀教师队伍越来越年轻，本来我以为自己是够年轻的专业读者，现在觉得已经很老了。我发现今天在座的语文教师或其他科目教师，还有新一代的家长，以80后为主，是伴随着互联网长大的一代。你们是互联网的一代，是互联网元年的创始人、奠基者。

互联网带来了两个革命性的变化，一是急剧扩充了我们对世界的认识，二是让世界上每一个人都能平等自由地获取信息。今天因为有网络，无论我们在哪里，我们都有同等的权利获取第一手最新的知识，获取我们前辈们所无法有效获取的那些知识。

我经常自封是从树上下来的人，我最终的愿望是回到树上去，成为自由自在的人。我曾推荐很多朋友和教师阅读一本书——意大利卡尔维诺写的《我们的祖先》三部曲中的一本叫《攀在树上的男爵》，那里面就有一个小伙子，不愿意接受陈规陋习的约束，他决定爬到树上以后不下来，他的一生都在树上——走遍欧洲在树上，吃喝拉撒在树上。

树上的人是什么概念呢？刚才有人说，阅读的主力或者说阅读的生力

军是 0—14 岁，西方教育心理学的研究者，尤其是德国教育心理学研究者，他们把人的年龄划分为 12 岁之前、12—18 岁和 18 岁到成年这三个阶段。12 岁之前，我称之为树上的时代。

我们今天看 12 岁之前的孩子是有尾巴的，12 岁之前的孩子正如法国著名儿童小说《小王子》里说的，每个人都有一个真诚的童年，但是成年人把它忘掉了。美国儿童文学大师苏斯博士说："成年人都是一些变坏了的孩子。"当你用儿童的视角来看待世界的时候，你会发现一切都是那么的不同。

我编了《这才是中国最好的语文书》，有不少严肃的老师说：最好拿掉"最好"两个字。我说那就改成《这是中国还不错的语文书》，或者《这是中国还可以的语文书》，或者《中国不咋地的语文书》，很奇怪，怎么改都改不好了。这本书原来的名字叫《一个人的教材》，是编给我的女儿看的。

世界上不存在最好的教材，台湾没有，内地没有，日本没有，美国人甚至取消了我们所熟悉的这种教材，不存在全国统编教材。像我们这样拥有全国统编教材的国家很少，而实际上中国内地近几年也是有变化的。过去除了人民教育出版社的一套全国统编教材之外，就再也没有其他版本教材了，但经过多年的改革，我们已经看到有人教版、北师大版、冀教版、苏教版、沪教版、湘教版等。

我将这些教材中的语文书搜罗到家里研究，发现这些教材相互抄袭。简单举个例子，巴金《鸟的天堂》删的地方是一样的，篡改的地方也是一样的。如果不是相互抄袭的话，不可能达到如此完美的一致性。另外，按照人教版语文教材主编温儒敏教授的说法，选进教材的文章没有不被删改的，教材编写者就有这么牛，但是鲁迅的可以不删，只有鲁迅享有特殊待遇。再次，活着的优秀作家选入教材的比例很低——除了我编的《这才是中国最好的语文书》——当然，儿童文学作家的作品选入了不少，但高质量的并不多。

莫言 2012 年 7 月份参加上海书展，那时他还没有获得诺贝尔文学奖，中午吃饭时，我请他给我签一个授权书，选了他的短篇小说《大风》，写他和爷爷的。莫言说这是一件好事，他很支持，还说90年代末，他也写了文章批判语文教材。他说他回北京之后再修改一下文章。所以我这个是非编者删减版，是作家自己修改版。如果你们去其他地方找《大风》，都是有前面"头"和后面"尾"的，那是他1985年写的第一稿，他认为不是很合适选入语文书，回去要专门修改后再发给我。

所以我们在想，为什么活着的作者不能编进教材？或者活着的一流作家作品为什么不能大量进入？很多专家可能都做过相关研究，包括对比研究，尤其是新阅读推广的专家都知道，在很多阅读推广做得比较先进的国家和地区，他们对教材的重视程度很低，更多是利用或者运用非常成熟的分级阅读体系，或者说就是阅读体系，让不同年龄段的孩子阅读，家长和教师可以据此进行有效的评测。一些国际学校的妈妈和爸爸问过我，为什么中国没有一个国家制定的阅读分级书目？我说有啊，新课标。但是大家不太认可，新课标500多种阅读书目，什么都有，很杂乱，无系统，我认为可能跟一些实力很强大的出版社的推广有关系。我相信"新课标"里的很多专家，这些书不一定都读完过。到底适合哪个年龄层读的，适合初中、高中还是小学读的，这里面都没有分类。新课标某种程度上变成个赚钱的买卖。

我们现在再来谈教材的时候，我们所面对不再是人教社等不容冒犯的"权威"，而恰恰是一些阅读推广专家这样的真正的语文教育家，随着这些专业人员的出现，今天教材至高无上的权威已经不复存在了。

过去小孩拿一本什么书出来，会被批判为读闲书。现在好听一点是读课外书，我又发明了一个词叫"非教材书"，越来越多的老师已经认识到读"非教材书"的重要性。今天我们说的读书不是说仅仅读教材，我们今天说的读书是对非教材类的优秀作品的大量而有效的阅读，包括文史哲，包括天文地理各个方面。如果我给中学生推荐阅读书目，会有《失控》《第三次工业革命》等科普类的书，还会推荐很多科幻小说，例如阿瑟·克拉克的《漫游太空四部曲》、阿西莫夫的《基地七部曲》等。我个人有个比较顽固的观念，我认为猴子阶段，树上阶段的孩子，要更多地阅读幻想类的、动物

类的作品。我个人还是觉得，不可过早读一些太有逻辑、太有哲学、太有深度的作品，这是我的一个看法。

我们反过来讲，以这样的角度来看待我们教材的话，我们就会有一个很独特的视角。大家不妨看一下刚刚去世的罗宾·威廉姆斯主演的《死亡诗社》片断，这个就是如何面对教材的态度。

今天我当然不推荐大家像基廷老师这样，引诱学生把教材给撕了，但我们的内心要拥有撕书的冲动。我特别崇拜他对诗歌的评价，他谈到了诗歌真正的本质，事关生命、爱、尊严和人生的价值。你在哪里，诗歌就在哪里，没有那么多其他的废话。一首好的诗歌，会直接进入我们内心，不是通过诗歌教授，所谓横截面、纵截面、一词一句去分析和肢解得来的。诗歌对我们的人生，对我们的未来，可能不如读生物科学项目、建筑学项目或者商科项目那么有效，但是诗歌可能在你的人生未来，成为一个独特的驱动力。

今天我们评价教材的时候，我们会发现不管是哪一版、哪一省的教材，我们对诗歌的选择、编写和在课堂上的讲解都非常少，而且选入的大多是"非诗歌"。人教版高中语文在第五册会有现代诗歌欣赏板块，里面选了海子的一首诗，但是据说最新版又删掉了，其中有一句"面朝大海、春暖花开"，上世纪90年代这句话成为房地产商嘴巴里引用频率最高的一句话，那时候卖房子很困难，但是拥有诗歌的力量，房地产商就成了儒商，像潘石屹之类的（其实都是文艺青年），把房子卖得非常好。我说得这么庸俗，把诗歌和房地产结合在一起，但这是一个诗歌进入现实的好例子。

我就读的大学是华东师范大学，有一个著名的诗社叫夏雨诗社，诗社里的很多师弟，有个别成了拥有百亿资产的大老板。诗歌早就不写了，已经转化成了金钱，因为诗歌给他带来对世界极其崭新、极其新奇和独特的感受。有一个学弟比我小很多岁，叫江南春，他的公司叫分众传媒。他曾写文章谈到，在学生时代曾经听朱大可教授一堂课，朱教授曾写过一篇文章《勘探在谋杀现场——屈原的剑艺与粽子诞生之谜》，朱老师这堂课就讲了相关的内容。他告诉学生，屈原以及有关屈原所有的事情都是错的，屈原不是自己抱着石头跳入汨罗江自杀的，而是跟京城对头派来的三大武林高手决斗，在汨罗江江面上恶斗三天三夜，最后寡不敌众，被敌人捆绑起来，扔进了江里去。当地百姓看到了这件事情，但因为不识字，无法表达，就用赛龙舟来叙说屈原和敌人的搏斗，用包粽子来暗喻屈原被捆绑扔进汨罗江……朱教授这种不因循陈规的分析方法，直接影响了夏雨诗社社长江南春先生，以至于他的公司成功地在纳斯达克上市之后，他要写一篇文章来重新回顾听一堂课的感受。他说，没想到，还可以这样思考问题！可见，创意是如此重要，换一个视角看待问题是如此特别。

朱教授写有《神话》一书，我推荐大家看，他把中国上古的神话全部都重新研究了一遍，比方说嫦娥失踪之谜。他在《南方都市报》有一个专栏，类似的文章很多。我将朱教授的文章选入了《这才是中国最好的语文书》里，很多读者都说喜欢，没想到嫦娥的故事可能是这样的，那篇文章叫作《大羿与嫦娥失踪之谜》。这种文章，今天的语文教材是不可能选进去的，因为"不太正经"。"道德选文"是目前语文教材的主流操作模式，这就导致今天选现当代优秀作家的作品比较困难，因为很多这类作家的作品，很难判断"有没有道德"。我们选已经去世的作家作品比较容易，过去已经有定评的，比如说韩愈、柳宗元、周敦颐的这些文章就比较安全可靠，道德教化非常可靠。

今天教材有一个特别规范的做法，那就是组团设计。这个是爱国主义单元，那个是洗脚单元、亲情单元，就是给妈妈洗脚等等。然后照着这个单元抓药，抓来的也不排除有一些假药，对现有教材我们很难满意。在课程设计上，重要课文都要求学生读透，读透的意思就是把编委告诉你的标准理解灌输给学生，因为每个老师都有教材参考书。可是凭什么语文教材编委所理解的那些答案就是标准答案，就是读透了呢？今天我们要用广泛的阅读完善教材，才可以说是更为有效、更为有启发性地进行一堂丰富的语文教学活动。

很简单的比方，教巴金《鸟的天堂》时，我特别推荐找三到四篇其他优秀作家写的相关文章，一起给同学们读，然后一起分享。不同的角度，不同的表达，不同的心态，多角度、多方面呈现，可能达到的效果会更好。

今天每一位教师要学会把教材缩减，以"弹性课时"的方式，教师作为小小的攻关者，把教材里确实很长的文章压缩掉或者替换成相对更好的文章，然后在保证原有教学课程设计的前提下，形成"一个人的教材"。我记得很多一流的教育家都是这么做的，如叶圣陶，并不是说拿到这本教材就照本宣科。今天我们面临着严格的评测，这些是不能违背的，不管是全国哪个地方，课程设计这方面，教研员都要去检查，你不能轻易违背。我们可以把课时扩充、扩大，做丰富、做满，这就是今天我们对教材处理可能比较有效的方法。

我自己也做了一些书目，大家可以相互取长补短、相互补充，这样做之后，我们原有的薄教材才会形成厚教材，这就是所谓的把教材读厚。

（节选自作者于 2014 年 12 月参加温州新阅读论坛的演讲）

苦读与悦读

阅读一本书，就是与一个奇妙世界的相遇。

但是，人不能成为书的奴隶，也不能让自己的脑子被别人当成跑马场。

小孩子有自己独特的审美趣味，有自己热爱的故事结构，等小孩子真正养成爱读书的兴趣之后，然后可以慢慢地把他们引向其他的书。

一

我女儿升到小学三年级，语文老师遵循教学大纲和教学进度的要求，让学生们每人找一本书阅读，且要边阅读边在书里用色笔画出"好词好句"。

这个要求，让我们感到很为难。

我们是读书人，虽不特别搜集，日积月累也有好几千册书。我的书主要是中国现当代文学作品和外国翻译作品，我太太的书主要是中国古代文学作品，尤其是元明清戏曲的作品集和相关的专业理论书颇为齐整。我们这辈人虽然也算赶上了好时候，考上了大学得到了一点点的启蒙，但是从小就没有受到过良好的阅读训练，脑子里积了一堆"垃圾"，上了大学才如梦初醒，生吞活剥地在图书馆里乱读。我书看得比较杂乱，缺乏系统性，体内有好几股真气，乱糟糟地相互抵消，可以说毫无内力可言。

我们学术功利心不强，读书且有时间相互交流。这可能影响了女儿，

她的阅读兴趣一直很高。

女儿自己房间里有两个书架,两三百本书,各类作品都有,主要是儿童小说、幻想小说和各类儿童读物。我们专门给她自己分列两个书架,让她拥有自己的图书,培养她自己的阅读兴趣并形成她自己的阅读积累。她爱读书,更爱护书。阅读一本书的间歇,她从不折角,而是夹好书签合上。这个习惯是我太太培养的。我都是一停就折角,随手一放,对书没有特别爱惜——除了极个别影印的珍本,我会有点守财奴的心态,闲暇时摸摸,感觉心里暖洋洋的,有春风拂柳的惬意。其他的书,价值在于阅读,不在于珍藏。我们的书架有点凌乱,这主要是我的不良习惯造成的。

教科书常常把书比作宝藏,其实大部分的书都是"垃圾",只有那些历经千百年而弥新的经典名著,才能称得上是宝藏。更多的书,如果读者不会阅读,不懂得分析,反而会带来脑子的混乱。这就像囫囵吞枣塞了一肚子的食物而积食,消化不良,不仅得不到营养,反而会肠胃痉挛,甚至食物中毒了。

我家书架上摆的很多书,其实我也没有读过,徒具摆设功能。有的书随兴买来,回家就放在书架上,很快就把它遗忘了。还有一些书,是朋友们赠送的,这不能随便舍弃,且还要搁在显眼处,表达彼此的致意。

书和读者各有运命,这是很奇妙的事情。

意大利作家卡尔维诺在他那部奇妙的长篇小说《寒冬夜行人》里,用一本书的命运来暗示小说人物的命运。在一本永远都没有结尾,并且不断错位的书里,主人公不断地掉进书的陷阱里,然后跟各种人物的命运相交叉。

阅读一本书,就是与一个奇妙世界的相遇。

有些书,静静地躺在书架上很久,落满了尘灰。此前很多年,你都忽略了它。有一天,你偶然拿起了它,一下子就读进去了。

这就像一对有情人之间跌宕起伏的命运,又像是两个相处日久但是毫无感觉的人,忽然有一天相互欣赏,终成眷属。

书跟人,就是这种奇妙命运的完美暗示。

但是，人不能成为书的奴隶，也不能让自己的脑子被别人当成跑马场。这个世界上，大多数的书都没什么大的价值，有的是有害的，连消磨时光的价值都谈不上。如今是电脑时代、互联网时代，大量的文字垃圾充塞在人们身边。过去受到批评的流水账文章，现在因为文学网站、文学论坛和博客的蓬勃出现，而大摇大摆地登堂入室了。

上星期，我看到某气势汹汹的小说网推出广告说，某二十几岁的网络写手，不几年创作了近两千万字的小说。那小说都不叫一部，而是叫一套。最短的一套一百三十万字，最长的三百多万字，而且好几套了。我的天，这哪里是写作啊，我怀疑他家开了一家地下手套加工厂。

网络时代，是网络流水账大跃进的疯狂年代，跟五十年前亩产地瓜十万公斤的农业生产卫星的喜讯一样，让人重新回想起"人有多大胆地有多大产"的"经典名言"。这些网络写手，每天坐在电脑前写七八个小说，被口水语言所控制，好像吸毒完毕一样兴奋，有如坐上了被人驾驶的漂流竹筏，在虚拟的惊涛骇浪中疯狂地顺流而下。这种所谓的写作，其实就是电脑间的打字员的工作，完全是计件取酬，连回过头来修改几个错别字的时间都没有。在这种时代，一个小孩子，不从小打好根基，不练好内功，多读点古今中外的优秀作品，很有可能会被这种体积上貌似巨著的垃圾流水账唬住。

卡尔维诺在《寒冬夜行人》里说得好：

> ……你走进书店。书店的柜台和书架上陈列着许许多多你没有读过的书，它们都皱着眉头从书架上向你投来威吓的目光。但是你知道，你不必害怕它们，因为它们之中有许多你可以不看的书，有许多并非为了让人阅读的书，还有许多不用看就知道其内容的书，原因是它们尚未写出来就属于已经看过的书之列了。

这部小说创作于1979年，卡尔维诺未卜先知，似乎预先洞悉了文字垃圾信息即将淹没这个世界的未来景象，他以自己的创作而成为伟大的预言

家。前不久极度流行的美国科幻动画片《机器人总动员》则用电影的方式，回应了卡尔维诺的这种天才的想象。在《机器人总动员》里，地球上的人类终于被自己贪得无厌的物欲所生产出来的巨量垃圾所淹没了，只好登上一艘庞大的宇宙飞船撤离地球，孤独地飘浮在无垠的宇宙空间，有如一粒微尘。机器人瓦力则停留在荒漠无边、环境恶劣的地球上，七百年来乐此不疲地给垃圾打包，堆砌，盖起了无数幢巍峨矗立的垃圾大厦。他还有一个收集古董的爱好，凡是人类珍爱的宝贝，例如钻石等，他都不屑一顾，看一眼就朝身后一扔，只留下装珠宝的盒子和几把勺子、机器零件等，心满意足地回到自己的栖所，一样一样有条不紊地摆在收纳箱里。地球上唯一的生命，那只机灵警觉的蟑螂，紧紧地跟在瓦力的背后。一阵摄人心魄的巨大风暴随即卷来，遮盖了地球上的一切。

两千多年前的伟大智者老子说："不见可欲，使民心不乱。"

他要求人们"专气致柔"，像婴儿一样纯净无瑕，不受各种混乱气息和垃圾食品——包括精神的和物质的——的迷惑，这样，才能处世不惊不乱，才能心静神凝，致虚极，守静笃，跟万事万物融合在一起，各自顺应自然规律的变化而变化。跟自然界融洽相处，这是中国古代圣贤的伟大智慧。

后来的人类世界，为自己的无底贪欲而打开了科技潘多拉的盒子，物质占有能力大幅度提高，人类完全走向了另外一条道路。人类的欲望膨胀到了现在这种程度，已经开始造成了北极的臭氧洞，导致南极冰帽的加速融化，激化了地球气温的逐年升高，加速了地球上其他种类生物的灭绝。

这种对物质欲望的无穷追逐，一直以"经济发展"的美名来误导人们，新人类不再爱物，消费变成了一种浪费的心理行为，这样的方式，既不惜人，也不惜物，是彻底的心理冷漠和物质消耗。过去在教材上学习政治经济学，看到"拜物教"这个词，我根本不知道什么意思，现在才发现，拜物教就在我们身边，就在电视机的荧屏里，就在庞然大物的超级市场里。累积效应，从美国的次贷危机开始，席卷全球。

在这种时代，如果你缺乏足够的经典阅读积累，很容易就会迷失，并且对自己的自身存在感到沉重而难以承担，变成了身体的眩晕和精神的昏迷。这一代的青年,在任何时候,都离不开手机、游戏机和MP3。在地铁上,没有几个年轻人能够安静地待着,他们一进入车厢就下意识地拿出游戏机打游戏,掏出手机发短信。游戏是对存在本身的一种自我遗忘,过去是打麻将,现在是打游戏。一个空虚的人,总是无法独自面对自己的身体和存在,必须通过疯狂的游戏来遗忘。

这种身体的空心化,是这个时代文化垃圾造成精神窒息现象的最好解释。

我们的中小学教育,至今仍不能找到一种合理的方法,有效地培养小学生和中学生的阅读兴趣。他们苦熬了十年,月复一月的测验考试,反复训练的折磨之下,已经变成了一具麻木的考试机器。只有依靠不需要思考的游戏,才能获得片刻的喘息,让人忘却考试和作业的恐怖及无聊。

而历史和经典,也都被游戏化。

易中天和于丹在电视上开创的那种开涮经典作品的模式,是这个时代人文空白、精神空虚的鲜明象征。网络上,人们则把这种没头没脑的戏说和歪说,发展到了极致。代表性的就是《明朝那些事儿》之类的作品。这种作品的作者对历史一知半解,只鳞片爪地浏览涉猎一二就信口开河。戏说和演义在过去时代也有,但那是当小说来写,当说书来讲的。现在这种书籍,却把自己包装成历史作品,故意造成一种在讲述历史的假象。更加令人不安的是,这类书籍在书店里都成了销量惊人的畅销书,很多大中小学生受到误导,也跟着乱看,学得油嘴滑舌,不敬不爱。在创作历史小说时,作家出于强调人物性格或者其他思想的原因,通常会虚构一些人物或者细节,但是历史读物也胡乱虚构,这就会造成文化源流和知识传承上的混乱,进而破坏我们这个民族本来就脆弱的文化纽带。这些现象,也都是从小学开始破坏小孩子的阅读兴趣后造成的恶果。学生们没有足够的休息时间和阅读时间,导致了经典作品的速食化和快餐化,人们对需要稍作思考的问题不胜重负。易中天和于丹就是这种文化快餐面工厂的车间主任,他们只负责油炸膨松发酵和搭配香味,而根本不管食品的养分。吃下去反正死不了,只会营养不良,身体臃肿,目光迟钝。

在央视的节目里，那些讲台下只会发出空洞笑声的鼓掌机器人群，正是这种文化空心效应的最好体现。

阅读，首先要从小孩子的基本兴趣出发，而不能走形式。学校里的学生具有丰富的多样性，然而教师却用单调刻板以不变应万变。

不爱护书的小孩子，很难说会爱读书。而我女儿的老师，却让她们在书本上乱涂乱画。更何况，一本好书是一个整体，单个的文字和句段，并无特别的生命。如果一个学生的阅读，仅仅停留在捡垃圾般的挑选"好词好句"上，而不进入好书的精彩内容里，受书里那些精彩的故事和思想的吸引，那么这些"好词好句"就会像被摘下枝头的花朵和树叶一样，失去了生命，很快就会枯萎了。

二

我常常从媒体上读到一些关于天才少年儿童的报道。前不久，报纸说有个孩子，两岁了即认识两千个汉字。这如果是事实，确实可惊可叹。但是也就是止于惊叹，我对这种天才的培养并不认同。

天才是不可模仿的，加以严格训练才显示出天才迹象的人，更不能盲目模仿和学习。对小孩子，应该持顺其自然的态度。这就像一年四季，冷暖循环，花开花落，各有时节。

一棵桃树在春天开花，会在夏天结果，如果提早到冬天开花，那就是不能结果，那时开花只能是凌风傲雪的寒梅了。寒梅看看也不错，但是寒梅跟桃花有本质的不同。

世界上，万事万物各有其特点，各有其根本，如果违背了大自然的道，就是乱序，也会造成极大的混乱。李汝珍的《镜花缘》里写十二朵奇花降落人世的故事，起因即是武则天违背自然规律，非要牡丹在冬天开放。结果，当然是海内天下大乱，而海外名葩悄然开放。

老子说：万物并作，吾以观复。夫物芸芸，各复归其根。

人是天地万物中的一种，也有自己的生长规律，过急，则揠苗助长。

幼儿园和低幼儿时期，跟很多父母的意见不同，我们不教女儿认字。这个时候的小孩子，跟天地有隐秘的联系，他们按照自己的秘密在悄悄生长，他们自己能看到、感受到各种各样新奇的事物以及世界的变化。小孩子的感知和模仿能力，超过大人许多倍，但是大人往往有一种自我膨胀，以为自己学习到的那一点点知识能统管一切。

我在女儿面前，总觉得自己的僵化知识会影响她的心智发展。我尽量不去干涉，任由她发展自己的喜好。一岁多我就让她玩电脑，干什么呢？用"迪士尼网站"的益智游戏，来教会她阿拉伯数字和26个英文字母。我对太太说，我能教她的，就这么一点点：阿拉伯数字和26个英文字母。我不敢开口读英文字母，而是让女儿自己听网站上的原声。我从小就没有读准确过这些字母，不自量力地教她，就会以讹传讹了。

我女儿的英文发音，她后来的外教老师说算比较准确，可能跟这个开端似乎有点关系。她一边跟迪士尼网站上那个憨厚可爱的小熊维尼玩吃蜂蜜游戏，一边嘴巴里念念有词地读维尼说的字母。这是美国原声原配，读音肯定比我、也比一般的小学老师准确多了。小孩子的心灵澄澈如泉水，她们的学习能力远超成年人。成年人被习惯所奴役，在学习语言时，已经无法达到小孩子这种自如的程度。

后来就是看图书，主要看看《小熊维尼》《米老鼠》之类的连环画杂志。我长时间地给她读，有很多段落，她居然听着听着就能背诵了。

有一次在幼儿园里，她拿起一本薄薄的图画故事书，有板有眼地讲读起来。幼儿园田老师很惊讶，以为我们教她认字了。后来问我们，我们说，没有啊，她是听得多了，大概记住了图画，翻开一页就假装念念有词地讲读。实际上，她却是一个不折不扣的文盲。

汉字区别于拼音文字的最大特点，是从象形开始描摹自身和自然界，逐渐加入了古代智者对人自己、对外在世界的整体性哲理认知。汉字的整个体系，包含着中国传统文化博大精深的内容，核心的汉字，每一个都包含着丰富的文化信息。我们先辈在入私塾识字时，都要严肃地行拜师礼——老师不仅仅教你认字，还教给你认识人生和世界的道理。汉字不仅仅是一

个符号、一个工具,还是一种丰富的哲学认知体系。《老子》五千言,几乎穷尽了人生及宇宙的大道理,美国《纽约时报》曾把老子称为古今中外最伟大的十位思想家之首。他的思想博大精深,奥妙无穷,至今熠熠生辉,影响遍及全世界。要释读这部不朽的巨著,一个学习者必须具备基本的释文解字的知识。2010年,中华书局出版了一部影印的书稿,是记载章太炎给鲁迅、周作人、刘半农和刘文典等人讲解《说文解字》的笔记,于此我们可以看到上一辈学者是怎样训练自己扎实的基本功。

训音释字,一直是传统学者的基本学问,学问做到最好的大家,都精通汉字的音义。可惜的是,在半个世纪以前,因为特殊的需要,人们把文字看作是简单的工具,对汉字的复杂性产生了怀疑,认为这种复杂性阻碍了文化的普及,而在未经充分论证的前提下,草率地对两千七百多个常用的汉字加以简化。我个人对第一表的简化能够认同,第二表和第三表的简化,并不够合理。这样一来,汉字的传统文化信息,在大部分新的不合理字形中被切断了——这些新的简化汉字,主要用同声的字符来代替此前的表意字符,企图向着表音的方向前进。这就像对一条河流进行截流一样,影响了整个环境和生态——长江的一部分洄游鱼种,无法通过三峡大坝,失去了对祖先基因信息的释读,有的灭绝,有的退化。我们现在的学生,就像无法洄游的长江鱼类,不仅得了软骨症,而且营养不良。三千年辉煌文明的养料,却被搁置在垃圾堆里。

现在的中小学生最怕学习文言文。

我自己读书时,对这种苦涩可怕的学习经验深有体会。

中学阶段,教材编写和教学实践都死板机械,文言文非要按照从古到今的时间顺序来进行选读,教师又没有能力或者有能力却又没有意愿对学生进行文字的深入释读,以至于学生在阅读文言文时,如对天书,如猜灯语。更多的情况是教师和学生一起瞎蒙,然后按照教材参考书胡乱猜测。这里我要提到著名学者、作家施蛰存先生的高见,他认为古文的选编,可以从近代反推,先让学生熟悉浅近的白话文作品,然后从清代作品开始选编,往回学习一直到先秦。这样由浅入深,更容易理解。遗憾的是,我不记得施蛰存先生在哪里说起的了。可能是我上大学时从校报里看来的。暂无实据，姑妄听之吧。但我崇拜施蛰存先生，这话他肯定说过的，我一定不会记错，而且我特别佩服他这个发前人之所未见的新颖观点，所以记得很清楚。

中国传统文化中最重要的载体是文言文，从散文到历史书籍，大量的思想都闪耀在文言文里了。不能基本读懂文言文，真可谓是入宝山而空手归。面对一座辉煌的宝库，又不懂得"芝麻开门"咒，只能是望宝兴叹了。

且不说中学生，很多大学生毕业后，是所谓受过高等教育的人群了，照样对文言文畏惧如虎，根本就不敢碰，也不愿意碰。说老实话，我自己的文言文基础也很差，想来就感到羞愧。

前段时间，我跟女儿一起学习了甲骨文和金文的部分文字，甲骨文从《汉字王国》里简单地学习了一下，金文是从容庚先生的《金文编》里随意找些来描摹。我自己已经失去了摹写这些神奇文字的能力，但是女儿九岁多，正是学习文字的最佳年龄。我一知半解地跟她一起学习，一起认读，聊胜于无。她兴致勃勃，花了一天不到的时间，就把几百个字全都摹写了一遍。我个人看着，出于偏爱，觉得惟妙惟肖。起码，我自己是摹写不出来了。

这是她突然有兴趣，如果她没有兴趣，我也不会强迫她去认读和摹写。

至于文学作品，我觉得不必限于传统的中国四大名著这类的作品，可以先从现在流行的好作品开始，例如《哈利波特》。我的文章里很多次提过这本书了，有些读者不以为然。他们大部分可能人云亦云地以为这是畅销书，没有价值，又或者根本就没有翻过。我只能这么说，《战争与和平》有自己的卓越价值，《哈利波特》也有自己的独特价值，各存所好最好。有丰富阅读经验的成年人可能会在反复重读《战争与和平》或者《红楼梦》中获得更为深刻的感受，但对于一名刚开始训练阅读兴趣的小学生来说，眼下没有比《哈利波特》更合适的书籍了。

我曾到过上海的一些中学做演讲，跟师生们交流阅读的经验。

我向他们推荐《哈利波特》时，学生们都窃窃私语，似乎不敢相信。他们大概以为我会推荐《红楼梦》，推荐《战争与和平》，没有想到我推荐《哈利波特》。我说，《哈利波特》我全都看过，觉得很好，很精彩。你们如果

能直接阅读英文原版就更好了,不仅读到了好故事,而且提高了英文水平。

讲座之后,主管副校长和语文组组长委婉地对我表示不满:叶开老师,我们不知道这本书,我们也不会推荐给他们。

我说,你们没看,怎么知道该不该推荐呢?

我女儿是个听话的孩子,老师吩咐找"好词好句"后,她把自己最喜欢的《哈利波特》第一部拿去学校交给了老师。这本书自从交上去之后,从此就没有了音讯。女儿心里着急,但是嘴上不敢说。几天下来,她都有些闷闷不乐。我太太心细,注意到了她的神情,问怎么回事。她才说老师还没有把书还给她。

我女儿热爱这本书,她惦记着这本书,生怕老师弄丢了,简直有些坐立不安。

这本她最喜欢的书,语文老师收上去后,大概根本就不上心,搁在办公桌上忘记了。我女儿惦记着自己心爱的书,又不敢问。心里焦急,担心,害怕,还不敢说出来,所以好几天都浑身焦躁不安。

我们安慰了她整整一个晚上,她仍然闷闷不乐,放心不下。

我说:"明天你上学,直接跟老师说。这是你最喜爱的书,你一直阅读它,爱护它,珍藏它,好吗?"

女儿看着我,欲言又止。

我说:"如果你不敢说,我去找老师……"

女儿就怕我找老师,连忙说:"不用了……"

我说:"你不要害怕,好好跟老师说……"

女儿怕我去找她的老师,赶紧答应下来。

第二天放学回家,女儿高兴得脸上放光,说书要回来了。不过,她又快快不乐,说被老师批评了。

语文老师把书收上去,要求学生在书上画出"好词好句"。我女儿因为爱护书,舍不得直接画在书上,想到了一个主意,在纸上抄写了一些词句,夹在书里交上去。

语文老师认为这不符合规范,说一定要画出来才行。这样,我女儿就受到了批评。我女儿因此被复杂的情绪所缠绕：既为拿到心爱的书而高兴，又因为受到了老师的批评而难过。

我太太想出了折中的办法，"你去找一本差点的书，这样在上面画就不心痛了"。

女儿犹豫。她的书架上，似乎没有什么差书。

那些书基本上都是我精心帮她挑选的，以经典作品为主，还有一些是《小熊维尼》之类的杂志。《小王子》的各种简体字版本的翻译都不算上乘，却不能算坏书。她挑来挑去，哪本都舍不得，拿出来又放进去。

最后，为了解决这个问题，权衡再三，我们说，你就拿黑柳彻子的《窗边的小豆豆》去学校吧。涂脏了，下次我们再给你买一本新的。

这书她看过了两三遍，里面的故事她也很熟悉，但是她要寻找"好词好句"却非常吃力。到底什么才是"好词好句"呢？我想即使去请教她们的语文老师，老师也未必说出个真切的道理来。只是教材编写者这么习惯性地编写了，他们也这么习惯性地教学生。在学校里，教与学，一切都是惯性的，在惯性的思维下，学生不可能获得真正有益的阅读经验。你毁坏一本好书，这本好书就跟你没有关系了。

女儿说："这本书我也很喜欢……"

我说："没关系，就这本吧，你拿去随便画。弄脏了，爸爸再给你买一本新的。"

这个折中的方案，总算暂时解决了问题。

这种机械僵化的教育方法，对养成良好的阅读习惯没有任何帮助。

一个孩子，不仅要学习阅读作品，也要学会爱护藏书。一个不知道珍惜书，而只会糟蹋书的孩子，很难养成良好的阅读习惯。他就是画出一万个"好词好句"，这些词句也不过是秋天从枝头脱落的枯叶，随风飘坠。

养成良好的阅读习惯，最重要的前提，是先找到小孩子喜欢读的书，他们能接受能消化的好书，而不是强迫性地非要把那些相对不容易阅读的经典强加给他们。

我首先给她挑选的就是《哈利波特》一至七部。这七部《哈利波特》

的中文字数,加起来有两百多万,我女儿每本全部读过五六遍以上了,前三部相对比较薄,她一有空就翻出来,很快就重看了一遍,我已经不知道她看过多少遍了。我原本对她很敬佩,有时候跟朋友吹牛说,她绝对是《哈利波特》专家,对书本里的内容完全可以说是了如指掌。没想到,前天我考住她了。我有一天突然请教她一个问题,就是给哈利下迷情剂的女生叫什么名字?她一下子答不出来。这下被我逮着了。她很惭愧,居然跑得飞快,去翻书,然后找到了那个女生的名字,捧着书出来跟我说:叫罗米达·万尼。

虽然这不是什么重要的问题,但是碰到了不记得或者不知道的事情,想得到去找到答案,这是很好的习惯。阅读的积累,就要靠这种寻找答案的习惯来逐渐增加的。

现在是读图时代、快餐时代,别说小孩子了,有良好阅读习惯的父母就已经是珍稀动物了,你怎么能要求被电视机、游戏机和各种时髦玩具包围着的小孩子一开始就去埋头苦读《红楼梦》《三国演义》《水浒传》或《战争与和平》?过去的前辈,可能从小读过这些作品,确实也大有好处,我们却也不必盲目沿袭。时代不同,人心浮动。这个时代,要做的是把小孩子的注意力拽回到阅读文学作品书上,而不是人云亦云地去否定像《哈利波特》这样的所谓通俗作品。

我自己很早就阅读过《哈利波特》,这是让全球青少年风靡、发行量超过三亿本的超级畅销书——还不包括其他相对落后地区的无数盗版——你如果不好好去阅读,就断定它是不好的,那一定是不负责任的表现。

可惜的是,我所遇到的绝大部分的中小学语文教师都没有读过《哈利波特》就否定了它的价值,好像全世界只有中国古代"四大名著"才有阅读价值,实际上,即使是"四大名著",我们的中小学语文老师又有多少人敢说自己熟读过?又有多少人反复阅读过?己所不欲,强使之于孩童,可乎?

我提倡阅读《哈利波特》,大礼堂里的每一个都是那么聪明的学生们心领神会,兴奋地看着我。当然,我也提倡阅读《纳尼亚传奇》《魔戒》等其他的时髦书籍以及《小王子》《长袜子皮皮》《骑鹅旅行记》《爱丽丝漫游奇境记》《木偶奇遇记》《安徒生童话》这样的经典儿童文学作品。前面这些是畅销书，不仅富于想象力，对小孩子的情感也有精细入微的描述。《哈利波特》去掉那些魔法的元素，就是青少年成长和情感教育的现实主义教育诗，哈利就读的霍格沃茨魔法学校，是所有适龄少年都向往的美好而刺激的魔幻世界，这个世界，让他们深刻地感受到了按部就班的麻瓜学习生涯的无趣。在霍格沃茨魔法学校里，有勇敢、友爱、正义和幽默，还有情感的训练和学习，几乎可以说是无所不包。哈佛大学是识货的，他们给J·K·罗琳授予了荣誉博士学位。

小孩子有自己独特的审美趣味，有自己热爱的故事结构，这点，还是西方作家更了解。别说孩子爱读，我也爱读。

等小孩子真正养成爱读书的兴趣之后，然后可以慢慢地把他们引向其他的书。

当然，首先是要打破学校的僵化教育模式，其次是教师和父母自己也要爱读书和善于读书。

不过，在这种应试教育的压榨下，到底有多少教师爱读书，这还是一件令人不安的事情。但是我女儿的语文老师很有可塑性，她有一天跟我女儿说，她也在看《哈利波特》第一部。女儿知道后高兴极了。她一回家，就跟我们讲了。

我说，你们的老师多好啊。什么事情都有可能改变，说不定就是受你的影响，老师也进步了。

我们现在最大的苦恼在于，学校作业太多，女儿总是没有时间进行阅读。你一不注意，她就拿起一本书来读，根本就忘记了做作业的事情。虽然我极其厌恶和反对作业，但是"人在江湖，身不由己"。在这个制度下，你就得勉强适应，不能做出头椽子。小孩子都是需要鼓励的，总遭到老师的批评和打击，也不好。

所以，现在的孩子，真的不容易——爱上了阅读，却失去了时间。

乱读书不如不读书

我一贯强力反对名著缩写本,尤其反对那种书商出版的低劣丛书。这类图书多为图书公司非专业编辑的胡编乱改本,除了名字相同之外,内文就不知底细了。书商为了赚钱,组织一些研究生或业余写手开夜车粘贴、剽窃、窜改,炮制出一堆乱七八糟的书稿。这些人文学水平本来就低,又要赶工,通常把原著改得只剩下一地鸡毛。

女儿的学校周末发回一张广告,她说是老师发的"通知"。这张"通知"上面写着,北京某图书有限公司出版十本世界名著,是新课标的推荐必读图书,有插图版和注音版两种,十本总价190元。

"通知"里提到的这些图书中,《骑鹅旅行记》《八十天环游地球》《金银岛》《爱丽丝漫游奇境记》《小王子》《格利佛游记》《鲁宾逊漂流记》等——完整的篇目我忘记抄下来了——从书名上看都是适合小学高年级和初中及高中生阶段学生阅读的世界名著。

我在看"通知"时,女儿说:"我知道你会反对的……"

我说:"宝贝,我不反对你读这些书,而是反对你读这家图书公司出版的这种书。"

女儿不懂,我也很难跟她解释清楚。差别在哪里呢?不同之处就在于,上述的书名虽是名著,但是翻译过来以及出版之后,名目就太多了。同样的名目之下,苟且之事很多,不可不擦亮眼睛。上面提到的都是外国文学作品，需要翻译过来。这就涉及两个方面，一是译文的质量，二是出版社的编校能力。还有一个非专业人士不太会留心的问题，这些作品在中国大陆的简体印刷版本多则几十种，少也有十几种，这么多品种，一般人很难做选择——哪些是优秀翻译家翻译的高质量译本？哪些是半道出家的普通翻译者的糟糕译本？还有些是书商找枪手东抄西拼弄出来的拼贴本，以及一些打着普及的旗号做的删节本，更恶劣的是什么也不剩下的缩写本。这些都无法跟一个小学生解释清楚。

"通知"上这些书，我家里都有，有些书目还有若干种版本，其中的大部分她也都读过。我藏有的版本，一般都是经典版，出版社正规，翻译家专业，译文品质上佳。"通知"里的这家书商做的书，我看完了介绍之后，就明白了，这是一套我最反感的"缩写本"。

我一贯强力反对名著缩写本，尤其反对那种书商出版的低劣丛书。这类图书多为图书公司非专业编辑的胡编乱改本，除了名字相同之外，内文就不知底细了。这套书我没有亲眼目睹，类似的丛书却看到太多了。书商为了赚钱，组织一些研究生或业余写手开夜车粘贴、剽窃、窜改，炮制出一堆乱七八糟的书稿。这些人文学水平本来就低，又要赶工，通常把原著改得只剩下一地鸡毛。

文学是语言的艺术，这是通识。我们的出版界，包括中小学语文教育界的很多人，总有一种荒谬的念头，他们认为小孩子理解力差，读不懂名著，把世界名著浓缩，改编成几个不伦不类的故事，再插几幅图，就可以当作牛屎牌大力丸喂养给小孩子了。这种故意贬低小孩子理解力的行径，我不知道反对了多少次。我要一再强调，小孩子的理解力通常情况下远超这些"教育工作者"的想象。小孩子的智力如果得到有效激活，他们的未来不可限量，而"教育工作者"永远只是"教育工作者"。一些"教育工作者"自己都患有严重的厌读症，一辈子读的经典加起来不到二十本，平时看看电视翻翻报纸，却总是理直气壮地贬抑自己的学生，认为他们这也不行那也不行。他们会找到各种理由不读名著，工作忙，没时间，没精力。其实，每个人的时间，都是一天24个小时，一生至多36000日，没有人的时间比别人

多,也没有人的时间比别人少。时间是人世间最公平的分配了。没人可以为自己的懒惰找借口。宽厚一点说,他们自己找借口不读书也就算了,但是,无论如何都没有权利去贬抑小孩子,而寻找心理平衡。在我们这个国家,任何一个庸俗的成年人,都具有无知无畏的勇气,总认为自己面对着小孩子就一定掌握了绝对真理,可以脸不改色心不跳地随口胡说,随口教育小孩子。我跟他们的想法完全相反。此前我也写文章谈过,我从来都觉得成年人应该向小孩子学习,要学会谦卑地看到小孩子的优点和长处。一个成年人,他的人生已经没有什么太大的变数了,也没有什么突飞猛进的希望了。相反,小孩子永远具有最美好最远大的未来,起码他们的身上蕴涵着美丽的理想。每个父母,每个成年人自己都应该好好想想,你自己有什么?

我自己常常在女儿的身上,照见自己的浅陋来。

我对女儿说,我的英语听力不如你,口语不如你,表达不如你,我的画画不如你,手工不如你,音乐更不能跟你比,因为我是一个乐盲,而你的钢琴已经弹得很不错了。我的普通话更不如你。她虽然只有十岁,我不如她的地方多矣。

小孩子的各个不同年龄段,确实是需要用不同的方法来进行培育,但是把名著缩写成简陋的故事当成浓缩液喂养给小孩子,企图揠苗助长的方法,不仅是错误的,而且贻害无穷。

学龄前儿童,可以看图画书,看连环画,这类杂志和书籍很多,国内也出版过很多经典作品。比如《天线宝宝》《爱探险的朵拉》《猫和老鼠》《父与子》《绝对小孩》等,文字多一点的,我强力推荐二十二本《丁丁历险记》,另外,还有大量的经典动画片可以给孩子们观看,低幼的动画片,最合适的莫过于《天线宝宝》《巴布工程师》《爱探险的朵拉》《小熊维尼》《猫和老鼠》了。我还强力推荐宫崎骏所有作品,其中的《魔女宅急便》《龙猫》《百变狸猫》《天空之城》《哈尔的移动城堡》《悬崖上的金鱼姬》等,尤为适合小孩子观看。我觉得宫崎骏的全部作品都值得珍藏,且老少咸宜。日本的动画连续剧,例如《神奇宝贝》《网球王子》《名侦探柯南》等,都值得强力推荐,《柯南》剧场版是爱好侦探故事的小朋友们最合适观看的电影。还有几十年前的老作品,《米老鼠和唐老鸭》《鼹鼠的故事》以及梦工场、迪士尼、皮克斯等影业公司新制作的《玩具总动员》《海底总动员》《鲨鱼黑帮》《机器人总动员》《怪兽大战外星人》《驯龙记》等,都极适合学龄前儿童观看和阅读。小学低年级,识字量少的孩子,仍然可以看连环画,看文字量略少而带着大量插图的好作品,我推荐英国女作家波特自撰自绘的经典名作《彼得兔系列故事》——我家那套是中英文对照的五卷本,女儿非常珍爱。

小学二年级以上的学生,就可以直接阅读大部头的儿童小说了。我亲自做实验,女儿从小学二年级开始阅读《哈利波特》第一部,不到半年她就读完了前六部,第七部《哈利波特与死亡圣器》出版时,她已经成了一名阅读小行家了。现在她是小学四年级,阅读范围远远超出了《哈利波特》,延伸到其他的各种图书。例如瑞典童话小说女王林格伦的九部经典名作,美国作家怀特的《夏洛的网》《吹小号的天鹅》,四卷本的《绿野仙踪》(《奥兹国历险记》),两卷精装本的《德国当代儿童文学经典作品集》等。另外,湖南少儿出版社出版的"全球儿童文学典藏书系"我们买了四十几本,她大部分都读完了。她读过的书还有很多,光是今年5月份,就读了二十几本,此外,她爱读的还有《昆虫记》《剑桥少儿百科》《新发现》等读物。

下面是我女儿5月份的阅读书目。

首先是我也读过的。

一、吉卜林的《丛林故事》(我们都喜欢,我觉得是了不起的作品,说伟大也不为过,在这里我重点推荐)。二、《青鸟》(我们都喜欢)。三、《金银岛》(我们都喜欢)。四、《哈克坡地森林》(她喜欢,我还剩两章尚未读完)。五、《天上掉下个大蛋糕》(好玩,我喜欢)。

其次是我还没有读过的。

六、《怪医杜里特的故事》四本(她喜欢,阅读时常给我读几段,并高兴地大笑),一百四十多万字。七、《海蒂》。八、《绿山墙的安妮》。九、《杨柳风》(她说不错)。十、《小勋爵》。十一、《黑骏马》(她很喜欢)。十二、《小鹿斑比》(她喜欢,迪士尼拍过动画片)。十三、《尼姆的老鼠》(她读过三遍了,喜欢)。十四、《我的宠物是恐龙》(她喜欢)。十五、《小彩人的抗争》(她喜欢)。

上面这些,除了《怪医杜里特的故事》是太白文艺出版的之外,其他都是中国少年儿童出版社出版的。我对比过吉卜林《丛林故事》或曰《丛林之书》的三个译本——文美惠的版本(另外收有吉卜林的二十几部中短篇,如《国王迷》等令人难忘的作品)、李永毅的版本、我的朋友曹元勇博士的译本,觉得各有千秋。大家如有心深入研究,可以都找来读——能读英文更佳——绝对是经典中的经典,读之无厌。《绿山墙的安妮》和《黑骏马》是马爱农翻译的,译笔也不错,她主要以翻译《哈利波特》为普通读者所知。

此外,我女儿又重看了林格伦的《长袜子皮皮》、《小飞人卡尔松》、《淘气包埃米尔》(她从二年级读到四年级,起码有七八遍了,对里面的内容了如指掌)、《吵闹村的孩子》(她也读了两三遍)、《狮心兄弟》、《疯丫头马迪根》、《米欧,我的米欧》、《绿林女儿》(她喜欢)。那天聊过《夏洛的网》和《吹小号的天鹅》之后,她忽然又翻出来《精灵鼠小弟》(很短,六万多字),一个小时不到又读了一遍。她还重翻了绿本和黄本的两本 A diary of Wimpy kid——说重翻,是因为我认为她的英文词汇量可能还没有达到流畅阅读的程度,只是连蒙带猜吧。里面有插图,看看也好玩,昨晚她躺在床上睡觉,我还给她重新读了好几页,我们一起狂笑。单词量不够不要紧,连蒙带猜不要紧。她二年级开始读《哈利波特》时,很多汉字也不认识,但一点都不妨碍她爱不释手。有读书经验的父母可能会记起自己少年时代的阅读时光,我们小时候读《三国》和《水浒》,不认识的汉字只会更多,但一点都不妨碍我们阅读。

上述这些作品,假设缩写成了故事,那就只剩下一地果核了。读者读完,不仅无法从这些名作中获得真正有用的心灵滋润,也读不到作品里栩栩如生的细节描写,记不起哪怕一句精彩绝伦的妙语好句。因为,只剩下了可怜的豆腐渣啦。

好多好玩的话是可以重复说的,例如《吵闹村的孩子》里,拉赛对布赛说:你以为阿尔贝特娜下蛋像机关枪啊。我就觉得好笑,我们笑得捧起了肚子。如果你不能理解,我就不解释了。又比如,丽莎和安娜去小卖店买东西,为了记住妈妈说过的要买的东西,她们边走边唱:一根法伦香肠,甲级的，甲级的！……啊，法伦香肠真悲伤！我们讨论的就是这些事情，我们从不划分段落大意，也不寻找中心思想。你如果不好好读书，不好好记住书里有趣的细节，不与那些有趣的事情产生共鸣，那就没必要读书啦，一个人读书，不是光找到一点中心思想就可以的。这种活，是资料员在做卡片时干的，小孩子完全可以不管。

而我们的名著缩写本，理论上就是保留了小说故事，浓缩了中心思想的精华版啦。但是，现实生活的经验教训告诉我们，这三十年来，凡是速成的神奇药丸或者口服液、精华液都是不可信的。比如斯威夫特的《格列佛游记》，被我们的出版商好意地改成"大人国"和"小人国"，女儿二年级时在学校图书馆看过了，回家跟我说，爸爸，我们学校有一本《大人国》。我说，那本书大概是《格列佛游记》吧？她说，不知道。我说，这本书爸爸有，是好作品，很值得读。我那本书有点旧，是二十多年前人民文学出版社出的网格本，张健译。我本来担心女儿喜新厌旧的，但她拿到手读了，很高兴，读了三遍。为了能跟她一起聊，我也重读了这本书。我们谈起耶胡多么可鄙可笑，慧骃多么高贵庄严。

给不识字的或者低幼的儿童，做一点好的绘图本，我并不都反对，但我反对肆意窜改世界名著。现在，中国的各个少儿出版社出版的不同阶段的读物很不少了，有些确实不错。这些儿童读物，都是优秀儿童读物和儿童文学作家撰写的好作品，可以满足不同年龄段儿童的阅读需要。如果他们暂时读不懂世界名著，那就暂时不要勉强去读，更不能读那些胡乱改写、缩写、窜改的缩写本，这样的东西，小孩子读多了，就跟垃圾食品吃多了一样，不仅败坏他们的胃口，而且戕害他们的心灵。

这些水平不高的"胡编辑"搞的名著缩写本，大多数都只剩些道德说教内容，彻底破坏整部作品的艺术感染力。

我女儿的实践证实了，即使在小学一二年级，由浅入深，由有趣到有味，经过一两个学期的训练，她们的阅读兴趣完全可以被激发，阅读能力和理解能力也没有问题。有问题的反而是她们的语文老师和她们的父母——尤其是那些把孩子彻底推给爷爷奶奶和外公外婆，自己晚上去K歌、去

Party、去麻将的时尚父母们。

我女儿三年级第一学期,自己在书架上翻出拉格洛孚的名著《骑鹅旅行记》并把它读完了。这本书很厚,我去查了一下,石琴娥的译本,51万字,是相当厚的一本巨著,她两天就读完了。我相信她肯定有些不认识的汉字,也有不能理解的内容。但不要紧,汉字这种高度抽象的图形非常好辨认,看的次数多就记住了;至于对小说内容的理解,小孩子在不断长大的过程中,一直都会有个渐次领悟的阶段——不同的人生阶段,阅读感受会不一样。我曾在好多篇文章里反复提到《哈利波特》七卷本,这被一些假冒高雅的普通人士鄙视的所谓通俗小说,其实是一部非常值得推荐给中小学生的了不起的作品。在《哈利波特》里,罗琳女士把中小学生最为厌烦而又每个人都必须经历的学校,变成了霍格沃茨魔法学校,孩子们所头疼的麻瓜教程,在魔法学校变成了魔法防御课。我们所要上的体育课,在霍格沃茨魔法学校是学骑飞天扫帚;我们踢足球打篮球,魔法学校的小魔法师们打魁地奇球。这就是趣味所在,因此霍格沃茨魔法学校是每个中小学生都欣然向往的美妙世界。文学最让人着迷的魔力,就是能营造出一种现实不存在的理想的世界。每个人都有向往美好、向往快乐的梦想,文学家是把这种梦想带到无趣现实中的魔法师。

去年,哈佛大学曾授予罗琳女士荣誉博士学位。我看过她的发言,下面有上千的观众,青年学生热情高涨,很多白发苍苍的老者也兴致高昂,他们可能还是文坛巨擘、学界耆宿,却并不像我们某些其实阅读量很少却喜欢自装高明的网友那样,眼睛里只认得"鲁迅"两个字,别的一概是"通俗",是"垃圾"。

罗琳在演说时,满嘴的英国口音,听众席上发出阵阵会心的笑声。从小孩子的角度,罗琳通过自己的作品所阐发的友情、爱和勇气等基本人性观念,对小孩子的教益超过那些所谓"严肃"的作品不知道有多少倍。

内地新白话文小说,以《狂人日记》为开端,到现在90年,时间不够,发育也不够,中间还有强烈的断层,整体水平较低,适合青少年阅读的作品真是少之又少。现当代白话文作品的文学水平不高有各种原因,这里我们不去争论了，事实上的状况是跟欧美相比差距很大，跟我们的东邻日本差距也不小。做出版的朋友都知道，现在的大陆原创小说反而不如翻译作品销得好。我的很多同学和朋友，都愿意做翻译书。这是很滑稽的现实。出版界的现状，也证明了我的这个判断。大多数的出版社，无论是国营的还是书商，都把目光盯在欧美的名著或畅销书上，反复出版。最近很流行的两本小说，一本是瑞典天才而早逝的作家拉森所作"千禧三部曲"之一的《龙纹身的女孩》，另一本是日本超级畅销书作家村上春树的《1Q84》第一部——这本第一部的开机印刷量，内地作家无人能望其项背。

我昨晚为女儿找书，她突然说要读《汤姆沙耶历险记》和《哈克贝里芬历险记》。在网上书城一搜，我就迷糊了。各种出版社和出版机构，各种类型的版本，琳琅满目得简直让人无所适从。我可以自吹为专业人士，乱花迷不了我的眼，我要沙里淘金，找出相对满意的版本。第一是要全译本，第二是要名家名译，第三是专业的出版社。搜寻了好久，终于找好了。接着，女儿又说要看《福尔摩斯探案全集》和《凡尔纳科幻小说全集》。我又找了很久。我看到的大多是减缩版、改编版，而我要的是全译本。我找，我找，我再找，总算找到了全译本。我收藏，但是还不敢下手，要稍后抽空了解一下，才能下决心，因为出版社不是很有说服力，译者也没有听说过。不过，退而求其次，虽然不是名家名译，但起码是全译本。

我对非全译本有偏见。女儿从学校带回来的广告里这些书，都是缩写本。我虽然没有读过这个改编本，但是此前翻阅过的大多数改编版，给我造成了强烈的感受：读了这些"垃圾"，还不如干脆不读。前两年，对我自己造成一次小小情感伤害的，是"杜雷插图版世界名著"。我极喜欢《堂吉诃德》和《巨人传》，见这套书的目录里有《堂吉诃德》，匆忙下手。拿到书，我才发现是改写本。《巨人传》在中国我见到不下十几个版本，只有成钰亭翻译的是全译本。《堂吉诃德》情况好一点，有杨绛、孙家孟等好几种全译版本，可以供像我这样的爱好者对比选择。而那个插图版名著，我买到手之后，简直是"出离了愤怒"。一般的读者，尤其是"望子成龙"的父母，哪里能明白这种版本的害处？小孩子读了，没头没脑的，以为堂吉诃德带

着桑丘，不过就是去跟风车打了一架，那滑稽样跟赵本山的低俗小品也差不多了。要这样，看看二人转就可以了，还读什么名著呢？再翻故事版《巨人传》，不过就是庞大固埃到巴黎玩，一泡尿淹死37万巴黎人而已。故事一减缩，一改编，大多数就是这样可怕的情形。

一般来说，书商做这种书的主要目的是赚钱。赚钱不是什么耻辱的事情，但要对得起良心，要赚正当的钱，尤其是当你们面对着无辜的小孩子的时候。这些名著，为什么很多图书公司喜欢一出再出呢？核心秘密就是，这些书都过了版权保护期，不受国际版权保护，书商无需额外花钱购买版权。

这些书确实值得一出再出，好吧，我不反对书商出版这些书的优秀全译本。他们为什么不出版优秀译本呢？还是为了赚钱。打着改编的名号，国内那些优秀翻译家耗费心血的译作，就可以肆意抄袭而不支付稿费了——这又省了一笔开销。译林出版社总编李景端曾写过一篇文章《"李斯"原来是李鬼》，揭露书商雇佣枪手"汇编"译文的恶劣行径："近年来翻译界冒出两个'最牛'的'翻译家'，一个是能译十几国文字的'李斯'，一个是一年出二十多本译著的'龙婧'。"

这样的书，不仅涉嫌严重侵权，而且可想而知难免错讹百端。

学校里的普通语文教师，平时每天工作很忙，如果认真按照教材的要求上两三个班的语文课，每星期都要改作业，批作文，哪里还有时间阅读作品？但是，一名语文教师，如果自己都没有良好的阅读习惯，他们有什么能力指导自己的学生呢？语文教师的日常技能训练就是阅读，理论上每天都要阅读两个小时以上，实在没有时间，也起码要保持一个小时。好的音乐家要曲不离口，好的武术家要拳不离手，才能保证自己的专业能力不被荒废。语文教师也需要这样的训练。像《骑鹅旅行记》那种书，读两部就一百万字了。不说古典的世界名著，拿我上面提到的林格伦、怀特等人的儿童文学来读也可以的。但要成为一名优秀的语文教师，古典名著的阅读不可偏废。打个比方，古典名著是内功，练气；现代作品是武术，摆架子。两者融会贯通，旁及历史和哲学著作，慢慢地就会观物自然，思想圆润了。

优秀的中学教师不是没有，上星期我就收到湖北某中学王磊光老师寄来的信，里面有一篇他写的作文选序。我读了很感动，觉得这位王磊光老师是真心想为自己的学生做点有益之事。他的序文写得也很好，真诚，不伪饰，不浮夸。看得出来，他自己在课余也读了很多书。

中小学语文教学界，能多一些像王磊光这种努力阅读，踏实做事，而不总是把责任都推给"体制"，力所能及地把好的作品、好的品质传递给自己学生的老师就好了。也许我们不能一下子推翻什么僵化的模式，但是我们做到了基本的人性，也可以问心无愧。教育更多是细节，而不是口号。一点一滴地积累，积小善而成溪流。小孩子，如果一年读十本世界名著，到高中毕业可以积累一百本。这个数字不多，但能读下来也就不错了。

很多语文教师和父母，都不知道什么是有效的、正确的阅读，并且想当然地认为小孩子的阅读要弄得浅显一点，才能读懂。这种误导，确实将会贻害无穷。

从阅读的角度，我个人推荐语文教师和父母们一定要找名牌出版社，找经得起推敲的好译本，让孩子读到不受污染的，没有"地沟油"的，没有被"酸雨"腐蚀过，没有被"转、摘、引"重组的真正的好书。国内的出版社中，上海译文出版社、人民文学出版社的外国文学丛书是相对比较好的。少儿书籍的出版中，中国少年儿童出版社、浙江少年儿童出版社、二十一世纪出版社、接力出版社等可能也不错，但具体版本具体分析才行。至于经典名著，我个人推荐过去的名家旧译本。现在专业读者比较认同的网格本、二十世纪外国文学丛书、诺贝尔文学奖获得者丛书等，是比较值得信赖的名品。

我见到并且买下来的湖南少年儿童出版社出版的一套三十本的世界儿童文学权威典藏版，也很不错：译者、编者和出版者，都很认真。我女儿读了其中的二十八本，有些感兴趣的书，她还读过好几遍。她又从这个出版社附加寄来的书目中，自己找了十一本让我帮她购买。前天拿到，她也不管期末考试临近，见缝插针地读，居然一下子读掉了三本。

中国少年儿童出版社出版有一套"世界畅销儿童文学名著丛书"，有些是大作家的作品，例如吉卜林的《丛林故事》、马克·吐温的《汤姆沙耶历

险记》及《哈克贝里芬历险记》、斯蒂文森的《金银岛》等。其他的，也大多是儿童文学名品，例如柳鸣九先生翻译的《小王子》等。

这套丛书也需要认真挑选，我建议还是找"全译本"，所以里面的凡尔纳作品我不要，大仲马的《三个火枪手》我不要。还有很多不要，总之，偏激一点，凡是没有标明"全译本"字样的，统统不要，宁可错杀。

说起来，《小王子》我至今没有看到满意的版本，虽然国内出版了无数种，我自己也买有七八种。算来算去，还是柳鸣九先生的译本可能更准确可靠些，是从法文直译，但略少童趣。译林出版社的《小王子》一书收入了圣·埃克苏佩里另外两篇《战机飞行员》和《夜航》，封面译者署名林珍妮、马振骋，但《小王子》和《战机飞行员》的译者是林珍妮，马振骋只是翻译了这本书里的《夜航》。林珍妮这个译本很一般，我对照过英文，深为她的随意和增减而遗憾。因为封面署名的误导，我曾以为这个版本的《小王子》是马振骋翻译的，颇有些意见，后来得到网友的指正，才仔细察看，发现了上述真相。

上海译文出版社的周克希版《小王子》，也是从法文直接译出的，看起来词句推敲比较认真。然而，周克希是数学教授，他虽然热爱文学翻译，法文估计也通，但中文能力不够圆融，精确而略少余韵。另有一本群言出版社出版的"中英法六十周年彩色纪念版"，译者署名为洪友，译笔也还忠实。

《小王子》一书在中国大陆的畅销，是惊人的奇迹，这本书已经过了版权保护期，可以随便出版。我自己也喜欢这本书，所以买了好多种。虽然不是特意收藏，总是想找到更满意的译本。说老实话，对比到最后，我暂时认为，还是柳鸣九先生的译本最合我的口味。最忠实的，恐怕是上海译文出版社出的周克希先生的译本。有朋友指出，现在最新的译本，是旅居德国的儿童文学作家程玮翻译的。我因为没有看到样书，不能置评。

很多人莫名其妙地排斥"通俗文学"，这很奇怪。但是，优秀的畅销书，也是好作品中的一种。我就一直推荐《哈利波特》七卷本为中小学生必读书，另外，我还推荐《达·芬奇密码》《失落的秘符》这种畅销书。只要写得好，畅销书有何不可？现在大陆也流行日本女作家吉本芭娜娜的《厨房》、青山七穗的《一个人的好天气》等情感小说畅销书，流行东野圭吾的推理小说，我觉得，学生们如果有时间，也照样可以浏览，开阔眼界。另外，幻想小说的开山鼻祖《指环王》三部曲，与其齐名的《纳尼亚传奇》七卷本，都值得推荐。学生时代，多些幻想，保持着美好的梦想，是最幸福的人生经验。只有不好的教育，才会整天想方设法去摧毁这种想象力。如果阅读有成，像我自己就很喜欢的《巨人传》《堂吉诃德》《三个火枪手》等经典巨著，也值得推荐。

唯阅读时，千万不可努力去寻找中心思想，做那笨驴刨食的傻事。真正的阅读，是放松的，倾心的，自由自在地漫游在这些作品所创造出来的美妙幻想世界里。

前不久世界读书日，很多领导都出来讲话，很多书商也出来忽悠，好像大家都明白了，中国人的读书量太少。以数量来算，并不见得准确。有人读了一百本，可能都是乱七八糟的垃圾。有人可能一年间只是反复阅读《红楼梦》《战争与和平》《大师与玛格丽特》，但他得到的收获反而更多。读书，有没有所得，有没有价值，还得看读什么，并且领会到什么。

那么读什么呢？做书的朋友都知道，现在市面上最好销的两类书，一种是财经类，包括跟财经有关的垃圾小说；第二种是教育类，那就多得无法数了，学龄孩子的父母在这方面花的冤枉钱估计是数不胜数。另有一些原创小说如某中文网等网站，里面神神鬼鬼，胡编乱造的垃圾作品，更是堆积如山。有人一创作就是"一套"，一套字数以千万计。二十来岁的小伙子，每天干十几个小时，这也就有写了好多"套"的超级大作家，比我知道的一个写剧本的朋友推出的"大作家超级写作软件"还神奇。我纳闷得很，这么庞大的字数，这么漫长的篇幅，不知道他们自己有没有时间看完自己的小说？里面逻辑错误自己能不能发现？错别字有没有时间改正一下？故事里的人物性格会不会相互冲突？故事情节连不连得上？那些在网站上胡乱点击的看客，真的已经读书破万卷了？

我们可以想想，中国古代所有经典加起来，总字数可能还不如这些小伙子大姑娘创作的"一套"小说多。那些所谓的"穿越"或者现在新流行的"修

真"小说,简直是堆积如山啊——堆积在硬盘上。难道读了一套或者几套这样的东西——印出来洋洋洒洒几十卷——就叫作读书吗?国学大师陈寅恪先生过去拜访过一位前辈历史学家夏曾佑,夏曾佑他精熟好几国语言,陈极羡慕,说自己只懂得中文,书都读完了。按照清代大儒的看法,宋代以后的书不能算是书,宋代以前的经典加起来字数确实不多。《全唐诗》四万多首,两百万字不到。德国女汉学家莫宜佳教授卓有慧识,对钱锺书先生的著作深有研究,她认为中国传统的中短篇叙事文学,以唐五代最佳。我珍爱的一套书《全唐五代小说》,是上海师范大学李时人教授编的,五卷本,也不到两百万字。可是,这《全唐诗》和《全唐五代小说》里,有多少了不起的佳作啊!看客们少读一套"穿越"或"修真"小说,用来认真看一套《全唐五代小说》,如何?所得一定甚多。

所以,读书还有个有效无效的问题。我的这些看法,某中文网的朋友肯定不会同意,那些胡乱买了卡,在网上一有闲就随便点击一下的看客们也不会同意。传说某中文网的工作人员,自己都要注册很多马甲,五十到一百个,自己每天顶帖。复旦大学一名研究生去该网实习,其师姐令他立即注册几十个马甲来顶帖,要自己顶得热火朝天。我听他说这件事时简直惊呆了:这样下去,且不说弄虚作假的问题了,这些小伙子大姑娘长此以往,会不会弄得精神分裂?三五个马甲我能想象,十几个马甲自己顶自己的在很多社区里都有存在,但很容易就自己顶冒了。几十个乃至上百个马甲,难道不会搞混乱吗?看来,那些只写一两个字,三五个字的,例如:"沙发!顶!"之类的网友,可能大多是自摸自顶的勇者。真的勇者,敢于一个人在网络上自己顶自己,而且顶得热火朝天。这些工作人员无疑是世界上阅读量最大的了,我同样不知道这种阅读的意义何在。

说到胡编乱造,我女儿的小学语文四年级第一学期里有一篇《武松打虎》。不知道底细的父母一定想,这是古代经典,总归是好课文了吧。且慢,我告诉你们真相吧,这是小学语文教材的编撰者自己用糟糕的现代白话文改写过的。女儿上完这课,感到纳闷。我赶紧拿《水浒传》给她找到这一章。女儿读完了说,原来,后面还有内容啊。

武松打虎，筋疲力尽走下山来，忽然看见两个猎户装扮的老虎，武松道：啊呀，我今番罢了。

原来啊，他看到的不是两只大虫，而是两只臭虫。

女儿的秘密阅读

这部德国作品集是她的最爱之一。没想到,德国当代作家的儿童文学短篇作品,仍然写得那么有趣,耐读。

晚上,女儿忙完作业之后,洗脸刷牙完毕,从书架上拿下《德国当代儿童文学精品集》第二辑,翻到某页和某页,递给我,自己躺进被窝里,请我给她读。这部德国作品集是她的最爱之一。我自己倒是没有好好读过。没想到,德国当代作家的儿童文学短篇作品,仍然写得那么有趣,耐读。

有一篇小说写小女孩莉莉,每天晚上都要被妈妈吩咐洗澡。她不太愿意,因为小女孩就是不爱洗澡。我们家乔乔也是这样。她们的妈妈也都一样爱干净,每天都要给小孩子洗澡。这没办法,谁让家里是妈妈拿主意呢?

妈妈对莉莉说,你可以在浴缸里玩你的充气鸭子啊。可是,每次都玩充气鸭子,莉莉都玩腻了。莉莉找来一副潜水镜,她要在浴缸里潜水。最有意思的情节出现了:莉莉在潜水时,听到有人说话——这就是莉莉的豪华浴缸吗?莉莉听到声音,但是她没有看到人。她东张西望,最后总算弄清楚了,说话的是两个小人,小得简直看不见。他们在浴缸里跟莉莉说话,问她怎么充气鸭子不见了?他们还要开"期待刺激会"呢。

那两个小人是一对夫妻,身上是全副武装,设备齐全。莉莉见他们提出质疑,忙找出充气鸭子放到浴缸里。

两个小人在充气鸭子身上摆了香槟杯、零食,然后举杯互相祝贺。每次莉莉洗澡,他们都要来这里期待最为激动人心的一刻:拔掉浴缸塞子。

这样，他们就可以乘着汹涌的水流，闪电般向下水道冲锋了。想想这有多刺激吧！莉莉都惊呆了。

我也佩服极了。大家都用浴缸，怎么德国作家就想到这一个了不起的情节呢？

女儿笑眯眯的。

然后，她就睡着了。我把这个故事复述给太太听。她听了也很喜欢，后来，我们也睡着了。

小孩子都爱魔法师

> 在一个神奇事物层出不穷的魔法学校里，小魔法师们人小胆大，齐心协力地对抗一个世界上最可怕的敌人伏地魔。在阅读中，每个小孩子都可以产生这样的幻觉：我就在魔法学校里，我就骑着飞天扫帚，我就有一根魔杖，我嘴巴里念念有词的都是神奇的魔咒。

几年前买《哈利波特》，我是想知道它为何如此风靡世界。当时一口气看完了五本，我对它风靡世界的原因有了亲身的感受。人民文学出版社凭着这本翻译书狠狠赚了一笔——光是第一册，就据说发行了五百万册以上。整套《哈利波特》，汉语译本的总销量应该已经超过了千万册。

《哈利波特》的最诱人之处，是把我们每个人都必须经历的中小学教育无趣的日常生活，写成了"魔法学校"里的激动人心的世界。无论中外，中小学的生活都无趣也无聊，而在《哈利波特》里，这样的无聊变成了对神奇魔法的兴趣盎然的学习，在一个神奇事物层出不穷的魔法学校里，小魔法师们人小胆大，齐心协力地对抗一个世界上最可怕的敌人伏地魔。在阅读中，每个小孩子都可以产生这样的幻觉：我就在魔法学校里，我就骑着飞天扫帚，我就有一根魔杖，我嘴巴里念念有词的都是神奇的魔咒。

这个星期，廖小乔同学在百忙之中，利用睡觉前短暂的半小时左右时间，断断续续地看完了《哈利波特》第一册，并且被深深吸引了。她看书时，两耳不闻任何窗外事。妈妈让她睡觉了，她也根本听不见。她才八岁，小学二年级,就看得这么入迷,让我止不住地感到惭愧。

相比之下,我一直到处批评、还准备狠狠地进行"攻击"的小学语文教材,就显得有些无趣。这本教材里的文章,通篇充满着陈词滥调和道德教化。昨晚廖小乔读小学二年级第二册语文里的《蜗牛》,大概是老师要求复习朗读的。本来写蜗牛,如果作家有一颗敏感的心,加上观察仔细认真,可以写得很生动。这篇课文写到最后,却竟然从蜗牛身上,突然学到了激励人生的美好品德:世上无难事,只要肯登攀。

这样的课文充斥着小孩子的教材,并且动不动就要求小孩子背诵。

救救孩子!

这是鲁迅在八十多年前发出的声音,现在却尤为迫切。

我们让廖小乔看了《西游记》,她记住了孙悟空在车迟国用刀剖开身体,骨碌碌滚出一堆心来,国丈道:真是一个多心的和尚。这多么有趣!

她听《爱丽丝漫游奇境记》,记得清清楚楚:小甜饼是什么做的?胡椒?大概是胡椒吧?

是糖浆!后面睡得迷迷糊糊的一个声音说道。

她看《小王子》,总是说,猴面包树会毁掉小王子的星球的。

昨天晚上,廖小乔看《哈利波特》第二册,说哈利波特的好友罗恩骑光轮飞天扫帚,比蝴蝶还慢。她笑得非常开心。

夏洛与卑微者的尊严

> 夏洛总是跟小猪威尔伯说,大自然中,每一种动物都有其独特的价值,生死有常,不值得过度悲哀。
>
> 像她这样的蜘蛛,春天出生,秋天死去,是大自然的逻辑。即便这样,夏洛还是跟威尔伯说,要尊重生命,不要轻易放弃。一个微不足道的蜘蛛,在这本书里成了庄严的主角,这就是尊重生命价值的最高体现之一。

《夏洛的网》是一部历久弥新的伟大作品。严锋兄在中英双语精装本《导读》里说:"我觉得在一个理想的世界里,应该只有两种人存在:一种是读过《夏洛的网》的人,另一种是将要读《夏洛的网》的人。"

严锋兄是个老顽童,爱走偏锋,语出惊人,这种评价,我觉得很有个人魅力。我认为还可以用《夏洛的网》来测验大人,例如《小王子》里的"我"在小时候用来测验大人的那条"吞吃了大象的巨蟒";选择朋友,则可以区分出两种人:一种是喜欢这本书的,另外一种是讨厌这本书的。从我的感觉来讲,一个人如果连《夏洛的网》都不喜欢,那就意味着我本人跟他或者她彻底绝缘了。我跟我女儿都是《夏洛的网》的绝对粉丝,所以我们聊得来,里面的大段大段描写或者对话,我们都谈得津津有味。如果时间允许,我们会一边读一边聊,从晚上八点钟一直聊到十一点钟,除去中间喝水等必要的生理需求之外。为什么不从下午四点半钟就开始这么愉快的阅读呢？很遗憾，中国内地的小学生回到家里很忙的，她要写作业啊，还要练钢琴啊。我自己，也要看看稿子，写写东西。所以，我们各顾各的，到八九点钟了，洗漱完毕，她靠在床上，我坐在床边的椅子上，开始每晚都要进行的愉快阅读旅程。作业中，英语还好，她一会儿就能写完；数学也还可以，就是那个单调乏味无趣而且愚不可及的小学语文作业，尤其是作文，总让她感到头痛。对待语文作业的唯一办法，就是"忍受"。每周要写一篇的命题作文，很多都在训练一个孩子怎么撒谎。我是不主张小孩子整天写作文的。如果真要训练他们的表达能力，每周让孩子写一篇读书笔记，不是更有益吗？一石二鸟，既阅读又表达，学生们读过的某些书，老师自己没有读过也不要紧，看看他们的表达能力就可以了。

我们的阅读之旅，通常都是快乐的，我们常常聊得乐不可支，反而影响她睡觉了。这时候，我就不得不命令她躺下，不准说话，闭上眼睛，我来读。不仅读《哈利波特》《夏洛的网》《淘气包埃米尔》这类中译本，还读 *A diary of wimpy kid*（《小屁孩日记》）这种相对浅显的英文原著。

我一直都在强调，青少年时期小孩子记忆力最强，也是人的一生中学习的黄金时代。这个时期能读到好作品，而且反复地阅读的话，对他们今后的人生将是受益无穷。我虽然也读过几遍《夏洛的网》，但对这部作品的熟悉程度远不能跟女儿相比。改编成电影的《夏洛的网》也拍得非常美，这部片子我女儿看了不下十几遍，里面的很多英文对白她都能脱口而出。说来惭愧，我读得较晚，我不像严锋兄，居然在 1979 年就读到过这部了不起的作品，而且令人惊叹地"记不得看了多少遍"，但我仍然认为这本书确实是值得每年读一遍的经典中的经典，且老少咸宜。

这本书的简要作者介绍，说 E·B·怀特是"20 世纪美国最杰出的散文作家"，是美国著名文学杂志《纽约客》的长期撰稿者和合作者，"对奠定这杂志的独特风格起了重大作用"（任溶溶为《吹小号的天鹅》写的《译者的话》）。他的作品，我看过翻译成中文的三部儿童小说，按照创作时间顺序：《精灵鼠小弟》（1945 年）《夏洛的网》（1952 年）和《吹小号的天鹅》（1970 年）。中国大陆的读者最幸福的事情，是这三部书找到了最合适的出

版社和最合适的翻译家。翻译家任溶溶先生自己写童话，也是很好的翻译家。他的译著很多，怀特这三部算得上是上佳之作。我看到豆瓣网上有人曾列出三个《夏洛的网》的译本来加以对比，还举了书中末尾夏洛独自死去的一段和三人的翻译，认为1979年康馨版最好，2000年肖毛版其次，任溶溶的翻译不行。我没有读过康馨和肖毛版，但就评论者列举的夏洛最后时刻那个段落的三种译法，只有最后一句"No one with her when she died"，我觉得任溶溶版译成"没有任何一个谁陪在她身边"中"任何一个谁"稍显啰嗦以外，其余部分并不差，可谓是"半斤八两"，没有明显的高下。康馨的翻译"她死时无人在旁"确实最准确，但过于紧凑、严谨，而且太诗化了。这个译法，通常看来很容易吓到业余读者。那篇评论的作者也一样，认为"字字精妙，无可删，无可改"。无可删无可改，并不是最佳翻译的唯一标准，而这位读者太以此为圭臬了。肖毛的译法太紧张太沉痛，对原作似乎领会得不是很深，起码在这段话里误解了怀特在小说里多次借夏洛之口高论生死之洒脱妙意。夏洛总是跟小猪威尔伯说，大自然中，每一种动物都有其独特的价值，生死有常，不值得过度悲哀。她也不为自己以捕捉苍蝇为食物而感到需要表达宽泛的怜悯，因为，两百万年前，她的祖先就是这样做的，她的生活，就是织网，捕捉飞虫。像她这样的蜘蛛，春天出生，秋天死去，是大自然的逻辑。即便这样，夏洛还是跟威尔伯说，要尊重生命，不要轻易放弃。一个微不足道的蜘蛛，在这本书里成了庄严的主角，这就是尊重生命价值的最高体现之一。

总的来说，即使单从这一段的对比来看，我还是认为任溶溶的翻译不差，起码还是合格的，完全可以推荐给普通读者来阅读，而不必专门去找康馨的译本——像我这样的对自己喜欢的作品，容易产生把各种版本都找齐的特殊爱好者除外。不过，任溶溶的翻译，有些地方确实略显随意。普通读者对语言没有具体感受，更没有创作经验，很容易被所谓的精炼语言所吓倒，其实如果精炼中再加上传神得趣，那才是上佳的译作。点评文字高下，以情感来做筹码，容易失之毫厘，反而不好了。我觉得能读原文的话，最好读怀特原版。我自己读后，对任溶溶的翻译也常觉得有可推敲之处。

说到这里，我应该赶紧惭愧地坦白了：在怀特的三部作品中，我最喜欢的其实还不是《夏洛的网》。你们不必对此感到不满，人各有所好嘛。我个人认为，在他的三部儿童小说中，最了不起的是《吹小号的天鹅》。这部作品写于怀特晚年，文字技巧想来已经达到了炉火纯青、天衣无缝的最高境界，即便从任溶溶先生的翻译中，也能感受到那种行云流水的令人叫绝的高美。我不知道怎么赞美这么一部伟大的作品才好。想来想去，我放弃了寻找最合适的赞美词语来形容这部伟大作品的徒劳了。我觉得，无论是哪几个形容词，都容易导致对本文读者的不幸误读。读者们只有自己亲自去捧读，并且要反复多读几遍，才能感受这部杰作中如淙淙泉水般的甘甜。

经过长时间的讨论，我和女儿一致认同《吹小号的天鹅》是怀特最伟大的作品。那里有多少值得我们一再反复咀嚼的美妙段落啊！例如，吹号天鹅路易斯去学习拼写，例如他去动物园表演吹小号，都写得令人心驰神往。我们一起聊时，有时还拿出来读，她读我听，或我读她听。听着听着，我们就不由自主地感慨万千。多么感人而且甜美的段落啊，我和女儿对书里解释"catastrophe（灾难）"的部分，尤其兴趣绵长——小女孩珍妮的解释多么动人啊。试看以下摘自上海译文出版社任溶溶先生翻译的段落（2004年版，56—57页）：

"不过 cat 还是容易写"，老师咕噜了一声，"cat 容易写因为它短。什么人能想出一个比 cat 长的词儿来吗？"

"Catastrophe"，坐在第一排的查尔斯·内尔森说。

"好"，哈默博瑟姆太太说，"这是个很好的难词儿。但是谁知道它什么意思吗？什么是 catastrophe？"

"一场地震"，一个女生说。

"正确！"老师回答，"还有呢？"

"战争也是。"查尔斯·内尔森说。

"正确！"哈默博瑟姆太太回答，"还有呢？"

一个很小的红头发姑娘，叫珍妮的，举起了她的手。

"好,珍妮你说呢?什么是 catastrophe(灾难)?"

珍妮用尖细的声音说:"比方说要跟爸爸妈妈去野餐,做好了花生酱夹心面包和啫喱卷桶蛋糕,把它们放在保温箱里,保温箱里还放进了香蕉、苹果、葡萄饼干、纸巾、几瓶汽水、几个煮鸡蛋,然后把保温箱放上汽车。正要动身的时候,下起雨来了,于是爸爸妈妈说下雨天不能出去野餐,这就是 catastrophe(灾难)。"

"非常好,珍妮",哈默博瑟姆太太说,"这件事没有地震糟糕,这件事也没有战争可怕。但是正要去野餐却碰上了下雨,对于一个孩子来说,我想这就是 catastrophe(灾难)"。

多好的老师啊,碰上这种老师,是孩子们的幸运,也是幸福。这种从我们的角度看起来近乎理想的教学场景,在怀特的《吹小号的天鹅》里不止一次地出现——等我看到林格伦的《吵闹村的孩子》和《长袜子皮皮》时,发现在林格伦笔下,那些教师也有类似的善解人意和宽容友善。

吹号天鹅路易斯的人类好友萨姆回到五年级后,老师教他们数学,老师问:

"萨姆,如果一个人一小时能走三英里,四小时他能走多少英里?"

"这要看他走完第一个小时以后有多累。"萨姆回答说。

其他学生吵起来了。斯纳格小姐叫大家安静下来。

"萨姆说得很对",她说,"这个问题我以前倒没有这样考虑过。我一直认为那个人四小时可以走十二英里。不过萨姆说不定是对的:走完第一个小时以后,那个人可能不会觉得那么精神十足。他可能拖着腿走。他可能慢下来。"

艾伯特·比奇洛举手。"我爸爸认识一个人,那人想走十二英里,结果心力衰竭死了",艾伯特说。

"天啊!"老师说。"我也认为这是可能发生的。"

"四小时里什么事情都可能发生",萨姆说。"脚后跟可能走出水泡。

路边可能长出浆果,他停下来采浆果吃。这样他就算不累,或者脚后跟没走出水泡,也会让他慢了下来。"(59页)

多么宽容的斯纳格小姐啊,她对小学生的深入同情心,也让我油然而生尊敬和钦慕。我女儿羡慕地说:"在我们学校,老师听到萨姆这种回答,肯定会被气死的。"斯纳格小姐不仅宽容,而且自省,并用深入细腻的情感和自己班上的孩子交流。不是限于篇幅,我真想逐字逐词逐段地抄录下来,跟大家一起慢慢品尝、分享。在这里,我只能推荐各位自己去阅读《吹小号的天鹅》这本书了,请务必一定要亲自读啊。

现在先搁下我最钟爱的《吹小号的天鹅》,回过头来继续谈更流行的《夏洛的网》。不过,要把《夏洛的网》为什么这么好的秘密说出来,又要说清楚为什么在我心目中怀特的《夏洛的网》和《吹小号的天鹅》这么值得推荐,这确实是一个艰巨的乃至不可能完成的任务。且不说在阅读的偏好上,人各有不同,而且我们大多数人从小被塞进了太多"垃圾",也大多被"修改"了头脑,已经无法分辨什么是好什么是坏了。不少人不仅自己缺乏分辨能力,也不愿意去提高自己,还为自己的无知而沾沾自喜,这类人就更说不通了。好在我这里不是谈论其他宏大的论题,而只想给疼爱自己孩子的父母提点建议,谈点阅读感受:一个总是以"假大空"为教育宗旨的社会,怎么能出现哈默博瑟姆太太和斯纳格小姐这样的老师呢?

在我们这个国家,学校里只有教师才有资格掌握绝对正确性,上述两名女教师的做法会让人惊讶,因为萨姆的话看起来完全像小无赖,珍妮对 catastrophe 的解释也很琐碎,一点都不宏大。《吹小号的天鹅》里这两位宽容和善解的老师,跟我们这个国家所能看到的大多数教师形成了强烈的反差。我们的教材这么"艰深",揠苗助长,快快长大,确实没有"输在起跑线上",但是多跑两百步呢,也许体力就不支了。

人生是一次长跑,而不是短距离的冲刺,每一个阶段都有美好的风光。只有目光短浅的父母才会让小孩子在起跑线上拼尽全力,不到中途就筋疲力尽,半途离场而成为废人。

我们的小孩子只被告知，所有题目都只有唯一一种正确答案，大多数教师也只允许出现一种正确答案。我们的孩子，给提早了，拔高了，终是后继乏力，中途落马。这一切，都跟教育密切相关。我坚持认为，天才是无需专门培养的，只要给他们留出适度的成才条件，给他们营造良好的成才环境，他们自己就会长出来了。庸人却总有胆量去培养天才。一个国家的教育核心理念，应该是无差别的"有教无类"的国民教育，不仅提供给所有国民以平等的教育权利和机会，而且在培养目标上，要确立的是"公民"标准。

在我们国家的教育体系中，"公民教育"需要有一个过程。虽然我们在阅读前苏联时期的文学作品时，常常能看到领导、警察或者"克格勃"爱对普通俄罗斯人尊称"公民"，但是那个被"克格勃"吓坏了的世界里，所谓的公民其实是私民，是贱民，是愚民，他们不仅毫无个人权利和保障可言，而且日常生活中充满了致命的恐怖。很多人听到"公民"这个词，不仅没有感受到受尊重的愉悦，反而产生恐惧感。"公民"们被便衣请出去谈话，往往就一去不复返了。这种事情，在前苏联某个时期发生频率极高。

我们所熟知的教育模式，其实是"天才教育"模式。不过"天才教育"这也只不过是一个骗人的幌子。实质就是从小削弱受教育者的自主思考能力，取消他们的个人独特性，通过对这些小孩子加以"修剪"，将他们由生机勃勃的个人逐渐变成为一个"物"。这种强烈的修剪后的"物化"结果，导致我们的孩子走出学校之后，个人失去了自我的价值认同。而在"公民教育"的理念中，"自我"是极其重要的一节。这个理念的核心就是"人的教育"，是"以人为本"，而不是"育人为本"。在这个"公民教育"的体系里，首先强调的是每个人的重要价值，强调他们每个人，包括巨人和侏儒，包括天才和凡辈，都同样有享受法律规定的对他们个人尊重的权利。在这种对个体价值严格尊重的基础上，再强调必需的个人义务和社会责任。这样，教育的目标就是培养一位合格的公民，他在长大之后走出学校来到社会上，就能够成为自食其力，而且是心智完善的人。

"公民"是应该具有基本的社会和科学知识的训练，要有自我思考的能力，要克己和善待他人，并且要乐于在平等的基础上与其他公民交流和探讨——例如《吹小号的天鹅》里小学五年级的萨姆对那道我们习以为常的练习题的古怪思考一样，你能看到常态背后的独特性，并且受到合理鼓励和平等的探讨，这才能长期涵养出正常的人性。

在《吹小号的天鹅》里，夏天，萨姆带着吹号天鹅路易斯到安大略森林深处的一个湖边夏令营里去度假，营主任布里克尔先生宣布聘请路易斯为少年辅导员，大家都高兴地鼓掌欢迎这个特殊的辅导员。

> 一个叫平果·斯金纳的孩子站起来。
> "布里克尔先生"，他说，"我怎么办？我不喜欢鸟。我从来不喜欢鸟。"
> "好吧，平果"，布里克尔先生说。"你不用喜欢鸟。如果这是你的想法，你就继续不喜欢鸟好了。每个人都有他喜欢或者不喜欢的权利，有保持他的偏见的权利。试想一想，我不喜欢吃冰淇淋。我不知道我为什么不喜欢吃，可我就是不喜欢吃。但不要忘记了，路易斯是你的辅导员之一。不管你喜欢它不喜欢它，你都必须尊重它。"（88页）

从我们习惯的思维来看，少数服从多数，绝大多数孩子都爱鸟类，更喜爱吹号天鹅路易斯。那个作为极少数的学生平果就该闭嘴乖乖地待着了。营主任布里克尔先生听说他就是不喜欢鸟时，没有抨击他，而且说"每个人都有他喜欢或不喜欢的权利，有保持他的偏见的权利"，并且用自己不喜欢吃冰淇淋来做说明。他没有假装用民主投票的方式来羞辱平果，不讨厌他，打击他，驱逐他，而是在尊重他的"偏见"的前提下，请他学会尊重辅导员，"不管你喜欢它不喜欢它，你都必须尊重它"。

这种相互尊重，关心个人权利的教育，需要从小学、从幼儿园就开始培育。我们的教育体系正缺少这些东西。在这种教育体系的强力"压榨"下，学生长大后成为的只有两种：极少数成为天才和领袖，睥睨天下，大多数人则成为"弱民"，他们是胆小怯懦诚惶诚恐的磕头虫。

怀特的三部童话小说，都是对卑微者价值的强烈肯定。在《夏洛的网》里，活不过秋天的蜘蛛夏洛，智慧，友爱，对生命充满了尊重。小春猪威尔伯的生命在她的智慧的帮助下，得到了挽救。在《吹小号的天鹅》里，伟大的小号手路易斯先天有残疾而无法歌唱，这将会在他长大后影响他跟其他天鹅的交流，影响他对美丽雌天鹅的求爱。路易斯的父亲虽然爱夸夸其谈，但为了孩子的未来却极其勇敢地冲入一家乐器店，非法地暴力抢劫了一只小号，拿回来给自己的孩子。路易斯很感动，他决定要去挣钱，把父亲欠下来的债还清——以爱的名义犯下的罪行，仍然是要批判的，但是路易斯可以赎罪。他很努力，学会了吹小号，还学会了写字和阅读。依靠自己的努力和天分，路易斯成功地完善了自己，还清了父亲欠下那个乐器店的债，也得到了心上鹅塞蕾娜的爱。《精灵鼠小弟》里的"鼠小弟"更是一个微小而至于无用的、长得跟老鼠一样的小孩。这样一个小家伙，在非宽容的国度里，早就被溺死了，起码是被抛弃了。但在书里，他照样得到父母的呵护。

这三部作品，《精灵鼠小弟》谈论爱，《夏洛的网》谈论友情，《吹小号的天鹅》谈论自我价值的实现。

《夏洛的网》里，主角之一的小春猪威尔伯本来是一只落脚猪（runty pig），要被农场主杀掉的，但是被小女孩弗恩救下来了。在农场里其他老牌动物们的解释下，威尔伯才知道自己的终极命运是被熏成"火腿"，他不想死，他也不想变成火腿，他盼望能看到第二年的春天。悬挂在门角落上不起眼的蜘蛛夏洛这时出场了。夏洛是更加微不足道的小动物，但是她以自己坚持不懈的友情以及踏实有效的智慧，营造出了农场里神奇的故事，从而感动了农场主，挽救了威尔伯的生命。而自然中，各种生灵自有命数，蜘蛛是活不过秋天的。她拼尽最后的力量编织出最后一个了不起的词组时，耗尽了自己的生命。夏洛总共在网上编织了四个词，这四个词是挽救小春猪威尔伯的关键，显然也是E·B·怀特先生认为最值得记住的美好品德。

夏洛挽救了威尔伯的生命，让这只春猪看到了冬天的雪景。但一只蜘蛛是活不了这么长的，夏洛在写出最后一个词后，油尽灯枯。

我跟乔乔一起研习了这四个关键词。

乔乔看的次数比我多，记得也比我清楚。她一口气就说出来了。

第一个：some pig。

这个词，跟 somebody 一样，表示很特别的意思："大人物。"任溶溶先生译成"王牌猪"，有创意，但似乎不能完好地传递这个词隐含的特殊意义。怀特一开始就让找词找了很久的夏洛先编织这个词"some pig"，一定是有深意的。"王牌猪"这个词用在威尔伯这只生下来就弱小的小猪身上，不合适。怀特在这里用"some pig"来说明，即使是威尔伯这样一只小小的落脚猪，也有不可忽视的价值，有不可忽视的尊严。他有对自然的热爱，有对生命的珍惜。小说里，那个没文化的雇工勒维看见了夏洛编织在网上的这个词，脱口说：So me pig！（任译：所以我猪）这种读破词的小讽喻，显出怀特在貌似不经心中的幽默。

第二个：terrific。

这个词"了不起"，《光荣与梦想》作者曼彻斯特说，20 世纪 50 年代末在美国流行起来的新词。那时候，二战结束不久，美国过上了好日子，年轻人温饱思淫欲，想出了各种各样的怪词来表达自己的特殊价值。他们用"terrific"来表达"great"之类的含义，是当时一种时髦。现在，terrific 已经是一个表达惊讶和赞许的普通词语了。怀特先生在这里进一步地推崇了"卑微者"的价值——小猪威尔伯对生命的珍惜，对自然的热爱，值得人们对他大加夸奖。这个夸奖，从睿智的蜘蛛夏洛的角度来看，更加合理。夏洛告诉威尔伯说，世上各种生灵，都有自己的由来，有自己的独特价值，没有什么生物能够彻底取代其他的生物。夏洛说，作为一只蜘蛛，她就必须织网，必须捕捉苍蝇。蜘蛛生来就知道织网捕捉苍蝇，她的祖先的祖先的祖先，就是这样的。这就是生命。

第三个：radiant。

这个词任溶溶译为"光彩照人"。在对小猪威尔伯的个体生命价值给予充分尊重的基础上，怀特再次对弱者威尔伯进行肯定。有了这些价值的肯定，即使是一只小猪，因为他有梦想，有热望，有好友夏洛不言放弃的帮助，

他也开始变得光彩照人了。这只小猪,已经不再是一只无足挂齿的"落脚猪"了。从农场周围闻讯赶来参观的人们的惊讶目光里,读者们也能看到这种惊人的变化。

第四个:humble。

这个词的意思是"谦逊"。从这第四个词的选择上可以看出来,怀特是实至名归的语言大师。前三个词,一般优秀作家大概还能想到,"humble"这个词,让怀特跳出了优秀作家的行列,显示出了大师的卓绝气质。

在阅读《夏洛的网》时,可能不会有很多人放慢速度停下来认真琢磨怀特通过夏洛的网编织出来的这四个词。他为什么选这四个,而不是别的四个呢?英语里有其他成千上万的词可供选择,他单单选这四个,尤其是最后的 humble 与前面三个词的词性完全不同,一下子就使整部作品有了超越普遍人性的光辉。

在写《夏洛的网》时,怀特已经是五十二岁了。他的人生经验已经丰沛,文字驾驭能力已经达到了巅峰,语言简练,准确,生动,隽永。翻看英文版时,我就感觉到,在书里的很多词看着貌似不经意,但仔细琢磨,发现这其实都是怀特特别挑选的。例如小说开始不久,威尔伯在那几只鹅的鼓动下,后退加速努力冲击,第一次撞开围栏(fence)时,原文是"squeeze through the fence"——他撞开了一块栏板,从那个小洞中"挤过栅栏去",看得出来洞比较小,挤出去也困难。在威尔伯被朱克曼先生用一桶潲水吸引而懵懵懂懂返回猪圈里时,那块松动的木板已经被朱克曼先生扯掉了,威尔伯看到一个大洞,可以"逛进来(walk through)"了。第一个洞是威尔伯自己要寻找自由空间,他撞开围栏,努力从小洞口里"挤出去",自由是有代价的。第二个洞是威尔伯的软弱和妥协后的松弛。朱克曼先生诱劝威尔伯重新回到温暖的、洴脚无忧的圈里,他失去了在谷仓外那个未知天地闲逛、冒未知风险的勇气,斗志也很快就被猪食"熏陶"松弛了,他从顺从的、被奴役和被引诱的"大道"中轻松地"逛进来"了。这里,一进一出,两次用词择字不同,表达出此时情境的不同,其中不能不说大有嚼味。可惜,任溶溶先生在这里的翻译比较随意,"squeeze"和"walk"两个完全不同的词翻译时用的汉语都是"钻"字,"钻出去"和"钻进来"。

怀特先生的三部儿童小说,都强调了卑微者的尊严,谈论的是基本人道主义问题,广泛点,可以说是博爱生命,是人人平等以至于生灵平等的问题。在小说里,甚至最卑微的生灵,都有最高的尊严。夏洛是一只谷仓蜘蛛,但是她有自己最博大的智慧和尊严。而因为蜘蛛夏洛的伟大智慧,她让自己显示出了庄严的法相。我觉得,整部小说里,在夏洛油尽灯枯,没有一个人伴随左右而死去时,其博大的光辉,照亮了所有的小动物,而让他们都具有了庄严。

每一个卑微者,都有自己的尊严,这就是 some pig 的真实含义。这种尊严表现出来,外化为气,就是 terrific 和 radiant。但是,一切尊严都要归于自省和平等,只有 humble 者,才能获得真正的自由和尊重,同时,才具有万般归一的庄严。

谦逊,是拥有最高尊严者的美好品德。我看到老鼠坦普尔顿和小猪威尔伯小心翼翼地奋力把夏洛的卵巢保护着带回农庄,接着看到这些新生出来的无数小蜘蛛们乘风飞升时,感觉自己都具有了坦荡透明的尊严。虽不好意思流泪,但眼睛还是不能抑制地被感动而湿润。

我给女儿读《丛林之书》

丛林里，动物们的法则跟人类——人氏族——不一样，人类为之可以付出生命的这些珍玩，对动物们，尤其是《丛林之书》里的狼族、蛇族、象族这些吉卜林认为比较高级的动物群落，却毫无价值。

以"丛林"的角度来看，人氏族的很多举动就显得很荒唐了。

我一直有给女儿读书的习惯。过去，她还没有上学，我给她读简单的《千家诗》，每晚可以从头到尾把二百四十六首诗读一遍。读着读着，她就睡着了。有时候是读完唐诗部分，她就睡着了，到了宋代部分，基本上是我自己在读。有时候，从头读到尾，口干舌燥的，以为她睡着了。往床上一看，发现她的眼睛眨巴眨巴的。知道我察看，她立即闭眼睛，假装睡觉。但是我没有特别逼她背诵，就这么听着听着，当催眠。

后来，她长大了，进入小学了，我们换《唐诗三百首》来读。再后来，开始读各种各样的书。

昨晚，她自己在床上靠着枕头，舒舒服服的，又拿起了吉卜林的《丛林之书》。

晚上十点钟，我进到她房间，看见她还在读，就让她躺下，我给读。这一小会儿工夫，她已经读到莫格里和岩蟒卡玩游戏的那篇了，叫作《国王的象叉》。故事里说，莫格里已经消灭了丛林里的坏蛋老虎谢尔汗后，在丛林里慢慢地长大，还交了好多朋友。这天，那条大概换了两百次皮的岩蟒卡又换皮了。每次换皮，岩蟒卡都情绪不佳。

莫格里来看岩蟒卡，它很高兴，两人一起游戏。岩蟒卡是一条巨大的蟒蛇，它只敢使出十分之一的力气，生怕把莫格里压得粉碎——虽然莫格里可以算是人氏族里身手最敏捷、身体最柔软的。但蟒蛇的攻击，比莫格里快上好几倍。所以，它是很小心的。它用水桶粗的身子把莫格里从脚到胸一直卷到脖子，莫格里则扼着岩蟒卡的脖子，相互搏斗。

最后，当然了，岩蟒卡主动让莫格里的，它是一条见多识广的巨蟒，可以算得上是丛林之王了。精疲力竭的莫格里最喜欢坐在盘成一团的岩蟒卡身上休息。然后，他们一起去岩蟒卡最喜欢的那个潭里去游泳。

在潭边，岩蟒卡跟一条眼镜蛇嘶嘶地嘀咕了几句。后来，它带着莫格里一起去那个猴族们聚居的巢穴。这里，原来是一座颓圮的大城，过去曾经极度辉煌，而且，历代的帝王都把战争中劫掠来的金银财宝，倾倒在由一条白色眼镜蛇王守卫的地宫里。这条已经瞎了眼的眼镜蛇王忠于职守，因为几百年来一直守在地宫里，它的鳞片都变成白色。所有的盗窃者，都死于它的致命攻击。白眼镜蛇知道，人氏族没有人能抵抗这种财宝的致命诱惑。它以为莫格里也是这样的人。但莫格里从小由狼爸爸狼妈妈抚养大，是丛林之子，他对金银财宝毫无兴趣。它对莫格里居然会说蛇语感到惊讶——在《哈利波特》里，这就是"蛇佬腔"了。

丛林里，动物们的法则跟人类——人氏族——不一样，人类为之可以付出生命的这些珍玩，对动物们，尤其是《丛林之书》里的狼族、蛇族、象族这些吉卜林认为比较高级的动物群落，却毫无价值。

以"丛林"的角度来看，人氏族的很多举动就显得很荒唐了。

乔乔说：丛林法则规定，不能伤害人类。因为人类太弱小了。

我们相视一笑。

我们总是如此自以为是，甚至膨胀到要"胜天"的程度。可是，在很多对人类而言比较严酷的自然环境下，人类的生存能力跟丛林动物们完全无法匹敌。人类无法把自己完全跟地球的其他类型的生物分开，不仅不能

跟森林分开,也不能跟陆生动物、水生动物分开,甚至跟低等的无脊椎动物、细菌都无法决然分开。人类是自然之子,如果真的完全跟这个自然自在的世界脱离,人类还是现在的存在形态吗?

吉卜林是1907年的诺贝尔文学奖获得者,《丛林之书》可以说是他最知名的作品。我自己都不知道,乔乔居然已经——据她自己说——读了五遍。不过,根据聊天中她对书中情节的熟悉程度来判断,即便不是读了五遍,三四遍也是有的。这本书,我看到过五种,最值得推荐的,还是文美惠教授的译本,那本书的名字叫作《老虎,老虎》,除了《丛林之书》里的篇目之外,还收入了其他短篇小说。其中的《白海象》也是一本极其优美的作品,值得推荐给小孩阅读。

我的朋友曹元勇博士曾翻译过一个版本,也值得推荐。乔乔因为读得太熟悉了,随口就说出了不同译本的不同措辞。例如,文中的男孩莫格里,大家都这么译。但是文美惠译本叫岩蟒卡,曹元勇译本叫岩蟒卡阿,豹子巴杰拉、大象哈迪什么的,两个译本都不一样,我只记得文美惠的译名,但小孩子记忆力好,他们读什么就记得什么。她甚至还说,在《让丛林吞没村庄》这篇小说里,曹元勇叔叔翻译的这句话"布特普耳庄稼地的毁灭",翻译得不如另外一本好,我查了一下,是李永毅的译本。我记不得那本的翻译是什么样的了,但是乔乔随口就能说出来,"布珀尔之劫"。我对比了两本书,这是莫格里让豹子巴希拉去找象王哈迪来帮忙时的一句"密语",只有莫格里和哈迪彼此明白。巴希拉刚把这句话说出去,象王哈迪就带着三个力大无穷的儿子前来助阵了。他们要让丛林吞没那些毁坏丛林的村庄。据此,叫作"布珀尔之劫"确实更简明扼要。我没有看到过英文版原文,所以不能做最终判断。不过,小孩子能够这样进行仔细对比,就是一种很好的语言训练。

所以,我才这么着急地劝告各位父母和教师,一定要让小孩子读好作品,这就像让他们吃好东西而不是吃垃圾食品一样。垃圾食品毁坏他们的身体,垃圾文章毁坏他们的心灵。

我给女儿读《白海豹》

> 他天生一身白皮肤——海豹们都是黑皮肤的嘛——并且跟所有海豹不同的是,他还爱思考。一只爱思考的白海豹,就容易在这么一个挤着几十万只海豹的海滩中,发现不同寻常的事情。

《白海豹》这篇小说,是文美惠女士翻译的吉卜林小说集《老虎,老虎》中的一篇,不属于"丛林故事"系列,但是一点都不逊色于莫格里的丛林冒险故事。

小说讲在一个海豹们每年聚集4个月的海滩,小海豹科蒂克出生了。他天生一身白皮肤——海豹们都是黑皮肤的嘛——并且跟所有海豹不同的是,他还爱思考。一只爱思考的白海豹,就容易在这么一个挤着几十万只海豹的海滩中,发现不同寻常的事情。

有一次,科蒂克很好奇地跟在两个赶海豹的人身后,目睹了两百个单身汉海豹被引诱到远处的村子里去,遭到残酷棒杀、剥皮的惨状。

他拼命逃回海滩,跟其他海豹说这件恐怖的事情,但没有哪个海豹理会他。他跑去海象小岛跟海象说。海象对他说,他已经目睹这种事情发生有三十年了。那个年老的村民克里克和他的村庄,一直就靠剥海豹皮为生。其他几十万只海豹都习以为常了。老海象想不通,一只一岁大的白色海豹小子,怎么会质疑这种事情。

白海豹科蒂克发现没人能理解他的心情。他为这种残忍的现状而震惊,

想找到一个与世隔绝的海岛,那里从来没有人去过,这样海豹们就可以自由自在并且安全地生活嬉闹了。

他向海象打听,哪里能找到这种海岛。老海象说,他跟着大比目鱼游了二十年,发现根本没有这种人类没有去过的地方。但是,经不住白海豹科蒂克的反复恳求,他说,你可以去找一下海牛,也许他们知道点什么。

科蒂克于是开始了从北太平洋到南太平洋的漫长探寻。

在这个漫长的寻找中,他甚至到过好望角,甚至进入过大西洋——好像——但是,没有任何动物能告诉他,哪里有个海岛是人类没有去过的。有个友好的信天翁给他说了几个地方,但是,科蒂克游到那里,仍然闻到了人类的气味,一种悲哀的气味。

后来,他碰到了不会说话的海洋里最丑陋的、看着很笨拙的海牛。

科蒂克先是惊讶,接着跟他们打招呼,后来因为对方没有回应而感到恼火。他很想转身离开,但是他经历了那么多的事情之后,已经变得很沉稳了。他想,既然海洋里如此愚蠢的动物都没有灭绝,他们一定有什么特别的能力。

科蒂克跟着这几个海牛,顺着暖流的方向,找到了一个入口藏在悬崖底下的世外海滩。这个地方,入口藏在二十多米的悬崖底下,近海全是浅滩,布满了锋利的礁石,人类的船只无法靠近。这就是白海豹科蒂克一直在寻找的属于海豹们的"世外桃源"。

在描写太平洋的浩渺和特殊的海洋景色上,吉卜林有着卓绝的想象力。吉卜林既能寥寥几笔立即跳过几个秋天,又能婉转细腻地深入描写白海豹的具体动作:他目睹了恐怖的杀戮,他回到海滩动员其他海豹跟他去世外海滩时其他海豹都在嘲笑他。他不得不用海豹——公海豹——的方式,凶猛地扑向其他海豹,把他们全都打趴。那些被他的气势所震慑的海豹们,答应跟他一起去那个从来没有人到过的地方。

我从头到尾,为女儿读了一遍《白海豹》。

从翻译的角度来看,这篇小说的传达应该是比较准确的,但是有个别句子不适合朗读。为了读顺,我在读书过程中偶尔要调整几个字词,以顺应节奏。

一部作品,读过了跟快速浏览是不一样的。

节奏不一样,感受也不一样。

我为女儿读《变身》

> 她在"变身"过程中,经历了各种艰难的幻境,虽然有高年级的级长索里的帮忙,还有级长索里母亲、真正的女巫米里安的协助,但是,根据小说的说法,她必须依靠自己的勇气和智慧最后返回现实。

我每天晚上都会给女儿读一段无论什么作品。

现在她五年级,有自己的主见了,自己会事先挑好作品,自己先美美地读一下,等快要上床睡觉了,再请我来给她读。不过,像今晚,我给她读的书就"失败"了。

我读完《彼得兔故事集》里的两个故事之后,乔乔说:"爸爸,我还是自己睡吧。你读我睡不着。"

你们现在还不知道为什么,但我自己是很明白的。

因为这些天我们又换花样了,改读英文。

我的英文听说很烂,且不说发音糟糕,而且很多单词读得磕磕绊绊,非常狼狈,像是在一个庞大的石滩堆里行走,动辄趔趄。乔乔听着着急,于是睡不着了。

前些天,我给她读过新西兰女作家玛格丽特·梅喜的作品《变身》,胡显耀译,湖南少儿出版社"全球儿童文学典藏书系"第二辑中的一本。玛格丽特·梅喜曾以这本《变身》和同系列中另外一本《魔法人家族》分别两次荣获英国卡耐基文学奖,2006年,70岁的玛格丽特·梅喜还获得了安徒生国际文学奖。

这本书我之前没有读过,所以,这次女儿建议我从第九章"变身"开始读。

乔乔说,这是她读书的方法。因为这本书太厚了,一下子来不及看完,所以她翻到第九章,先看"变身"。

我问,你是不是在做作业时,偷偷地看的?

乔乔嘿嘿地笑了。

我跟乔妈说,这倒是一个乔乔独创的看书法,从中间先看一章。

不过,这里面有些少儿不宜的内容,乔乔说,你要是觉得不合适,就跳开,不要读。

我说,你都看过了,还有什么少儿不宜的?

等我开始读第九章时,就明白了,原来,这正是故事的核心所在——此章与书同名,必然有特殊的原因。乔乔的判断方式怪诞而有效,起码对这本书有点切中肯綮的意思。

书中女主角劳拉原来是一个懵懵懂懂的通灵者,但她还不是有魔法能力的女巫,只是她的日常生活充满了各种意想不到的怪事而已。

为了把生命垂危的弟弟杰科从附于卡莫迪·布拉克身上的恶灵手中夺回来,劳拉在女巫米里安的帮助下,开始"变身"——从通灵者变成真正的女巫。她在"变身"过程中,经历了各种艰难的幻境,虽然有高年级的级长索里的帮忙,还有级长索里母亲、真正的女巫米里安的协助,但是,根据小说的说法,她必须依靠自己的勇气和智慧最后返回现实。如果她不能返回,她可能就死了。

重返现实的劳拉,于是就变成了真正的女巫,具有强大的魔法力量。

这本书乔乔也读了很多遍。我注意到她悄悄地藏到琴凳下,藏到枕头里,甚至还笨拙地企图藏在桌子底下的篮子里。可见她对这本书的喜爱。但是我在为她读书的过程中,感觉到这部作品的中文有些拗口,不适合朗读。译者在很多措辞上,也过于循规蹈矩,平淡乏味。这种跟跟跄跄的读书感觉,我在读《白海豹》时就很少出现。这两下对比,可以看得出老专家的功力,年轻的翻译者确实还不能媲美。现在的翻译界,对于外文的熟悉程度估计

不差，他们欠缺的是对外国文学作品的大量细读训练，同时，对自己母语作品的阅读数量也要增加，不然会对中文词语的运用缺乏细微感悟。中文有时并不需要像英文那样表达，这就需要译者独具匠心了。我还是期盼更多的翻译者能热爱写作，也盼望作家能翻译作品。这样，才能提高翻译作品的质量，才能向老翻译家看齐。

玛格丽特·梅喜是新西兰人，属于大英国文化圈。她自己说，从小就是读阿·亚·米尔恩的《小熊温尼普》、比阿特丽丝·波特的《彼得兔故事集》长大的——巧极了，这些也是乔乔最爱的读物。我在这里也强烈推荐小学一二年级的同学读这两本书。

若干年前……用乔乔的说法，她小时候，最爱看中少社出版的五册绘图本中英对照版《彼得兔的世界》——这是另一个译名了。

比阿特丽丝·波特的画，也让人感到亲切，温暖。

我们重读之下，在这寒冬腊月，居然有一种美好的滋味涌上心头，浑身都是暖烘烘的感觉。

我给女儿读《繁梦大街 26 号》

> 书里写的这些都是很简单、很普通的事情，但是作者说得很有趣。
>
> 只要有趣味，有爱心，似乎无论什么事情，都能说得津津有味，让人欣喜。

这本书获得美国纽伯瑞儿童文学奖银奖，写得很简单，但很亲切，适合阅读。

书很薄，翻译得也不错，读起来跄跄的地方不多。看介绍，译者袁嘉好毕业于台湾政治大学外交系，译笔相当简练，而且读起来也顺畅，书中适当的注释也恰到好处。

这本书写作者汤米·狄波拉的儿童成长记忆。我记住了几件事。第一件，是作者汤米·狄波拉儿童时期居住的康奈狄格州梅里登市爱刮飓风。第一章就刮了飓风。飓风很可怕，美国的飓风尤其可怕，有一部电影好像就叫作《飓风》。

在书里，有个邻居克兰太太，每次刮飓风，都要到他们家来躲着，因为她害怕被闪电击中。我们不用去研究，为什么她在家里还担心被闪电击中。她应该知道，美国的开国功臣之一的本杰明·富兰克林就是避雷针的发明家，但也许她不知道。

为了安慰克兰太太，汤米·狄波拉的妈妈芙萝丝就要拿出从圣约瑟教堂请来的圣水，洒几滴在克兰太太身上。这样，克兰太太就安心了。虽然，

她不是天主教徒，但是身上撒一点圣水，总是令人心安的。第二件，是汤米·狄波拉和哥哥一起去电影院看迪士尼公司出版的《白雪公主》。他发现动画片里没有了毒梳子这个细节，而且把《白雪公主》跟《睡美人》的情节搞混了。汤米·狄波拉是个好孩子，他的记忆力可真好。他急得在剧院里就嚷了起来：毒梳子，毒梳子呢？那把毒梳子哪里去了？有人让他安静，他不干，继续高声发问。第三件，他们家在繁梦大街造房子。那房子造得可真是不容易，那个时候的郊区，也还是泥水路啊。而且，在汤米·狄波拉家造房子的当口，市政府不断地修路，把汤米·狄波拉家新房子面前的路越挖越低，最后，他们差不多要爬梯子才能到自己家门口去了。

书里写的这些都是很简单、很普通的事情，但是作者说得很有趣。

乔乔事先已经看过一遍了。这次，她拿着本让我读。

我原来没有读过，趁着给她读书的机会，看了一遍。

读完之后，我深深地感到，只要有趣味，有爱心，似乎无论什么事情，都能说得津津有味，让人欣喜。汤米·狄波拉这里是例子，而我一直到处推荐的瑞典童话小说女王林格伦更是从小处着眼，写出了小天地中丰富的大世界。

详细分级推荐书目

(叶开的书单)

一类　低幼读物：适合幼儿园大班至小学一、二年级学生。

二类　初级图书：以文字为主，内容相对短小有趣，适合二、三年级小学生阅读。

三类　中级进阶：知识性更强，适合四年级以上的小学生及中学生。

四类　中学生书目：有各种类型的书，包括历史、哲学、社会学、科普等，不单是虚构类作品。

我曾说过要把女儿读过的好作品，按照年纪的小大分别罗列出来。不求全责备，但愿能提供一个有价值的阅读参考，并用以交流。

我的一切经验，都是从自己的切身出发的。我的女儿出生，长大，我陪伴着她，和她一起玩，一起阅读，一起旅游，一起交谈，一起讨论。我获得的经验，是直接经验。而且，我不太喜欢那种动不动就把经验发散开来，弄个"放之四海而皆准"的大道理。小孩子生而不同，他们的兴趣爱好性格各异，但是他们的最大共同点，那就是，他们都是小孩子。

小孩子单纯、天真、有幻想，有远远胜过成年人的记忆力和学习能力，在很多方面，成年人都不能跟小孩子比。但是，我们中国的父母，常常会

有一种莫名其妙的权威感和统治欲。他们在小孩子面前，似乎是一名完全掌握了全宇宙绝对真理的超级君主，嘴里说的都是闪着金光的箴言。他们总是要求小孩子这样，命令小孩子那样，但从来不反思自己。

我的想法很简单：己所不欲，勿施于人。

一个人，首先还是要先反思自己，然后及人。看看你自己做没做得到，然后再想想对孩子的要求是不是超出了你自己的能力，以及超出了小孩子的能力。

很多人，他们自己就是一个大懒虫，是一个趣味低级的家伙，却处处用极高的标准来要求自己的孩子，打压他们的兴趣。他们的标准，无非就是在这个社会上"成功"。而他们眼睛里的成功人士只有一种，那就是：老板。

在这样一个人人都把脖子套进钱眼里的时代，谈论小孩子的教育，我觉得非常困难。因为我们的国家现在很多问题，人们的分歧大到无法沟通的程度。好在我们还可以读书。

美国儿童文学大师苏斯博士说过："大人都是些退化了的孩子，让他们见鬼去吧。"

我的书目里，很少有中国的作品。在儿童教育以及儿童心理学等方面，中国都比较落后，尤其是儿童文学的创作上，更是如此。

中国古代文学作品，都不是专门写给小孩子读的。更多的是怪力乱神、暴力血腥、情色乱伦，等等。像唐传奇之类有些作品可以挑一些出来，也还适合孩子读。这些作品想象力极其丰富，而且还有趣味，却是文言文的。《玄怪录》《聊斋志异》等也是文言文的，小孩子还是要到初中以后再读，更合适。另有那些白话文小说，《三言二拍》等，都最好到初中以后再阅读。而现代白话文作品，适合儿童阅读的更少。我的看法，培养良好的阅读习惯之后，其他的阅读，孩子们都会自己去寻找，并且找到自己热爱的合适的作品。但是他们必须得到好的引导，在小学阶段打好基础。

既然我们身处 21 世纪的文明时代，就要着眼于汲取全人类的文明。中国自己的原创儿童文学作品，还处在较低级的水平。而古代的白话文小说、传奇、戏曲等，也不是都适合小学生阅读的。现在的中国孩子，已经没有足够的时间来学习古代文化经典了。有些学者提倡读经。这种做法非常可敬，但我不赞同不加选择地全都拿来逼迫小孩子背诵。现在的孩子要学习很多科目，而不仅仅是语文，他们不可能像前代学者那样，每天从早到晚都在私塾先生的戒尺下摇头晃脑地背诵"人之初"或"天地玄黄"，更何况，对于人之初的想象，对于天地起源的描述，现代条件下，我们可以看更多的书来加以补充，例如《时间简史》《大设计》《万物起源》等。

传统经典的学习，不可能走回到原来那条老路上去了。时代不同，学习的路径和态度也不同。我们可以继续学习并弘扬传统文化，但回不去了。你可以说这就是现代性的焦虑之一，但是我们来到了21世纪，必须在这个世纪的土地上看问题。这个世纪的文明交融模式，跟几百年前完全不同。

中国传统的经典以及经典诗词赋文选本，大家都知道不少，很多人脱口就能说出选本，但能整本背诵的人，毕竟已经是极少数。例如《三字经》《百家姓》《千字文》《千家诗》《唐诗三百首》《古文观止》等数本传统的童蒙读物，我觉得读过也就可以了，如果能背诵自然是对语文的训练很有好处。假如又有一部分学生很厉害，很有时间，可以再多读几本。《论语》说：学有余力，则以学文。学什么呢？熟读或部分背诵《老子》《庄子》《论语》《孟子》以及《山海经》，也就差不多了。有人热爱读史，则可以《史记》为进入口，再有余力，以著名历史学家唐德刚先生的说法，则读《资治通鉴》为最佳入门。至于传统的"四大名著"之类的小说，包括历史演义小说，有兴趣的家长和孩子现在可以找到很多，这里从略。

这样读下来，已经比我厉害十倍不止了，我要拜你们当老师。

以下的书目，都抄自我女儿的书架。要说明的是，这里的书主要面向小学生及初中生，高中生应该学会自己找书读了。到了中学，还没有养成阅读的习惯，那就要面壁思过，然后学那亡羊补牢的前辈，赶紧回头重读，补上这一课。

大家可以看到，我的书目里中国的作品并不多。自认为高明的读者，也不必指责我偏颇。一个人的书单，本来就是偏颇的，我对那种面面俱到哪里都要照顾的利益分配性做法非常反感。我推荐的是我和我女儿读过的、

觉得好的作品,至于没有读过的好作品,肯定是更多了。只要养成阅读的良好习惯,每个人都能慢慢积累起自己的阅读书架。

小孩子只要打好阅读基础,养成阅读的良好习惯,自己就会去找各种书来读的,无需我在这里越俎代庖。

每个人跟书都有自己的缘分。首先,要让你或你的孩子找到自己人生中注定要碰到的那本书。

我们的口号是:阅读改变人生!

一类　低幼读物

这类书籍,适合幼儿园大班至小学一、二年级学生。我指的是平均值,高智商或者小超人不必看,可以直接跳过。

1.［美］**苏斯博士双语经典十册**(英汉对照),中国对外翻译出版公司2007年出版,李育超翻译。这十册包括(1)《苏斯博士的ABC》;(2)《在爸爸身上蹦来跳去》;(3)《一条鱼 两条鱼 红色的鱼 蓝色的鱼》;(4)《绿鸡蛋和火腿》;(5)《穿袜子的狐狸》;(6)《如果我来经营马戏团》;(7)《霍顿听见了呼呼的声音》;(8)《霍顿孵蛋》;(9)《史尼奇及其他故事》;(10)《乌龟耶尔特及其他故事》。这套书专门面向低幼,英文简洁浅显,故事生动迷人。大象霍顿为了营救一粒微尘里的生命,而甘冒危险拼命保护一朵首蓿花,是非常动人可爱的故事,迪士尼也曾将此改编成动画。

多的不说了,身为父母的大人,还是要谦虚地重复听听这位誉满全球的儿童文学大师苏斯博士的话:"大人都是些退化了的孩子,让他们见鬼去吧!"

2.《我和朵拉去探险·双语故事书》(十二册,英汉对照),美国尼克少儿频道编,童趣出版有限公司编译,人民邮电出版社2006年出版。这套书有配套的光盘,是低幼儿童学英语、培养语感、校正发音的很好材料。有心的家长,最好去找原版的光盘来给孩子对照着阅读。

3. 在这里悄悄推荐两本漫画,嘿嘿,怕"有学问的人"说我糊弄。但这是我家女儿最喜欢的作品,台湾朱德庸的《绝对小孩》,共两册,上海锦绣文章出版社出版。我女儿对里面的短小隽永的故事非常有兴趣,常常脱口而出给我们讲一则。另外一本是德国卜劳恩的《父与子全集》,译林出版社有一个洪佩琦着色版,非常不错。这里面的父子关系故事,更是令人回味无穷。

4.《贝贝熊系列丛书》(英汉对照),[美]斯坦·博丹、简·博丹绘著,张德启等译,新疆少儿出版社出版。该书号称是"美国孩子行为教育之父,兰登书屋全球畅销图书",第一辑三十册,第二辑二十册——我的天,总共有五十册!说老实话,我自己只翻过第一辑。这套书确实是寓教于乐,并且有很多实用常识的介绍,国内缺乏这类作品。

5.《丁丁历险记》(二十二册),[比利时]埃尔热编绘,王炳东译,中国少年儿童出版社2010年新版。这套书不用介绍了,男女老少都合适,从六岁读到六十岁都没问题。丁丁和他的好伙伴小狗白雪的环球冒险令小朋友心潮起伏啊,还有那两个孪生兄弟、笨蛋警察汤姆森和汤普森的搞笑,阿道克船长的古道热肠和自吹自擂,卡尔库鲁斯教授的固执和有趣,都令人记忆深刻——不过,这些都是我脑子里的老皇历了。据新译者的介绍,小狗白雪准确的名字应该叫作"米卢",这个名字是作者埃尔热的女朋友的名字;孪生兄弟警察的准确译名应该是杜邦和杜庞,而卡尔库鲁斯教授应该叫作"向日葵"教授。

6.《彼得兔的世界》,[英]比阿特丽丝·波特著,我们过去购买的是中国少年儿童出版社的双语对照版,共五册,吴青等人译。现在看到新的版本是福建少儿出版社十二册的《彼得兔故事全集》,内容跟中少社的一样。这本书是我女儿的最爱,她最近不知道怎么的,很怀旧地一本本拿出来,让我在睡觉前给她读两篇。先读中文,再读英文。

7.《小熊比尔和大熊爸爸》,[德]莫斯特文,朔贝尔图,宁宵宵译,南海出版社2010年出版。这套书适合于三至五岁的孩子,更适合亲子诵读。

8.《古利和古拉》(七册),[日]中川李枝子文,山胁百合子图,季颖译,南海出版社2009年出版,也是适合三到六岁孩子阅读的图文本,据说在日本超级畅销,田鼠古利和古拉一天到晚无忧无虑的,脑子里想的只是做好

吃的，吃好吃的。

9.《猫和老鼠》连环漫画系列（十四册），[美]汉纳-巴伯拉作，洪叶译，洪佩琦、马力编，译林出版社出版。这是真正的老少咸宜的不朽巨作。如果一千年以后还有谁会看连环漫画，那这一套一定是首选！

10.《不一样的卡梅拉》，[法]克利斯提昂·约里波瓦文，克利斯提昂·艾利施图，郑迪蔚译，二十一世纪出版社 2010 年出版。这套书里讲的是一个母鸡卡梅拉带着小鸡们冒险的故事。但是要注意了，公鸡的屁股都是光秃秃的，为什么呢？因为他们尾巴上的毛，都被印第安人拔去当头饰了。

11. 绘图版《昆虫记》（十册），[法]法布尔原著，[韩]高苏珊娜改编，金成荣绘，李明淑译，北京科学技术出版社 2006 年出版。法布尔的《昆虫记》广受欢迎，但很多小孩子不一定有耐心读长文，先看这套图文版当入门，提高兴趣，是不错的选择。

12.《德国当代儿童文学经典作品集》（全两辑），[德]史夫拜因编，李蕊译，海燕出版社 2008 年出版。这里面有趣的故事太多了，我一想到里面的《绿草头发》等精彩的作品，就忍不住要笑出来。有一段时间，我每天晚上都要给女儿读里面的故事，于是我就记住了。

13. "蒲公英童书馆·国际大奖小说系列"共六本：《淘气的阿柑》《汉娜的手提箱》（我女儿最喜欢这本）《繁梦大街 26 号》（我女儿也喜欢这本）、《玩具历险记》《松饼屋的异想世界》《凯蒂的幸福时光》——后两本我还没有来得及看，惭愧啊——贵州人民出版社 2009 年出版，邹嘉容、赵霞等翻译。

图文书现在规范地叫作"桥梁书"，这是中国儿童文学读物原创中最薄弱的一环之一，好作品大部分都是翻译进口的。没办法，择善而从之吧。但这类书品种很多，我看到的只是一小部分，且我女儿书架里还有很多其他的书目，例如《母鸡萝丝去散步》之类的，种类实在太多，我也不打算抄下来了，请各位自己找吧。这里，我推荐三本连环画杂志：《小熊维尼》《米老鼠》《小公主》，都是孩子喜欢的故事和动漫卡通。

最后是原创的《哈哈画报》——终于有原创的了，很厚，很贵，很有些创意的手工等内容，颇受我女儿的欢迎。

二类　初级图书

接着推荐的这第二类的图书，以文字为主，内容相对短小有趣，适合二三年级小学生阅读。但是图书不是相对的，有些孩子二年级就能读大部头了，根据能力和爱好，可自己作调整。

1.《**冒险小虎队**》三十册，[奥地利] 托马斯·布热齐纳著，陈一平、邵灵侠等翻译，浙江少儿出版社出版。这是专门献给侦探迷的巨作，各种令人眼花缭乱的密码破译、投毒奇案等，都曲折离奇，引人入胜，据出版方说2007年就在中国内地卖出了近一千三百多万册。男孩子喜欢，我女儿一度也很喜欢，还拿书里夹着的什么仪器显示隐藏的秘符。

2.《**小淘气尼古拉的故事**》五册和《**小淘气尼古拉绝版故事**》五册，[法] 戈西尼编文，桑贝绘，戴捷译，中国少年儿童出版社2006年出版。这套书是我女儿最喜欢的系列之一，尼古拉这家伙跟瑞典那个淘气包埃米尔有一拼，都是儿童文学中又善良又淘气又可爱的角色。总之，翻开看就是了。

3.《**我的野生动物朋友**》，[法] 蒂皮·德格雷著，黄天源译，云南教育出版社2002年出版。这是一本奇书，小女孩蒂皮跟随野生动物摄影师的父母亲在非洲大草原生活，和狮子、大象等成为亲密无间的朋友。亲近大自然，以自然为母，这本书说得更加亲切动人。这本书字数不多，但故事出奇，所以我不放在第一类低幼读物里，希望在孩子有一点理解能力之后再阅读，更有效果。

4. 英国女作家J·K·罗琳的七卷本《**哈利波特**》是我主推的长篇幻想小说。这套书为马爱农译，人民文学出版社出版。我一时拿不定主意放在哪一类推荐好，犹豫不决很久，我最后决定，还是尽快推荐。这套书精彩绝伦，非常适合七八岁的小孩开始阅读，我碰到过的朋友们中，大凡是不爱阅读的孩子，只要看了我推荐的这套书，没有不喜欢的。这是培养阅读兴趣的最好书籍，可以一直读到高中。连我这样的中年老爸，都超级喜欢读。

——没有小孩不喜欢魔法,没有小孩不热爱冒险,没有小孩不喜欢霍格沃茨魔法学校。

——这也是最好的励志书:七大厚册的《哈利波特》,中译本加起来超过三百万字。这么厚的书都读过了,再读其他的什么书不都是如履平地?

——延伸阅读:《诗翁彼豆故事集》,马爱农译,人民文学出版社2008年出版;《写给哈利波特的信》,上海译文出版社2005年出版。

5. 不过,即使《哈利波特》那么容易让小孩子喜欢上阅读,我最推崇的儿童文学杰作,还是瑞典童话小说女王林格伦女士的作品。《绿林女儿》《淘气包埃米尔》《吵闹村的孩子》三本非常经典,另外的六本也值得细细品读:《长袜子皮皮》《疯丫头马迪根》《米欧,我的米欧》《小飞人卡尔松》《大侦探小卡莱》《狮心兄弟》。均为中国少年儿童出版社出版,李之义翻译。

6. E·B·怀特的《精灵鼠小弟》,上海译文出版社出版,任溶溶翻译。怀特的另外两本杰作《夏洛的网》和《吹小号的天鹅》见前面文章中的推荐。

7.《爱丽丝漫游奇境记》,〔英〕刘易斯·卡罗尔著,中国译本和改写本太多,令人眼花缭乱,我也不知道推荐哪个译本才好。我推荐二十一世纪出版社"名家名译文学馆"译本,著名翻译家王永年译,2009年出版。这本书要多读两遍,才能感受其中的奥妙:为什么故事中会突然出现一些奇怪的情节?因为这是在梦中嘛!壁虎小弟被爱丽丝的巨大胳膊肘吓得掉下来的情节,记得我女儿四岁时,听得乐不可支。

——延伸阅读《爱丽丝镜中奇遇记》,二十一世纪出版社2009年出版,王永年翻译。

8.《木偶奇遇记》,〔意大利〕科洛迪著。说谎就会长鼻子的木偶人匹诺曹谁不知道?我犯愁的是推荐哪个版本比较好——我总为此犯愁——现决定推荐:中国少年儿童出版社2006年出版过徐力源翻译的"世界畅销儿童名著"本;浙江少年儿童出版社2011年出版,任溶溶翻译的"任溶溶经典译丛"本。

9.《新木偶奇遇记》,〔奥地利〕克里斯蒂娜·涅斯特林格著,蔡鸿君译,人民文学出版社2003年出版。克里斯蒂娜·涅斯特林格女士是国际安徒生奖获得者，她的幻想小说在德语世界广受欢迎，总销量超过一千万册，她创作的作品被翻译成几十种文字，是现代德语儿童文学作家中的杰出代表。我个人最喜欢克里斯蒂娜女士的幻想小说《脑袋里的小矮人》《可爱的魔鬼先生》和《冻僵的王子》，另外，她的《巴特先生的返老还童药》和《幽灵大婶罗莎·里德尔》也值得推荐。

  10.《窗边的小豆豆》，[日]黑柳彻子著，赵玉皎译，南海出版社出版。这本书入选了"新课标推荐书目"，连续八年雄踞畅销榜，我觉得不必多说什么了。我觉得老师和家长更要好好看看这本书，并且要用心地看，要弄明白为什么一个好多学校都要赶出门去、差点没有学校可上的淘气的"小豆豆"，居然在进了小林校长开办的"巴学园"之后，变得喜爱上学了。这本书可以跟美国动画巨片《功夫熊猫》对照着看，互为印证，才能明白教育的真谛，乃是真正尊重小孩子的个性，并有针对性地因材施教。但是，就我个人的观点来说，这本书写得只能说是中等，不能因为它销量巨大，就要看成是多么优秀的作品。

  ——延伸阅读《丢三落四的小豆豆》。其他延伸的黑柳彻子作品，适可而止，不读也罢。

  11.《伊索寓言》《克雷洛夫寓言》《拉封丹寓言》。寓言是非常有意思的，但小孩子不太容易读得进去。大家注意选全译本，不要选改编本。重点选择上海译文出版社、译林出版社等专业出版社的版本。我女儿记忆力好，常常给我们说《伊索寓言》里的故事：苍蝇掉进一口盛着肉汤的瓦锅里，快要淹死了。它自言自语地说，我吃饱了，喝足了，临死还洗了一个澡。死了我也心满意足了。

  12.《绿野仙踪》，[美]弗兰克·鲍姆著。这是儿童文学经典，在全世界都家喻户晓，中译本也不计其数，但大多不是全译本。值得推荐的有中国少年儿童出版社出版的马爱农译本、长春出版社出版的陈伯吹译本、上海译文出版社的张建平译本。最好是能买到上海译文出版社出版的全译四卷本。现在有一套文汇出版社约请一批翻译者翻译出版的全译本《绿野仙踪》（十四册），我还没有看过，不知道翻译质量如何，供大家参考。

13.《小鹿斑比》,〔奥地利〕萨尔腾著,孙晓峰译,中国少年儿童出版社2006年出版。迪士尼曾据此改编拍摄过动画电影。

14.《小熊温尼·普》,〔英〕艾伦·亚历山大·米尔恩著,文培红译,湖南少年儿童出版社2008年出版。或长春出版社2009年潘缦怡译本。

15.《安徒生童话全集》,〔丹麦〕安徒生著,叶君健先生译,上海译文出版社、清华大学出版社、中国城市出版社都出过全集;另有石琴娥女士翻译的湖南少儿出版的版本、任溶溶先生翻译的浙江少年儿童出版社的版本。

16.《格林童话全集》,〔德〕格林兄弟编,曹乃云译,二十一世纪出版社2009年出版。这本书基本上可以说是"定义"了童话的杰作,很多故事已经成为世界文化的一个核心部分。不读这部童话,就不能真正懂得西方文化的奥妙。你想想,有多少人改编过《白雪公主》这部不朽的童话啊?

17.《意大利童话》(上、下),〔意大利〕伊塔洛·卡尔维诺著,吕同六、张洁主编的《卡尔维诺文集》中的分册,马箭飞等翻译。我在这里要特别介绍一下卡尔维诺这位了不起的意大利现代文学大师,他的作品在中国内地也有不计其数的拥趸,包括很多专业专家,都极为痴迷他那些像宇宙一样广博、又像迷宫一样复杂的作品。很多人却不知道,卡尔维诺还花很多年的时间来搜集和重新改写了散落在意大利各地的童话故事。经过文学大师卡尔维诺天才的改编,这些故事具有现代的寓意,在文学审美等价值上,一点都不亚于《格林童话》。

18.《吹牛大王历险记》,〔德〕拉斯伯、毕尔格著,谭旭东译,中国少年儿童出版社2010年出版。看了这本书中敏豪生男爵的吹牛故事,就知道什么叫作满嘴跑火车了。看来,吹牛这件事情,东西方很有共同点。还要指出的是,这位男爵的吹牛不是为了骗钱,不是为了害人,所以,他吹牛,我们听,无妨。

三类 中级进阶

这类书知识性更强,适合四年级以上的小学生及中学生,他们已经有自己独立的思考能力和观点。

1. 既然在初级阅读书目里推荐了《哈利波特》,那我就不得不马上推荐给J·K·罗琳提供最大灵感的七卷本幻想小说《纳尼亚传奇》了,2005年,译林出版社出版了中译本。当别人问J·K·罗琳《哈利波特》准备写多少部时,她回答说:七部。那就是《纳尼亚传奇》的卷数。这套书的作者C·S·刘易斯是牛津大学的教授,上个世纪30年代,他常常和另外一位教授在牛津大学旁的一个小酒馆里聊天。现在这家小酒馆已经是热爱幻想小说者的圣地。

2. 托尔金的《魔戒》三部曲,译林出版社2002年出版。跟《哈利波特》和《纳尼亚传奇》相比,《魔戒》相对比较深奥,对不懂得其中奥妙者来说,长篇大论的介绍显得比较枯燥,所以我推荐给中学生阅读。最好先读前两种,懂得一点魔法和幻想的来龙去脉,并且培养了阅读的耐心之后,再读这套书。

3. 《鲁滨逊漂流记》,[英]笛福著,鹿金译,浙江文艺出版社2010年出版。

4. 《哈克贝里芬历险记》(双语版),[美]马克·吐温著,秋帆译,中国对外翻译出版公司2010年出版。这小家伙,认为在密西西比河的竹筏上生活,可比什么地方都滋润快活。至今,美国的学校都为这本书争论不休,因为里面有大量像"negro(黑鬼)"这样特定历史时期的侮辱性字眼,有很多州都禁止把这本书选入教材。但这本书,却把密西西比河这条神秘大河的风光,描写得令人心醉。并且,马克·吐温还是一个伟大的人道主义者,他最早在文学作品里表现出对黑人的深切同情。

5. 《希腊古典神话》,[德]古斯塔夫·施瓦布著,曹乃云译,译林出版社2002年出版。

——延伸阅读,法国马里奥·莫尼耶著、广东人民出版社1988年出版的《金色的传说》。要读懂西方文学作品,必须具备有两个重要的阅读基础:《圣经》故事和古希腊、罗马神话故事。

6.《**波希·杰克逊系列**》(全五册),接力出版社 2011 年出版。2011 年 1 月刚出最后两本,我立即买下,女儿立即捧上,估计一周内就会"消灭"了。我女儿从 2010 年 7 月看完前三部之后,一直很不高兴地唠叨,为什么后面两部还不出版?她等得心里焦急,于是翻来覆去地看前三部,并且看得津津有味。看过《希腊古典神话》之后再看这套书,效果最佳。我女儿因为看过很多遍《金色的传说》,对希腊罗马神话的故事了如指掌,所以看《波希·杰克逊系列》时,对这些希腊大神的人间后代的血缘非常了解,也才能看得更加深入、更加有味道。话说海神波塞冬的儿子波希·杰克逊碰上了信使之神赫尔墨斯的儿子……接着碰见了主神宙斯的女儿……这故事,怎么看怎么让人爱不释手……

7.《**丛林之书**》,[英]吉卜林著,文美惠、任吉生译,长春出版社 2009 年出版。此书另有译名《丛林故事》,李永毅译,中国少年儿童出版社出版。我太喜欢这本书了,我女儿也太喜欢这本书了,我是从头到尾给女儿读出来的。根据我的体会,文美惠这本最合适读出来,可见翻译得最好。狼孩莫格里、岩蟒卡、狼兄弟、猴族、大象,多少栩栩如生的动物形象啊。我们国内一些写动物的作家,连抄他都抄不好。我很简单地反问一下:你们也写动物小说,从小到大跟动物相处过么?

8.《**白海豹**》,吉卜林著,勾承益译,四川文艺出版社 2008 年出版。这是一个美丽得让人感慨万千的故事,海洋浩瀚,白海豹为了寻找一个梦中的世界,而漫游在太平洋上。最后,他在海洋中最笨的海牛的带领下,找到了这个海豹的天堂……

9. 说到动物类儿童文学作品,还要说到我女儿极喜欢的《**黑骏马**》,[英]休厄尔著,马爱农译,中国少年儿童出版社 2006 年出版。

10. 但是,还有什么动物在个头上能跟恐龙相比呢?而且,居然把恐龙当了宠物!这就是《**我的宠物是恐龙**》的故事。[英]巴特沃司著,孙法理译,湖南少年儿童出版社 2008 年出版。

11. 最聪明的动物,却是让大象惊恐万状的老鼠,不过,那是一群《**尼姆的老鼠**》,他们太聪明了,以至于我女儿曾幻想自己变成一只老鼠。这些老鼠不仅聪明,而且爱听音乐,喜欢高雅艺术,并且有自己的自尊。这就是美国作家奥布莱恩的有趣作品,贾淑勤译,湖南少年儿童出版社2008年出版。

12.《哈克坡地森林》也是我女儿极喜欢的小说,我想关键是那些动物作了精彩的表演,而且都比较可爱。[挪威]托比扬·埃克纳著,石琴娥译,湖南少年儿童出版社2008年出版。

13.《帅猪的冒险》,[英]塞克斯伯著,徐纪贵译,湖南少年儿童出版社2008年出版。

14.《会搔耳朵的猫》,[法]埃梅著,倪维中译,湖南少年儿童出版社2008年出版。

15.《五个孩子和沙地精》也是湖南少年儿童出版社出版的,我女儿很喜欢的小说,可能是那些沙地精非常可爱吧?

16.《小彩人的抗争》,[法]雅丁著,黄春柳译,许钧校,湖南少年儿童出版社2008年出版。不知道为什么,我女儿很喜欢这本书。

17.《变身》,前文有详细推荐和评价,这里从略。

——延伸阅读:同一位作者、新西兰女作家梅喜女士的幻想小说《魔法人家族》。

18.[英]斯蒂文森两本奇书:《金银岛》和《化身博士》,译本众多,请谨慎挑选。这里推荐荣如德、杨彩霞译,人民文学出版社2004年的版本。

19.《小勋爵》,[英]伯内特著,北塔译,中国少年儿童出版社2007年出版。

20.《海蒂》,[瑞士]施皮里著,孙晓峰译,中国少年儿童出版社2007年出版。

21.《骑鹅旅行记》,[瑞典]拉格洛孚著,石琴娥等译,漓江出版社"诺贝尔文学奖作家丛书"。此书中文的全译本大概有五十多万字,请注意千万不要找那种改写、改编本,那真是糟蹋精品啊,罪过!现在更多的翻译名字叫作《尼尔斯骑鹅历险记》。

22.《巨人传》(全译本),[法]拉伯雷著,成钰亭译,上海译文出版社2003年出版。另外人民文学出版社的节译本也可以读。我最爱跟女儿

说，卡冈都亚这个巨人到底有多厉害？他有一次在巴黎，一泡小便淹死了三十七万巴黎人！但最厉害的还是他的老妈嘉格美尔，分娩前，那一次聚会，他们宰了三十六万七千零十四头大菜牛，做了无数的肉肠，嘉格美尔居然一顿要吃掉四千六百零八斤，两大桶又六小桶。突然，嘉格美尔就要分娩了。我们的主人公卡冈都亚七拐八弯，从母亲的左耳朵里钻了出来。

23.《堂吉诃德》（上、下两卷），〔西班牙〕塞万提斯著，孙家孟译，北京十月文艺出版社2001年出版，内有西班牙现代派大画家达利的插图。另有杨绛先生译本，也值得推荐。没落贵族堂吉诃德很想当一个济世救美的大英雄，因此，他骑上驴子，带着仆人桑丘出发了。但是，后来有作家说，实际上，堂吉诃德这一路冒险，都是他的驴屁股后面那位机灵的仆人桑丘拿的主意。

24.《三个火枪手》，〔法〕大仲马著，郝运、王振孙译，上海译文出版社2006年出版；另外，北京燕山出版社的李玉民先生译本，也很有口碑。李玉民先生名下的浙江少儿出版社的版本，似非全译。

25.《万物简史》，〔美〕布莱森著，严维明、陈邕译，二十一世纪出版社2007年出版。这本书广受好评，是了解宇宙世界的最好读物之一。

26.《穿越时空》（十二册），〔英〕哈里斯编文，丹尼斯绘画。这是一套最合适的科普读物，是实实在在的图文并茂，历史、天文、地理、考古，涉及方方面面，可以激起孩子对未知世界及其知识的浓厚兴趣。

27.《美国国家地理少儿版百科全书》，美国国家地理学会编，于梅、陈洁译，浙江少儿出版社2010年出版。这套书图片精美，介绍深入浅出，非常适合小学生阅读。

28.《剑桥少儿百科》，〔英〕奥斯丁等编著，苏千玲等译，中国宇航出版社2006年出版。

29.《宽容》《人类的故事》《圣经故事》，〔美〕房龙著，刘海等译，陕西师范大学出版社2007年出版。房龙的作品，是几代人的精神食粮，我还记得自己上大学时读这些书时的震惊感。如果小学五年级还读不进去，那就留待初中和高中吧，什么时候读都是好的。

30.《开明国语课本》(全四册),叶圣陶编写,丰子恺绘图,开明出版社 2011 年全新出版,比上海科技出版社的印刷好很多。上海科技出版社的版本删掉了七十二课和附加练习等内容,附加的简体对照里也有些错误,并且印刷效果差。《开明》这套老课本已经很热门了,我推荐家长和学生翻翻看,但不必把它奉为圭臬。我们要看看为什么几十年前的课本就可以如此自然,如此亲切,如此人性,如此丰富而切实。

叶圣陶先生说:"小学生既是儿童,他们的语文课本必得是儿童文学,才能引起他们的兴趣,使他们乐于阅读,从而发展他们多方面的智慧。"

这本国语课本,定位和目标都极为明确,以母语教育为本,传递传统核心文化价值,吸收现代西方文明精髓及新式教育思想,将新的教育理念和传统文化精神进行有机融合。这些教材不仅着眼于传达传统的核心价值,而且宽宏地容纳了世界最新的人道主义思想。对学生不是训诫和管教,而是引导和培育。并不以单一而强横的标准答案来打击学生的积极性,而能博纳多种价值和宽容各种思想,从而在国家仍然积弱时努力增强学生的自信与大度,弘扬民族优秀文化思想。

31.《怪医杜里特的故事》(全四册),[美]休·洛夫廷著,梁家林译,太白文艺出版社 2008 年出版。这套书是我女儿的挚爱之一,刚刚放寒假,她又迫不及待地拿起来重看。早上,还趴在被窝里看。不到一个星期,四卷就重复看了一遍。在她睡觉前,我也给她读过好多章节。杜里特是一名好医生,但是他热爱小动物,家里养着小兔子、小刺猬、鹦鹉、小狗等,镇上的人渐渐就不到他家里来看病了。后来,一个卖猫食的人建议他给动物们看病。那只见多识广的鹦鹉呢,则教他怎么跟动物们交谈。因为懂得动物们的语言,杜里特医生给动物们看病常常手到病除。很快,在动物世界,杜里特就大名远扬了。有趣的事情还在后头呢,请各位自己看吧。

32.《柳林风声》,[英]格雷厄姆著,杨静远译,贵州人民出版社 2013 年精装新版。看这本书,我就想,英语世界里各种小动物当主角的真多,还有很多是豚鼠、鼹鼠等鼠类。比阿特丽丝·波特的《彼得兔的世界》里,就有老鼠迫害猫的故事,E·B·怀特的《夏洛的网》里那个老鼠坦普尔顿

也是个无论农场里有什么破烂都爱收拾到洞穴里去的家伙。但是,最聪明的莫过于《尼姆的老鼠》。《猫和老鼠》里的小老鼠吉瑞,可以荣获最机灵老鼠称号。最近很流行的《豚鼠特工队》,我女儿看了不知道多少遍,那里倒是有个计谋精深的鼹鼠,要通过一种特殊的世界网络模式激活所有的家电和太空垃圾,从而消灭人类。好在有聪明、勇敢、矫健、机智的豚鼠们在挽救,不然人类就完蛋了。

33.《**西顿动物小说全集**》八册,[加拿大]欧·汤·西顿著,孙淇、王选译,新时代出版社 2011 年出版。

西顿是加拿大杰出的生物学家,他创作的小说开创了动物小说这一文学门类,被称为动物小说之父,他笔下的动物有动物的具体习性,有他们的特殊生活方式。动物有动物自己的尊严,绝不屈从于人类。西顿既不拔高动物,也不贬低动物,更不像国内一些模仿者那样把动物写成"道德的动物",让每一只动物都有固定的道德形象。在西顿的笔下,每一个动物都是自然之子,都有自己的生存之道。著名的篇目《狼王洛波》在国内被改编成好多种版本,有图画版、低幼版、注音版等。我个人觉得《法国狼王柯尔坦》更加惊心动魄,而《威尼佩格狼》则让我读了惆怅万千,又敬佩不已。

读了《西顿动物小说全集》,你手里那些国产的道德动物小说都可以扔了,起码暂时束之高阁吧。

四类　中学生书目

这部分推荐书目主要是针对中学生的,有各种类型的书,包括历史、哲学、社会学、科普等,不单是虚构类作品。

1.《**汉字王国**》,[瑞典]林西莉著,李之义译,生活·读书·新知三联书店 2007 年出版。

这本书图文并茂,选取两百多个与人类的生活有关的汉字进行细致讲解,并附有文字演化图。小孩可以摹写其中甲骨文、金文,感知汉字的结构和方法。与人的身体、住房、器皿、丝和麻、家畜、农具、车船、道路等有关的字，来源和变迁都写得极其详尽，通过这些文字来分析和描述中国人的生活方式和风俗习惯，从而使读者加深对汉文的理解。学习汉字，我一直力推林西莉这本著作，大人可以和小孩一起来阅读。

延伸阅读：《汉字百话》，[日]白川静著，郭威译，中信出版社2014年出版。因为一直特别关注对汉字的研究，这本书我刚刚收到，就迫不及待地阅读。白川静是汉学大家，这本书出版于上世纪70年代，曾连续再版33次。白川静先生对汉字的源流、文化涵义、历史变迁，都融会贯通，而能于文字的结构、象形、表意、结构的各种细微变化中，发人之所未见，阐发独特的简介。例如"名"这个字下部的"口"，历来都解释为人的嘴巴，但白川静先生经过深入研究与分析，认为这是上古时期祭祀用的器皿。又如"问"这个字里的"口"，亦为祭祀器皿。而"門"并非我们通常以为的两扇门，而是祭祀神庙的门。人们"问"，是向上天、向神祈求答案。类似的精妙分析很多，不一一列举。白川静先生对中国历史和文字的变化也有独特见解，他认为秦始皇令李斯统一六国文字，是用秦国已经有的复杂文字"秦篆"来取代其他六国的"古文"，包括六国已经存在的隶书等，这次"书同文"的做法，让造型古怪、以曲线条代替原有文字造型的做法，是对前代文化的毁灭。而"秦篆"并非书写文字，而是官方文字，用来强调权威。

白川静先生认为，全世界的文字体系中，只有汉字这种"通时性"文字才能保持3000年而基本不变。因此，只有深入地研究、继承汉字的丰富、博大的文化信息，才能真正地了解中国、东亚文化的精妙世界，也才能继承和发扬这种文化。

2.《流沙河认字》，流沙河著，现代出版社2010年出版。

相比林西莉的西式考证和推演，并联系日常生活具体展开的方式，流沙河先生以自己深厚的文字修养为基础，从汉字本身出发，对汉字的源发、构成、变化娓娓道来，是加深对汉字理解的最好文本。流沙河先生学识广博，举例丰富幽默有趣，不乏反讽，但又能倏然而止，留有余味。他讲到"鸟"和"隹"两字异同，一番丰富例证和联想后，对以此二字为偏旁的若干字

作引申阐发。如"雖"这个字原来是蛇名,这种蛇很厉害:"雖然它很厉害,接着来个但是,也就不足畏了。"又说"前行曰進(简作进)。为啥鸟下一止(人脚)为進?鸟飞只能前行,不能退飞。人脚之上一鸟,表示人在前行,这就是進。"

"说文解字"类的书目前跟风出了很多,我认为林西莉/流沙河组合就足够了。个别有天赋的学生,自己会去找更多专业的书来看。

3.《书于竹帛》,[美]钱存训著,上海书店出版社2006年出版。

这本书我读了两遍,所得良多。读了这本书,我们会知道,书写材料对写作有决定性影响。在汉文字出现的早期,大概在公元前一千多年的商代,人们把文字与符号镌刻在龟甲和牛骨上,用来记录占卜的内容、祈祷的内容和战争内容,这类文字称为甲骨文。还有些文字是铸在各种王家公侯所特制的青铜器皿上,称为金文。这些承载文字的材料都极其珍贵,而且面积有限,所以所刻写的文章都极其精短。而到东周、春秋战国时期,书写材料更多采用竹子,而成竹书,一部内容为一卷竹书,人们读书也是一卷一卷地读的。那时丝绸珍贵,只有王公贵人才有财力把文章抄写在帛子上。因为材料的限制,过去人们写文章都非常精炼,一部《孔子》八十一章,洋洋洒洒5000字,制成竹书已经是要装满半车了,而在竹子上书写、镌刻,又是一件很劳心劳力的工程。到了东汉时期,造纸技术有了极大的成熟与发展,人们不再采用渔网、破棉絮、衣服等来造纸,而是学会了用树和竹子等来造纸,这使得书写材料的获得大为便利,而导致长文章的不断出现。

阅读这本书,会对中国文字、文化、印刷术的发展有一个简单而扼要的认识,会知道汉字不是"一直在简化"中的,而是一直在繁化中,因为人们的知识越来越丰富,原有的字词不够用来表达了,所以要不断造字,不断"繁化"。语言体系越复杂、越丰富,就意味着这个文化和文明体系越博大。同时,我们也会发现,原来泥活字印刷一直没有得到应用,中国传统书籍的印刷方式到了宋元之后,更多是槧版印刷——人们在印版上刻字,然后用纸张印刷,最后装订成册,成为一本线装书。而各种"版本"的说法,就是从槧版印刷这里来的。

4.《**唐诗百话**》，施蛰存著，华东师范大学出版社2001年出版。

唐诗读本极多，施蛰存的《唐诗百话》仍能脱颖而出，盖因施先生是现代文学中学贯中西的耆宿，有深厚的古代文学的修养，又有开阔的现代西方文明的视野，可谓内外兼修，博采众长。他精研唐诗、金石和历史，留下了丰富的作品。《唐诗百话》是其中深入浅出的杰作，出版以来流播深远。除了各种仔细的分析和知识引用值得好好学习，读者还可以细味到唐诗中已经消失的铮铮风气。对我自己而言，施蛰存先生在文中举例分析的各种音韵平仄，都很有发蒙之功用，可惜我读得太晚，已经记不住了。曾读施蛰存先生撰文分析聂绀弩先生的格律诗，鞭辟入里、收放自如，而深意蕴含其中。

5.《**看诗不分明**》，潘向黎著，生活·新知·读书三联书店2011年出版。

潘向黎是我一向喜欢的知识型女作家。她在《新民晚报》上的相关专栏文章结集于此，成书以来极受欢迎。这些文章篇幅短小，信息量大，巧举轻重，于"不分明"中得条理。"不分明"取自《子夜歌四十二首》"雾露隐芙蓉，见莲不分明"，字里行间弥漫着江南的烟水气。潘向黎解题说，人生在世，黑白要分明、爱憎要分明，赏罚要分明，但看诗可以不分明。现在的日子太忙太紧太实用了，有时让人觉得活得有点可怜。背对潮流坐下来，静静地读古诗，那真是"是个中国人真好"甚至"活着真好"的时光。

跟着潘向黎读诗，也不必过于"分明"，随便翻开一页读下去，和作者一起品味其中的情境、奥妙。潘向黎选取自己读来印象深刻、思想绵远的作品，加以细腻的文字分析。让一个诗人在我们心中活着的，往往不是大节，而是细处。

6.《**玄奘西游记**》，朱偰著，中华书局2007年出版。

这本《玄奘西游记》的作者是1932年获德国经济学哲学博士学位，曾任中央大学经济学教授、系主任，后任南京大学经济学教授、系主任的朱偰先生。据介绍，本书原构思于1954年，1957年8月由上海新文艺出版社出版。

朱偰先生学贯中西，丰识厚泽，考据严密，叙事动人。他以章回体的方法，

把玄奘去往西天取经的艰苦和在印度的漫长游历娓娓道来,文字简明、洗练,其中或蕴有朱偰先生自己的西去求学的栩栩经验,读来深有所感,极有所得。我读完仍对其中写到玄奘遭遇劫匪后竟能以个人的智慧和修养感化匪徒的情节,对其中影响深远的无遮大会也印象深刻。

7.《**银元时代的生活史**》,陈存仁著,广西师范大学出版社2007年出版。

本书作者陈存仁先生是中医药学家、编辑家及专栏作家,他一生极富传奇色彩,学习勤奋,善于理财,行医编书经营之余留下大量日记,对前上海历史记录具重要价值。香港拍摄的电视连续剧《上海滩》亦聘请陈存仁先生做顾问。

读这本书,可以对已经变成收藏品的银元有生动认识,可以对上世纪上海开埠不久时期的生活形态、人物活动、历史变化、城市生成,有鲜明印象,还可以纠正中学生历史课程中对这段历史的简单化和贬抑化偏见。

何为银元?本书写道:"银元每一个,是用白银七钱三分铸成,库秤是七钱二分,银质最标准的是墨西哥铸成,上有一只'鹰',所以又称为'鹰洋'。"银元也有假货,怎么鉴别?"只要拿一块钱敲另一块钱的边缘,真的锵锵有声,假的会发出木木然的哑声。"书里又说:"还有一种含铜制极少的假银元,只要以两手指夹在银元中心,用口唇向银元边际一吹,真的银元会发出很轻微而悠长的'殷'一般的银笛声,假的就没有。"

首先读着就好玩,其次还丰富历史经验。

8.《**抗战时代的生活史**》,这是陈存仁先生《银元时代的生活史》的姊妹篇。

本书写作者在抗战时期居住在租界时的所见、所感。抗战历史中普通人生活的细节扑面而来,而真实的历史感,也由此诞生。作者写到在租界里看到的伤员、病员,并参与救助的故事,还写到活跃在抗战时期租界里的各色人等,包括日本黑龙会的特工,包括江亢虎等汪伪政权的高官,还有日伪特务机关头目吴四虎等,都很生动。如果对照着胡兰成的《今生今世》来看,会形成一个极其丰富的抗战时期上海租界的认识。

9.《**被误读的远行:郑和下西洋与马可孛罗来华考**》,陈存仁著,广西师范大学出版社2007年出版。

读这本书,可以知道,两万多人的郑和庞大船队的构成不仅有大量士兵,以及很多缝补的妇女和中医,以及各类技师,实际上是一个生活着的流动世界。

10.《**万历十五年**》,黄仁宇著,中华书局1982年第一版。

这本历史书以令人耳目一新的新纪传体手法,写一个在历史书上似乎可以忽略不计的"万历十五年"在中国发生的各种令人不安的事情,这些事情围绕着首辅申时行、学者李贽等人而展开,暗示着强大的明朝已经出现了令人不安的裂缝,但身处其中的人都浑浑噩噩。张居正实行一条鞭法,以及后来对张居正的清算等,都是明朝出现了尖锐矛盾的一种标志。

黄仁宇教授是著名的华人学者,尤其以"中国大历史"观的研究与发挥而著名,《万历十五年》以见微知著的方法,揭开明朝那种高度集中的中央皇权统管的社会结构,表面看起来牢不可破,但一出现缝隙,大厦将会倾覆。

上世纪80年代初《万历十五年》简体中文版出版以来,在读者圈中闻名遐迩,三十年来出过了琳琅满目的版本。很多学者回忆起80年代初读此书时的感觉都说非常震惊。朱学勤教授以"遭电击"为比喻,著名作家张辛欣和我提起初读此书的感受,也是耳目一新。我在大学第一次读到这本书,基本是目瞪口呆,完全改变了我对历史、对人对事的僵化理解程式。

说这本书是改变中国三十年的巨著之一。

中学生阅读这本名作,正逢其时。

11.《**袁氏当国**》,唐德刚著,广西师范大学出版社2004年出版。

唐德刚教授是做"口述历史"的先驱者,他采访、整理、校订的《胡适口述历史》等作品,在读者中有广泛影响。"袁世凯"是谁?我们每个人都能脱口而出一堆标签:卖国贼、复辟犯、袁大头,与他相关的没有一个好词。唐德刚教授这本书不是给人贴标签的,他以历史学家的严谨,对清末民初这段变化莫测的历史作了深入浅出的梳理,不仅适合中学生阅读,也适合孩子的父母一起阅读。

12.《唐代的外来文明》，[美]爱德华·H·谢弗（薛爱华）著，田玉贵译，中国社会科学院出版社 1995 年初版，陕西师范大学出版社 2005 年新版。

本书是海外汉学名著，1995 年出版时关注者还不多，我反复阅读，极其珍爱，把初版和新版都买来珍藏。我曾写一篇小文说："对于我们来说，撒马尔罕是一个已经消逝了的名字。这个名字代表了中亚一个曾经繁荣一时的国度，由于距离过于遥远，有关撒马尔罕的一切，都笼罩在神秘的传说中。据说撒马尔罕出产金桃。7 世纪时，撒马尔罕的王国曾经两次向唐朝宫廷贡献一种珍异灿黄的桃子作为正式的贡品。这种桃子'大如鹅卵，其色如金'。……对于我们来说，撒马尔罕和它的金桃一样，是一个遥远而神秘的国度。这其实就够了。"

从物质文明的输入以及对这些物质的丰富文化想象出发，来研究唐朝的文明状态，这种新颖的角度，让这本著作不仅具有丰富性、权威性，还有生动性、可读性。

读完《唐诗百话》《看诗不分明》，再读《唐代的外来文明》，对伟大唐朝的尘世风情、建筑样式以及人情趣味，又会有不一样的感受，反过来会促进对这些诗歌的理解。

13.《中国古代文化常识》，王力主编，马汉麟执笔，姜亮夫、叶圣陶审校，刘乐园修订，世界图书出版公司 2008 年出版。

本书原为"大学入门丛书"之一，但中学生完全可以提前阅读，到大学才读到这些古代文化常识为时已晚。这些常识越早读到越有好处。这些常识并不是专业研究，看了，记住了，也就懂了其中一些部分，以后可以慢慢继续阅读。不看就永远不懂，且永远懵懂。穿越小说没大价值，除胡编乱造外，还缺乏基本文化常识。而这些常识对阅读传统文学作品来说是重要的基础。

1961 年，北京大学王力教授受教育部委托主编《古代汉语》教材，编写者都是大学的一流学者，与今日一些粗制滥造的读本不可等量齐观。

书中章节：天文、历法、乐律、地理、职官、科举、姓名、礼俗、宗法、宫室、车马、饮食、衣饰、什物。没兴趣一下子读完，可挑选感兴趣的章节先读。先读先知道。

14.《镜花缘》（图文本二册），（清）李汝珍著，上海古籍出版社 2006 年出版。

我一直喜欢这部作品，反复读过很多遍。对唐敖林之洋多九公等人物可谓印象深刻，对其中"清肠谷"等神物可谓满心艳羡，对其中"女儿国"等地域的描写可谓满目惊艳，对其中"两面人"的细节可谓喷饭不已。本书集中了历代神话传说菁华，又能以特殊视角出新出奇，比《三宝太监下西洋》之类高明很多。

中外交流历史悠久，秦代就有与罗马帝国交往痕迹，"China"中"Chin"据说是"秦"的译音。汉代打通丝绸之路、唐宋元代中西交往密切，陆路不提，水道往南洋经马六甲海峡驶往锡兰、印度，早已成为海员熟知的路途。明代郑和以宣王命无远弗届的牛劲，率领庞大船队沿此航道驶达非洲东岸。明代后期传教士利玛窦等来到朝廷，传授西方现代科学技术知识，带来无数"奇技淫巧"之物，连《红楼梦》里都常常提到"西洋钟"类物件。可见，在清代闭关自守之前，中国人对外国、对南洋、对西洋并不陌生。清代封闭心态导致国民的海洋知识日渐匮乏，对外国的想象也停留在低级层面上，以为周围皆是蛮夷，而不知道西方在文艺复兴之后，已经开始了新的海洋时代，在 17 世纪已经绘制了相当详细的各大陆大洋地图。

这部作品在清代中当属奇葩，作者心态相对健康，胸襟亦云开阔，文笔清新有趣，读来兴味盎然。

15.《隋史遗文》，（清）袁于令著，人民文学出版社 1989 年出版。

以隋末唐初的风云变幻历史为切入点写的长篇演义小说，据统计大概 23 部，最著名的是《隋唐演义》《说唐全传》《隋炀帝艳史》，但写得最好的却是名不见经传的《隋史遗文》——主要原因之一是在崇祯十五年这本书就遭到禁毁了。

袁于令是吴江派主将之一，十八岁即完成传世之作《西楼记传奇》，被尊为昆曲经典之一。而他创作的《隋史遗文》以隋末好汉、唐代凌烟阁开国二十八位功臣之一的秦琼为主角，描写隋末唐初那段慷慨激昂、悲喜交

加的壮阔历史,在历史演义中是上乘之作,更脱离历史演义的窠臼而近乎纯小说,在当时就得到著名学者李贽的高度赞扬。小说文笔细腻,故事曲折,叙事精辟,观点独到,极其耐读,对其中李世民杀兄等历史事实不加避讳——这很可能是它被清朝列为禁书的原因,而在其他如《隋唐演义》等书中,作者修改历史事实把杀李建成等的污点修改安装到程咬金、尉迟敬德等人头上。此书被禁后,三百年湮没无闻,直到上世纪30年代版本目录学家孙楷第先生从大连满铁图书馆里看到失传了三百年的印本,抄录辑出书中回目之后,才为世人所知。上世纪70年代中期,华人学者夏志清教授的美国学生何谷理博士以早稻田大学的缩微胶卷为底样校订此书,始于台湾首先印行。

16.《今古奇观》(图文本二册),(明)抱瓮老人辑,上海古籍出版社2005年出版。

这本书是阅读明代白话短篇小说的著名选本,由抱瓮老人从冯梦龙、凌濛初等人创作的著名作品《三言》《二拍》二百种故事中精选四十个来印刻出版。本书中各种离奇古怪的故事都有。其中《蒋兴哥重会珍珠衫》《乔太守乱点鸳鸯谱》《唐解元玩世出奇》等都是人们熟悉的名篇,《唐解元》被改编成了恶搞谐趣电影《唐伯虎点秋香》,由周星驰、巩俐主演。这本书是了解明代生活与民风的最佳读本之一,而且其中离奇古怪的故事,更是发人深省。

17.《三遂平妖传》,罗贯中原作,冯梦龙增改,北京大学出版社1983年出版。

本书以宋代王则造反为背景,谈狐说妖,但在具体的社会俗情中展开,具有冯梦龙一贯的细腻写实功力,情节推进有条不紊,结构复杂多变,而蛋子和尚修炼并成为一代高人的过程,也写得真实可信。罗贯中原著残本曾由北京大学出版社刊出,冯梦龙增改后大为风行。这部小说曾被改编成动画片《蛋子和尚》和《天书奇谭》,有一定的影响,青年作家河西还据此增改成副题曰"在妖怪家那边"的《新平妖传》。

18.《玄怪录·续玄怪录》,(唐)牛僧孺、李复言著,程毅中注,中华书局 2006 年出版。

这里推荐一部稍微难一点的书,我一直在反复读着。

唐传奇的文言清新可喜,我觉得其价值超过明清文言小说。唐传奇情感丰沛、语言清新、情节运用奇特,明清文言作品所缺乏的宽容和善意在这里得到丰富地展开。其中如《来君绰》的谐趣想象,如《郭代公》凌然大勇,如《周静帝》滑稽幽默,好读好玩,可思可想。也有《辛公平》中隐含凄厉宫廷变斗色彩的叙事杰作,在极偏狭角度开拓出新境地,一桩可疑的宫廷政变通过幽怪角度阐释,令人惊悚。如果想提高文言文水平,这部集子值得推荐。

19.**《老子他说》《论语别裁》《金刚经说什么》**,南怀瑾著,复旦大学出版社 2002 年出版。

南怀瑾先生盛名之下,谤亦随之。他自己有没有警惕呢?他自己想没想到呢?我估计想到了,也许南怀瑾先生早有预备。南怀瑾先生在《老子他说》里引用过曾国藩的诗:"左列钟铭右谤书,人间随处有乘除。低头一拜屠羊说,万事浮云过太虚。"

高明学者自可直接读原典,但这些典籍不经解释,很难深入体会,更谈不上"修习"。《金刚般若波罗蜜经》由鸠摩罗什大师译自梵文,流传深广;最早注《老子》的河上公传说就是老子本人的另一种面貌存世。《论语》是儒家首要经典,但也只能说是《孔子语录》,由他的弟子以及弟子的弟子记载的,并不系统。很多更为完善的观点,在《孟子》里出现。南怀瑾先生还有一部讲解录叫作《孟子旁通》。

读传统经典,难免有个不断解释、不断阐述、不断接受、反复有得的复杂过程。南怀瑾先生是解读传统经典的一种方法,论说轻松自然,亦可谓深入浅出,比之教授们是一种别样的新意。若有年轻读者能不盲从南怀瑾、不盲从河上公以及其他无数学者的解说,在博采众长基础上而又能自成一家,那更是读书读成大师了。

20.**《中国哲学史大纲》**,胡适著,商务印书馆 2011 年出版。

《中国哲学史大纲》为胡适所作,是中国学者运用现代学术方法系统研

究中国古代哲学史的第一部著作。它的出版被视为中国哲学史学科建立的标志。它所获得的赞誉无以复加,不但被视为一本划时代的著作,而且被誉为五四新文化运动的一个积极成果,是中国思想史研究的开山之作,为胡适的学术地位奠定了一块不可撼动的基石。用新的眼光与方法重估传统,至今犹有新义。

21.《**晚清七十年**》,唐德刚著,岳麓书社1999年出版。

一个时代的崩溃,是从人心的衰颓开始的。但一个国家的崩溃,首先从文化的崩溃开始。唐德刚教授治史严谨,叙事生动,他纲举目张地从耶稣教门徒洪秀全发动的"太平天国"开始说起,不被各种历史中特殊的表面事件所迷惑,而是深入其背后,以丰富的材料来推理、分析其中的关系和历史走向。他一方面揭发清朝政府官员腐败,太后骄奢,另一方面又对西方列强和东方强邻的入侵非常愤慨。而那些在中国近代史、中国近代文学史里被反复提到的北洋水师、农民起义、革命,都得到了清晰地还原,例如甲午海战爆发之前李鸿章对海军的建设以及中国海军为何在这场看起来势均力敌的海战中战败。例如上海小刀会为何能够蔓延成患又如何被洋人突然剿灭,例如争议纷纭的义和团运动的起因和对中国近代历史进程的巨大影响,都可谓是一一道来,有板有眼。

读好的历史,可以让自己拥有更高的眼光,更清晰的思辨。

22.《**陈寅恪的最后二十年**》(修订本),陆键东著,三联书店2013年出版。

文化大师陈寅恪如磐石沉江,在人妖混淆时代独自灼思。

陈先生学贯中西,文史兼通,学术研究有很高的境界。他一生潜心学问,不求显达,深为国内外学人敬重。本书根据大量档案文献和第一手的采访资料,详尽描绘了陈先生生命最后二十年的坎坷经历,披露了许多鲜为人知的史实。本书为读者打开了一段尘封的历史,从陈先生的生存状态和人际关系入手,探索了他的内心世界,并以此分析、诠释了陈先生晚年作品的内涵,提出了不少颇有说服力的见解。这部也许沉重的作品,能给读者许多启示。

《陈寅恪的最后二十年》1996年由三联书店出版,在全国读书界引发了"陈寅恪热",并带出许多话题:关于传统文化、关于人文精神、关于学人风骨……还有陈寅恪可歌可泣的传奇人生。此书遂成为90年代三联的"标志性读物"之一。

这本书的作者翻阅了很多档案,找到了原始文件,根据大量珍贵的档案、访谈和文献等第一手资料,在书里澄清了很多历史疑问。作者抱着"了解之同情"的态度写作,从20世纪中国文化的传承角度来理解陈寅恪,写出一部以揭示传主生存状态、探索其内心世界为主题的个性鲜明的学人传记。书中一大批与传主有交往的各色知识分子之命运也有明晰的描写。

23.《**史记选**》,来新夏选注,中华书局2009年出版(记得过去有一种最权威的是王伯祥先生选著的,但现在似乎买不到了)。

读中国文学也要从《史记》开始,司马迁笔下那些栩栩如生的历史人物,已经是中国文化的核心组成部分。无论是商纣、周武,还是周公、姜子牙、箕子、微子;无论老子、孔子、庄子、孟子,还是其他诸子百家;无论刘邦、项羽这样的绝代枭雄,还是萧何、韩信、张良、樊哙这些草莽英雄,都在两千年前的历史幕布中,上演了精彩绝伦又斗智斗勇的历史大剧。司马迁无疑是讲述历史故事的开山鼻祖,也是历史演义的草创祖师爷。后世中根据《史记》内容而改编、演义成的历史小说、历史戏曲,形成极其丰富的一个历史故事系列。

司马迁不仅讲述帝王将相的故事,还讲述了慷慨激扬的列国游侠的故事,以及各国财政的现状等。当代学者张文江认为《史记》中的"食货志"是非常重要的内容。

来新夏和王伯祥先生都是著名的《史记》研究学者,他们的选择和注解比较可靠。

24. 台湾傅乐成教授主编:《**中国通史**》(全七册),九州出版社2010年出版。

找到一部合适中学生阅读的《中国通史》很不容易,老一辈历史学大师如吕思勉等写的,有些艰涩。傅乐成先生系出名门,有严谨的治学训练,他组织编写的这套通史,兼顾了中学生阅读的篇幅、组织、行文,在重点

突出的同时,也不忘照顾一些特殊的政制介绍,例如赋税、行省、机构、科举、通货等,都写得简略得当,一目了然。

25. 日本讲谈社**《中国的历史》**(精装全十册),广西师范大学出版社2014年出版。

这套《中国通史》是日本汉学家的心血结晶,而广西师大出版社的编辑、装帧、设计,都堪称一流,看得出他们付出的努力。

我专门挑选了其中《辽 西夏 金 元》"第八册"来阅读,因为我很关注"非中华"视角下的"另一个中国"的写作。从我们传统的历史观来说,"中华"是正统,四夷是非正统,因此对于他们的文化、生活、社会的了解不多。而与"中华叙事"立场不同,日本汉学家杉山正明以"夷族"角度写史,有心得,有抒情。其中写东丹王突欲一章极其动人。作者认为唐代并不像中国传统认为那样疆域广大,在唐朝最盛时,回鹘、吐蕃、大理都是独立政权。本书更是从安禄山之乱开始写起,认为中原帝国的概念,在安禄山杀入时,即已崩溃。

兼听则明,多看看别人如何思考我们习惯成自然的问题,也许会开阔心智,兼容包蓄,从而涵养大胸襟。

26.**《生死疲劳》**,莫言著,作家出版社2006年出版。

这部长篇小说是莫言十二部长篇小说中的巅峰作品。如果说莫言的创作有"历史传奇"和"残酷现实"这两个部分的话,那么《生死疲劳》则是这两个部分的高度结合。小说里,开明地主西门闹在土改运动中被残忍地爆头枪杀在村外桥头,但他自感冤枉,不服这个命运而在阎王面前一再申诉,希望讨个说法,由此而被阎王爷手下的小鬼不断地欺骗而投胎变成驴、牛、猪、狗、猴等不同动物而再度经历并参与了六十年暴风骤雨的历史。这部小说结合了现实与梦幻,融入了佛教的轮回转世观念,从而使得小说成为一部充满神奇想象力,却又具有强大现实推进力的杰作。这部作品在2012年诺贝尔文学奖评选中,成为莫言胜出的最主要作品,也获得了评委会委员的高度评价。

27.**《猫城记》**,老舍著,译林出版社2012年出版。

《猫城记》讲述一架飞往火星的飞机在碰撞到火星的一刹那机毁人亡，只剩下"我"幸存下来，但被一群长着猫脸的外星人带到了他们的猫城，亲眼目睹了一场猫人与矮子兵的战争，以猫城全城覆没而结束了这座私欲日益膨胀的外星文明古城。小说借科幻之壳，运用象征与讽刺手法，以火星上的猫人社会，影射千疮百孔的旧中国社会，并间接抨击了统治中国的国民党政权腐败、无能的内政外交，同时又把政党斗争都称为"哄"，讽刺青年学生的"大家夫斯基哄"和信仰"马祖大仙"，反映出作者回国伊始对国内复杂的政治情况特别是对革命政党领导的革命斗争的独特认识和态度。其在思想倾向上的复杂性和艺术表现的特异性，使其长期以来引起不同的评价。

28.《围城》，钱锺书著，人民文学出版社1991年出版。

一部让人快乐与沉思的杰作，知识分子小世界的绝妙讽喻。

《围城》写了一幅栩栩如生的世井百态图，人生的酸甜苦辣千般滋味均在其中得到了淋漓尽致的体现。钱锺书先生将自己的语言天才融入极其渊博的知识，再添加上一些讽刺主义的幽默调料，以一书而定江山。《围城》显示给我们一个真正的聪明人是怎样看人生，又怎样用所有作家都必得使用的文字来表述自己的"观"和"感"的。

《围城》是最具国际影响的现代汉语小说之一，英国作家、学者戴维·洛奇写的名作《小世界》，其灵感就来源于《围城》。《小世界》里那位僵化、古板的梅顿小姐，令人联想起《围城》里咸湿可厌的李梅亭。钱锺书先生曾在英国剑桥大学留学，主修英国及欧洲的文学，他笔下的人物，如方鸿渐等，既有中国传统的智慧，又有英国式的谐趣，但能够将两者交融在一起，不着痕迹。

29.《封面中国》（两册），李辉著，长江文艺出版社2012年出版。

以独特角度看中国20世纪的百年风云。

这是一个美国著名刊物《时代》杂志与中国20世纪历史之间的复杂故事。这也是中国历史自身的故事，一个如何被外面的世界关注和描述的故事，一个别人的描述如何补充着历史细节的故事。李辉先生花费巨大的精力搜

集资料,从 1923 年到 1946 年,在 20 多年的历史跨度中,作者先后选择了吴佩孚、蒋介石、宋美龄、冯玉祥、阎锡山、币原、溥仪、汪精卫、陈诚、史迪威、宋子文、马歇尔等封面人物为焦点,以编年体的方式来叙述中国的历史进程。采取以翻译并摘录《时代》报道原文,与当事人回忆录、相关史书的描述相映照的方式,来解读历史人物的命运和历史事件的演变过程。

30.《**巨流河**》,齐邦媛著,生活·读书·新知三联书店 2011 年版。

一个家族与一个大时代的慷慨而温婉的关系。

一部反映中国近代苦难的家族记忆史;一部过渡新旧时代冲突的女性奋斗史;一部台湾文学走入西方世界的大事纪;一部用生命书写壮阔幽微的大诗篇。

巨流河,位于中国东北地区,是中国七大江河之一,被称为辽宁百姓的"母亲河"。南滨渤海与黄海,西南与内蒙内陆河、河北海滦河流域相邻,北与松花江流域相连。这条河古代称句骊河,现在称辽河,清代称巨流河。影响中国命运的"巨流河之役",发生在民国十四年,当地淳朴百姓们仍沿用着清代巨流河之名。

《巨流河》的记述,从长城外的"巨流河"开始,到台湾南端恒春的"哑口海"结束……作者齐邦媛的一生,正是整个 20 世纪颠沛流离的缩影。她的父亲齐世英——民国初年的留德热血青年,"九一八"事变前的东北维新派,毕生憾恨围绕着巨流河功败垂成的一战,渡不过的巨流像现实中的严寒,外交和革新思想皆困冻于此,从此开始了东北终至波及整个中国的近代苦难。

作者以邃密通透、深情至性、字字珠玑的笔力,记述纵贯百年、横跨两岸的大时代故事。

31.《**光荣与梦想**》,[美]曼彻斯特著,广州外国语学院英美问题研究室翻译组译,海南出版社 2006 年出版。

本书讲述美国从 1932 年至 1972 年间的风云变幻,文笔宏大而细腻。

本书是美国的一部继代史,勾画了从 1932 年罗斯福总统上台前后,到

1972年尼克松总统任期内水门事件的四十年间美国政治、经济、文化以及社会生活的全景式画卷。这是一部场景宏大，又描写细腻的历史巨著。作者对这四十年间美国历届政府从诞生到终结全过程中的两党纷争和内部分歧，对这一阶段全世界所经历的每一件大事都给予了特别的关注和叙述；同时，对这四十年间发生在全世界，尤其是与美国有关联的方方面面都给予了细致入微的刻画。从"补偿金大军"风潮、经济大萧条、总统竞选、二次世界大战、原子弹爆炸、朝鲜战争、越南战争、肯尼迪遇刺身亡、尼克松水门事件，到美国人的精神风貌、社会时尚、各阶层的生活状况，再到演艺界的奇闻趣事、妇女的流行服装、青少年的时髦追求，甚至英语词汇的最新演变都做了面面俱到的讲述。对于每一位读者来说，阅读此书是从本质上深刻了解美国的最简单、最有效的方法。

本书在1979年曾由商务印书馆出版发行过，它的面世在当时及以后的漫长岁月里曾在中国读者中引起过巨大的反响，甚至对一大批中国记者的写作都产生了极大的影响。

32.《巴黎烧了吗？》，[美]柯林斯、[法]拉皮埃尔著，董乐山译，译林出版社2013年出版。

"巴黎烧了吗？"这是1944年8月25日，巴黎解放那天，阿道夫·希特勒在东普鲁士"狼穴"的地堡里,向他的总参谋长约德尔上将发出的责问。《巴黎烧了吗？》生动而又详细地描绘了1944年8月解放巴黎的全过程。这部作品叙事生动有趣，资料详实可靠，可以作为历史书来看，可以作为新闻深度报道来看，同时也可以作为小说来看。

两位作家分别是美国和法国的记者。他们在史实方面力求翔实，花了将近三年时间搜集材料，翻阅了美、法、德三方面的军事档案，采访了上至艾森豪威尔、戴高乐高级助手、肖尔铁茨，下至法、美、德军普通士兵和巴黎市民达800多人，因此这部作品事事有根据，人人有下落，句句有出处。可以称得上报告文学的典范。

本书中译本是老翻译家董乐山先生留给读者们的最后礼物。

33.《我们的祖先三部曲》，[意]伊塔洛·卡尔维诺著，吴正仪等译，

译林出版社 2001 年出版。

卡尔维诺整理出版过《意大利童话》,我之前已推荐过。他所有作品我都喜欢,都合适中学生读——这本《我们的祖先》三部曲可能最合适,我最早读的是工人出版社的版本。其中《树上的男爵》完全就是写叛逆期十二岁男生柯西莫因讨厌家族陈规陋习而上树再也不下地,我刚刚有读过,深得我心。卡尔维诺的小说具有深远的文学影响,以其独特妙思成为上世纪最杰出的文学大师之一。这本书完全可作为儿童文学来读。我刚刚重读这本书的译林版,卡尔维诺自己说:"这三个故事代表通向自由的三个阶段,关于人如何实现自我的经验:在《不存在的骑士》中争取生存,在《分成两半的子爵》中追求不受社会摧残的完整人生,在《树上的男爵》中有一条通向完整的道路——这是通过对个人的自我抉择矢志不移的努力而达到的非个人主义的完整。"

——延伸阅读伊塔洛·卡尔维诺的另两本:《隐形的城市》和《寒冬夜行人》。

34.《我曾伺候过英国国王》,[捷]赫拉巴尔著,星灿、劳白译,中国青年出版社 2003 年出版。另推荐《过于喧嚣的孤独》。

赫拉巴尔是捷克文学奇人,他热爱啤酒,他说如果有一个女儿,会每天用啤酒给女儿洗澡。他像前辈大师卡夫卡一样得过法学博士学位,但他走得更远:他干过各种体力活,和社会各阶层的人打交道如鱼得水。他服过兵役,当过推销员、仓库管理员、炼钢工,后来又做废品回收站打包工、舞台布景工。四十九岁时第一部作品才得以出版,而此后获得的国内、国际奖项达三十多个,很多作品被改编成电影和戏剧,并获柏林电影节金奖及奥斯卡最佳外语片奖。他的小说是捷克文学传统中令人惊奇的杰作,从哈谢克《好兵帅克》到赫拉巴尔的《我曾伺候过英国国王》,构成了捷克文学中的闪烁珍珠链。

故事主人公蒂迪尔是一个餐馆服务员,他的奇特一生,折射了捷克上个世纪复杂多变的历史。

《过于喧嚣的孤独》写废品站打包工汉嘉在自己长期的打包生涯中,目睹了人类文明的珍宝在暴政下遭到毁灭的命运，他以自己的微薄能力，精心地为每一捆包裹着经典书籍的废品包点缀着优美的封面，虽然这些如礼品盒一样的垃圾包转眼就要被毁灭了，但短暂的美和对美的被毁灭的爱与痛，贯穿这本作品的始终，而成为对暴政毁灭文明的最令人心颤的记忆。

35.《**动物农场**》，〔英〕乔治·奥威尔著，傅惟慈译，十月文艺出版社 2005 年出版；《1984》，〔英〕乔治·奥威尔著，董乐山译，上海译文出版社 2003 年出版。

奥威尔这两本书值得中学生早些阅读。

《动物农场》讲猪们统治了农庄并且把农庄变成了一个极权社会："……是苹果成熟的季节了，被风吹落的果实落满了花园的土地。动物们理所当然地认为这是些应该由大家平分的东西，直到有一天，有命令说这些苹果要被收集起来统统送到工具间让猪来专门享用。对此，一些动物议论纷纷，但这没用。所有的猪都一致赞同这项决议，雪球与拿破仑也不例外。最后，鸣声器被委派出去向大家做些必要的解释。"猪们明白，统治的最重要一个手段，就是修改历史。

第二本也是讲述极权社会的图景，但对于奥威尔来说，这本书是幻想作品。其中"老大哥看着你"，已经变成了一句名言。

36.《**第十二个天体**》（全七册），〔美〕撒迦利亚·西琴著，宋易译，重庆出版社 2009 年出版。

这是一本令我震惊的书。我读了这个"地球编年史"系列中译本的全部七册，又回过头重读了第一部《第十二个天体》和第二部《通往天国的阶梯》。不谈玛雅预测的 2012 年末日，不谈其他天体怪象，而是深入人类短暂而漫长的文明史——史前史，在远古苏美尔文明中、在中古巴比伦文明中，西琴先生努力寻找地外文明的痕迹。在精通希伯来语、苏美尔语的西琴先生看来，这些痕迹比比皆是，只是没人读得懂。散落在两河流域的那些珍贵的泥版，如今珍藏在大英博物馆里，等待能够释读它们奥秘的奇人来解答。

而《第十二个天体》就是其中最有趣的结果之一。

西琴先生认为，苏美尔文明是世界文明的源头，而这个文明是为天上来客服务的。这些第十二个天体的来客首先降落在当时地理位置极其特殊的两河流域，然后逐渐扩展……西琴先生还发现，公元前 2200 年，罪恶之城索多玛与蛾摩拉是被内部争斗的尼比鲁星来的主神们用核导弹摧毁的，而处在季风下游的巴比伦人被"恶风"吹拂，纷纷生病死去，巴比伦文明以此终结，而那些逃离地狱的巴比伦人，把自己的文明传播到埃及、印度、中国等地。

37.《**纸牌的秘密**》，[挪威] 乔斯坦·贾德著，李永平译，作家出版社 2007 年出版。

少年汉斯的人生在旅程中扑朔迷离，柳暗花明——如果这个世界是一场魔术表演，它背后一定有个伟大的魔术师，我希望，有一天，我能把他揪出来，但是，如果魔术师从不出现，你又怎能拆他的把戏呢？汉斯与父亲从挪威到希腊，寻找离家多年的母亲，在途中汉斯遇上奇遇，得到一本只有放大镜才可看到的小圆面包书，内容是一名水手遭遇船难，流落到一个奇异的小岛，岛上有 52 个古怪的人物，原来是一人幻想中的一副纸牌变成活生生的人物，故事虚幻迷离，故事中又含有另一个故事。然而汉斯却要保守秘密，在途中偷看小圆面包书，不能告诉父亲，最后发现这个二百年前的故事却与汉斯有关……这到底是人生哲理的生动阐释，还是小说叙事的哲理概括？读过便知。贾德另有《苏菲的世界》和《玛雅》两本书，都风行一时，可以翻阅。

38.《**大设计**》，[英] 斯蒂芬·霍金、列纳德·蒙洛迪诺著，吴忠超译，湖南科学技术出版社 2011 年出版。

英国传奇的天才物理学家、宇宙学家斯蒂芬·霍金教授的那部《时间简史》曾在中国内地读者中引起了极大的兴趣。从那本书中，我们知道了时间到底是什么，或者说，时间留给我们更深的谜团。而《大设计》这部书，则是黑洞的发现者霍金教授和蒙洛迪诺教授合著的，讲述宇宙和生命的秘密的新作品。

宇宙何时并如何起始？我们为何在此？为何是有非无？何为实在本

性？为何自然定律被这么精细地调谐至让我们这样的生命存在？以及最后，我们宇宙的表观"大设计"能否证实是事物运行的仁慈的造物主？科学能否提供另一种解释？

《大设计》认为，根据量子论，宇宙不仅具有单独的存在或历史，而且同时存在每种可能的历史。把这种思想应用于宇宙整体，就对因果概念本身提出疑问。然而，霍金和蒙洛迪诺描述的"从顶到底"的宇宙学方法会认为，过去没有采取确定的形式这一事实意味着，我们因观察历史而创造历史，而非历史创造我们。作者进一步解释，我们自身是宇宙极早期的量子涨落的产物，并且展现量子论如何预言"多宇宙"——该思想是说，我们的宇宙只不过是自发地从无中出现的许多宇宙中的一个，每个宇宙具有不同的自然定律。

似乎，霍金这位天才的梦想家是支持多宇宙论的，好吧，这样我们的生活更有趣了。

——延伸阅读：《果壳中的宇宙》，霍金著，吴中超译，湖南科学技术出版社2002年出版。爱因斯坦的引力论将万有引力归结为时空的曲率。那么时空能否被弯曲得这么厉害，以至于人们可以返回到过去改变历史呢？严格的科学计算指出，这是不可能的。那么关于预言将来的能力呢？现在看来它至少在三个层次上受到限制。第一，是动力学系统的混沌行为，使得拉普拉斯意义上的决定性在实际上是不可能实现的。第二，在量子力学中状态是由波函数描述的，海森堡的不确定……在这本书里，霍金先生干脆否定了时间飞行和穿越小说的可能性，但后来，他似乎又改了主意。这是一个主意很多的科学家，也非常有趣。

39.《**地球以外的文明世界**》，[美]阿西莫夫著，王静萍、孙乃修等译，译林出版社2011年出版。

宇宙的形成、生命的起源、地外文明世界存在的可能性，以及我们可能与之通讯往来的方式等，关于地外文明你想知道的，这本书中应有尽有。简单地说，银河系这么大，有三千多亿恒星，以及相应的恒星系，围绕着这些恒星运行的各种大大小小的，各种固态的、液态的、气态的行星更是

无数。即便在最低要求来看，这些行星中居住着高智慧文明的可能性还是有的。但是，要是严格地以地球的环境条件、气候条件和人类文明作为选择高智慧文明的参照，虽然银河系有这么多行星，但可能有高智慧文明的行星几乎等于零。好吧，真令人绝望，我们竟然是宇宙中唯一的智慧生命！

所以，阿西莫夫先生在他的著名科幻小说《基地系列》中，不是给我们虚构来自外星球的各种文明，而是让地球文明蔓延并填满整个银河系。也就是说，整个银河系都是人类。

40.《银河帝国：基地七步曲》，阿西莫夫著，叶李华译，江苏文艺出版社2012年出版。

科幻小说大师阿西莫夫的宏大构思，据说是阅读了英国史学大师吉本的《罗马帝国衰亡史》之后产生的灵感。而《基地七步曲》发表之后，电影大片《星球大战》《阿凡达》都从中获取了灵感。

人类蜗居在银河系的一个小角落——太阳系，在围绕太阳旋转的第三颗行星上，生活了十多万年之久。人类在这个小小的行星（他们称之为"地球"）上，建立了两百多个不同的行政区域（他们称之为"国家"），直到地球上诞生了第一个会思考的机器人。

在机器人的帮助下，人类迅速掌握了改造外星球的技术，开启了恢弘的星际殖民运动；人类在银河系如蝗虫般繁衍扩张，带着他们永不磨灭的愚昧与智慧、贪婪与良知，登上了一个个荒凉的星球，并将银河系卷入漫长的星际战国时代，直至整个银河系被统一，一个统治超过2500万个住人行星、疆域横跨十万光年、总计数兆亿人口的庞大帝国——银河帝国崛起。一个微妙的转折发生在银河帝国建国后的12020年。哈里·谢顿，这个刚满32岁的年轻数学家，开创了"心理史学"这门新型学科，能用数学公式准确推演全人类的未来——"预言"从此成为一门可以信任的科学，人类由此可以看见未来。

谢顿的第一个预言是：虽然毫无征兆，但已存在一万两千年之久的银河帝国即将灭亡。

一时间，银河震动，帝国飘摇；皇帝、宰相、夺权者、反叛星球，各方势力立刻剑拔弩张，人类银河时代最伟大的传奇就此开启……

故事总是从帝国产生惊人变化的那一刻开始的。

41.《太空漫游四部曲》，［英］阿瑟·克拉克著，郝明义等译，上海人民出版社2013年出版。

这套四部曲套装，是科幻大师、太空旅行预言家C·克拉克先生最著名的作品，其中气势磅礴的想象，丰富生动的细节，对太阳系各行星的精确描述，都引人入胜。

小说的开头，从三百万年前的地球开始。那时，人类的祖先遭遇一块神秘的黑色石板。三百万年后，人类已经登上月球，而一块同样的黑色石板正在月球等待着被发现……它到底有何目的？所有的故事与未来，都从这里开始。

"太空漫游"四部曲由《2001：太空漫游》《2010：太空漫游》《2061：太空漫游》《3001：太空漫游》四部作品组成，是世界科幻三巨头之一——阿瑟·克拉克最重要的代表作，被誉为世界科幻文学不可超越的巅峰之作，不但是全球科幻迷心中的圣经，也成为流行文化的经典。

42.《飞向人马座》，郑文光著，湖北少儿出版社2006年出版。

中国科幻小说的扛鼎之作，激发无数读者把目光投向外太空，仰望星空而浮想联翩。

这本书主要是以三个少年在宇宙中惊险刺激的冒险历程为线索，描写他们在参观一艘宇宙飞船时，敌人打破飞船底座，致使飞船带着他们向人马座飞去。三个孩子在飞船中成长，靠着飞船上仅有的一些资料、电子书籍和工具，治好了其中一个女孩的宇宙射线病；在没有一点儿燃料的情况下，横穿星际云；并在最危急时刻，运用爱因斯坦的天体运动力学理论逃出了黑洞的魔掌……三个连基础教育都没完成的青少年经历了九年的太空飞行，并坚持不懈地努力，等到了救援并回归地球。

这本书也可以看成是太空版的成长小说——青少年在一次长途漫游中，依靠团结、智慧、耐心、学习而成长了。

43.《二十二条军规》，［美］约瑟夫·海勒著，吴冰青译，译林出版社

2012年出版。

根据第二十二条军规,只有疯子才能免除飞行任务,但必须由本人提出申请;而能提出此申请的人必然没疯,所以他必须去飞行,去送死。

在英文中,"军规"和"圈套"是同一个词。小说的主人公约塞连是二战中一名美国轰炸兵,第二十二条军规使他不得不在生死线上苟且偷生,同时他也发现原来世界到处暗藏着这种荒唐的圈套。

"第二十二条军规"早已作为常用词被收入词典。而人类世界至今无法摆脱这个圈套的困扰。

也许"二十二条军规"并不存在。这并不重要,问题是每个人都认为它存在。

44.《**大师与玛格丽特**》,[俄]米哈伊尔·布尔加科夫著,钱诚译,人民文学出版社2004年出版。

这本书译本众多,令人眼花,我读过的有几种,除推荐钱诚译本外,中央民族大学出版社王振忠译本,北方文艺出版社曹国维、戴骢译本,都不错。

前苏联文学大师米哈伊尔·布尔加科夫的代表作品《大师与玛格丽特》中译本又名《撒旦狂舞》。撒旦即魔鬼,按照《圣经》的记载,魔鬼是上帝的众子之一,在《约伯记》中,魔鬼就人究竟能否敬神从善的问题同上帝发生了争执,并在征得上帝的允许下对上帝自认其在地上最可信赖的仆人——约伯进行百般试炼。此后,有关魔鬼试探、考验世人的内容成为西方文学史中的一个重要主题。其中,又尤以两部作品最为著名:一部是《浮士德》,另一部就是布尔加科夫的这部长篇小说《大师与玛格丽特》。

在这本书里,撒旦化装成魔术师沃兰德教授,带着两个扈从来到了堕落的莫斯科大牧首湖畔,碰见了"莫文协"主席和诗人"流浪汉",开始了最有趣的无神论对话。"莫文协"主席不相信基督,也不相信撒旦,让沃兰德教授大为惊讶。

沃兰德教授预言了很多人的命运,也创造了空间的变化,在莫斯科看到了各种类型文化人的堕落,令人觉得荒唐。例如,作协里的鱼分为一级新鲜度、二级新鲜度，例如一个人把房子从莫斯科换到基辅，又从基辅换回到莫斯科，竟然由一室户神乎其神地变成了三室户。种种现状，很容易让我们读者会心一笑。

——延伸阅读：布尔加科夫的两部中篇小说《狗心》与《不祥的蛋》，都是想象力超凡，叙事丰富有趣的杰作。

附记：书是推荐不完的，而且每个人读书都有自己的独特趣味和偏好。有些人喜欢恐怖，有些人喜欢推理，有些人喜欢冒险，有些人喜欢战争。我呢，最近喜欢看科幻。而在所有这些书的背后，最坚实的支撑，是人类文明的最高文化结晶之一：经典名著。通过对文学作品的阅读，进而延伸到哲学、文化学、人类学、宗教学等学科，一个人的自我积淀，就慢慢养成了。

我推荐了这么多的外国文学作品，并不是说漠视中国传统文学作品。我想，对于传统，很多人都知道个大概，但是，因为文言文被割断，传统文化被割裂，现在的学生阅读文言文比读外语还困难。这是现实，不能抛开现状来谈论阅读。

中国当代的儿童文学作品，我不推荐。没别的原因，就是写得不够好。我翻看过一个写动物的作家，著作等身了，不知道他这么写下来，到底有没有时间生活、学习、感悟、提炼。而我推荐的这些儿童文学作品，就我看来，起码他们的创作都是很严谨的，他们的思考都是有一贯性的。这样的作品，阅读之后才不会浪费我们时间，给我们一种人与自然亲切融合的感受。

我这里的推荐作品，可以涵盖到高中毕业生。因为每个人的阅读出发点不同，基础各有差异，有些孩子读得早，读得多，有些读得晚，读得少，

可以根据实际情况各取所需。而我没有提到的好作品,比我提到的或许更多,这就需要孩子们在养成阅读的好习惯之后,自己去寻找了。

祝大家阅读愉快。

孩子语文成绩不好怎么办

> 我们最好不要把考试成绩当成是对孩子能力和未来的唯一评测标准,而是要尽量把考试成绩做减压和淡化处理。小孩子的人生还有很长的路要走,赢在起跑线的孩子,也许跑出一百米就累倒了。慢的孩子,说不定走了两万米都神闲气定。

一位父亲接连给我发了三份私信,问我孩子语文成绩不好怎么办。最近很多人都问我这类问题,这些问题很有代表性,作为一名同龄孩子的父亲,我很能理解父母们的焦虑。

下面,我们先看看这位父亲的问题:

叶开老师您好,我的儿子9岁,三年级,我也总是看你的文章。我很赞同您对孩子教育的观点。我儿子也喜欢看书,但就是语文成绩上不去。最近的考试中语文成绩不好,阅读部分几乎不得分。他平常也看像《哈利波特》《淘气包埃米尔》《小屁孩日记》这类他喜欢的书。假期我这么安排的:每天《开明》5课,写出每课的所感所想,《商务》3课,能看懂就行。每天一段《论语》要背下来,知道意思,明白道理,懂关键字的意思。这样安排好还是找个阅读班学习的好?请给个建议,我实在无助呀。给我发个邮件好吗?谢谢。

首先要请这位父亲原谅我的缓慢。最近到了假期,像他这样的私信很多,我没有这么多时间和精力一一回复。他的问题很有代表性。每位父母都爱自己的孩子,关心自己的孩子。这是一名尽心尽职的好父亲,他给自己的孩子假期安排得太充分了。我倒是觉得其实没必要这么严格。

父母关心孩子不能太着急。小孩子的成长要有一个过程,他们在学校里已经承受很大的压力,父母应该给他们减压,而不是加砖。

好不容易放假了,为何不让小孩子多玩玩呢?我们每逢假期都带孩子出去旅游。语文作业是做不完的,我更反对这种没完没了的作业,让孩子简直喘不过气来。父母要把目光从考试和评测的成绩中移开,看看别的地方——退一步就能看见蓝天白云,脚底下就是小桥流水,除了成绩之外,我们的孩子还有什么优点?我们要更多地看到小孩子的优点,而不是故意找他们的缺点。

有人以为我女儿语文考试成绩可能好。上次中考,语文她考了82分,在班上中等偏上。她读了那么多优秀的作品,比她的语文教师恐怕还要多。但去年语文教师曾在家长会上对我太太说,我女儿理解力有问题,建议她多读点书。我太太回家跟我说起,仍然感到很不解。我说,在目前这种教育制度和教育逻辑下,她这么讲是有道理的。我们女儿不是没读过书,也不是没有理解力,而是没有按照教师和教材的要求去理解问题,回答问题。

孩子一年到头都面临着无穷无尽的考试,这本来已经是一种折磨了。语文考试和练习居然还都是标准答案。这种标准答案的目标,不是为了培育孩子的心智,开拓他们的思维,让他们获得真实的感受,而是要把他们套在死板的框框里,把他们训练成"呆瓜族"。谁要是胆敢越过这种死规定,就会受到严厉的惩罚——现在更多是精神惩罚,通过批评等方式来打击孩子的积极性。真正有独立思考能力的孩子,在这种可怕的考试中可能会遭到严酷的打击,甚至可能失去信心而自暴自弃。在王朔的小说里,就有小流氓把整人说成教育。比如,要"修理"谁,不说"修理",而说"教育教育"你。

我们的教育模式,就是"修理"小孩子的。

在语文里,百分之百盲从教师反而有害。他们的标准答案有时相当可笑,甚至荒谬。一名语文考试成绩好的孩子，只能说明是很听话很顺从，但无法证明他的语言表达能力和文学素养。

我们最好不要把考试成绩当成是对孩子能力和未来的唯一评测标准，而是要尽量把考试成绩做减压和淡化处理。小孩子的人生还有很长的路要走，赢在起跑线的孩子，也许跑出一百米就累倒了。慢的孩子，说不定走了两万米都神闲气定。有时候，慢就是快，这是我们祖先的高级智慧，"只争朝夕"的人很难明白。现代社会中，一个人的生活轨迹很不容易确定。孩子们有自己的路，做父母的只要给他们打好基础，让他们保持身体健康、精神健全，懂得乐观处事，和顺待人，其他的路，就由他们自己走吧。

我看《功夫熊猫》总是感慨万千：即使是那么一个又懒又贪吃的熊猫阿宝，乌龟大师仍然说每个人都是独一无二的，阿宝也一样。狐狸大师悟到了教育的真谛，学会了"因材施教"，把阿宝训练成一名武功高手。阿宝在找回自我后，成了豹子太郎的克星，保卫了山谷。

语文考试有两个方面非常不容易确定，一是阅读理解，二是作文。

我女儿在小学三年级和四年级，在这两方面都遭到教师的"恶评"，我太太为此还很恼火。今年是五年级，前天她回家，居然带回了语文教师发的三个小礼物，奖励她考出了"丑闻"——可见，广泛阅读积累足够多后，只要学会应付考试，实际上很容易考出好成绩。

我在假期从来不安排孩子学习。我只提一个小小的建议，《论语》能背诵就可以了，不必苛求"甚解"，可别被庸人的说法误解了，反而有害。民国教材确实高于现在的教材，但是我觉得也别太当成了不起的作品。这套教材毕竟比较粗浅，小孩子随便翻翻，看到有趣的读一读就可以了。写"所感所想"有点太苛求了。

相信孩子，让他们阅读，让他们自己感悟。他们比我们大多数人都聪明。

美国儿童文学大师苏斯博士说：大人都是些退化了的小孩，让他们见鬼去吧！

我们不见鬼，但是我们自己的孩子，应该把他当成宝贝来看。爱他们，就给他们自由，给他们减压。

做个会讲故事的父亲

> 亲子教育的核心是讲故事。一个会讲故事的父亲,跟孩子的关系会更密切。

每个孩子都是从听故事开始人生的。孩子会说话之前,就爱听故事了。小孩子天生爱听"小白兔打败大灰狼"。这是我自己小时候的经验,也是我女儿小时候我讲故事的经验。我想,故事是区分人类和动物的标志之一。

现在绘本越来越多,内容越来越丰富,但都脱不开"讲故事"这个要素。绘本比讲故事多的只是精美图画。如果没有故事核心,绘本只是几张明星片而已。所以,亲子教育的核心是讲故事。一个会讲故事的父亲,跟孩子的关系会更密切。亲子教育的核心,就是陪孩子玩耍,给孩子讲故事,跟他们聊天。

绘本太多,我不打算给家长们推荐具体的绘本书目。我已过了给小孩子读绘本的时期。女儿初三,算得上是合格的"读书分子"了。有些作品,如《魔戒》,她还让买英文原版。为什么要看原版呢?因为电影《霍比特人》。为什么是《霍比特人》呢?因为电影里那条史矛革龙是本尼迪克特·康伯巴奇配音的。"本尼"是谁?《神探夏洛克》的主演。八册版《福尔摩斯探案全集》她早就读过了。有一次在思南路书集上看到一套英文原版,我买来送给她,她很高兴。

晚上吃饭,从阿加莎·克里斯蒂谈到了J·K·罗琳。这两位英国女士的作品都得到女儿的追捧。她小学二年级时读《哈利波特》,是铁杆粉丝。

现在长大了,开始追阿加莎·克里斯蒂。我认为《罗杰疑案》叙事很独特。《东方快车谋杀案》和《尼罗河上的惨案》也让人印象深刻,女儿认为《无人生还》是最棒的。

英国妇女真神奇,单亲母亲J·K·罗琳是另一个奇迹。女儿说《哈利波特》罗琳构思了七年,太太说爸爸的《金刚兔》构思了不止七年。女儿说没那么久,是搬新家才开始讲的。这个故事是散步时我被女儿逼急了现编的。故事说,半人马座博德星人派超级机器人来地球拯救人类,因为一个小错误,它飞到几十万年前的地球,置身于可怕丛林中。它像一棵香菇从泥里长出来,还没有定神就被凶猛动物一口咬住……

每次女儿都指定金刚兔要去跟新的凶猛动物搏斗,有时是暴龙,有时是海妖,金刚兔总是完美地干掉了这些大坏蛋,结局让女儿高兴得眼睛闪闪发亮。金刚兔作为超能机器人,干掉碳基生物实在是易如反掌啦,她拼命点头,如释重负。金刚兔配备了各种超能武器,本来是打算拯救地球的,核导弹随随便便搞定,打败凶猛动物岂非易如反掌?

小孩子都喜欢为弱小动物报仇,小孩子太喜欢行侠仗义了。女儿说,爸爸,写下去吧,写完你的《金刚兔》。

我给孩子编故事时,绘本还不盛行,基本是以我讲各种故事为主。在一个家庭里,父亲通常是处在"讲故事"的位置,他是给孩子想象力插上翅膀的人,爸爸不需要有多少本事,但他要宽容,要鼓励,要敢于承认自己做不到一些事情,同时,他还要尽量陪小孩子玩耍、聊天,激发孩子的好奇心,同时也要满足他们的好奇心,给他们更宽阔的空间。

我的看法是不要过早教小孩子拼音、认字,而是尽量抽出时间来给孩子读,给孩子讲。在具体的讲、读过程中,你作为一位父亲、一位母亲的形象,就生动地铭刻在孩子的记忆深处。

聪明的孩子都认字

通过学习和背诵古典和现代的诗词的方式，来综合学习。这样，他们所认得的文字，不仅仅是一个个单独的文字，而是有生命的文字，组合在一起，这些貌似普通的文字，就像经过训练的青年农民，变成了有组织、有纪律的革命士兵一样，展现出惊人的巨大的生命力。

下面是我女儿乔乔给妈妈写的一封信：

妈妈，我爱你！我会画很多的画，我还会刻画很多的动物，而且，我喜欢恐龙园。

这封信的字，是乔乔让我捏着她的手写的。乔乔说，爸爸，爸爸，你把着我的手！

口吻不容分说，我要写一封信。

我说，好的。于是我们就写了上面的那封信，乔乔口述，我握着她的手描画。只有信上画的图章和签名，是她自己写的。假设我要把自己的女儿塑造成一个神童，我就要跟你们说，我的女儿会写信了，那些字都是她写的。但是我不会这么干。我会跟你们说，乔乔认识一些字，但不算多。她现在读幼稚园大班，班上很多的小同学，都在家里暗暗地学习，认识很多字了。相比之下，我们家乔乔，认字不多，我们不着急教她认字。我们不觉得这么早认识那么多的字，有什么特别了不起的。但是小孩子到了幼儿园的大班，每个人的父母都似乎着急了起来。大家都在说，现在的小学，一年级就要求认识2250个汉字了。在小学，他们不教小孩子学汉语拼音，你必须在幼儿园阶段就学会。所以，乔乔她们的幼儿园老师，在教她们学习汉语拼音。不然，小孩子升学到小学，就会跟不上学习的进度。这真是一件恐怖的事情。小孩子在小学，不仅要学习英文、数学、语文，而且，还要学习画画、音乐，以及其他诸如此类能够让小孩子变成神童的种种技艺。在小学一年级内，让小孩子认识这么多的字，简直是太可怕了。我自己想想，甚至都不知道我自己认识的汉字超过3000个没有，总之，我觉得小孩子在小学一年级就要学会2500个汉字，实在太多了。我们一般常用的汉字，也就三千多个，小学一年级，按照我们现在的教育进度，基本上就相当于过去的一个初中生了。我自己当年在高中阶段，认识的字肯定不超过2500个。总之，作为父亲，我一方面感到非常惭愧，另一方面，又感到十分不解。

根据我的粗浅理解，汉字的真正含义，不仅仅是表面上的这几笔几画而已，它实际上是中国文化的一个全息的图景。我们对中国传统文化的了解和获得，实际上，更多地是要依靠认识汉字和对汉字的了解来获得的。一名经过粗暴的填鸭式的灌输而认识2250个汉字的小学生，也许看见这些汉字都认得，但是，我相信，他们的认得，也仅仅是感到"眼熟"而已，至于其中的真正含义，则懵懵懂懂，不得而知。按照我的理解，有这个劲头，还不如让小学生循序渐进，通过学习和背诵古典和现代的诗词的方式，来综合学习。这样，他们所认得的文字，不仅仅是一个个单独的文字，而是有生命的文字，组合在一起，这些貌似普通的文字，就像经过训练的青年农民，变成了有组织、有纪律的革命士兵一样，展现出惊人的巨大的生命力。简单地举例，李白的《静夜思》，每个小朋友都会背诵，也会写。但是，这二十个汉字，实在是很简单的。这么简单的二十个汉字——不重复去数数的话，其实只有十七个汉字——经过诗人的有机组合，包涵着诗人的真情实感，却表现出了那么意味隽永的意境来，千百年来，让人吟诵不断。

汉字的美丽，表现在结构上和表达上。我觉得，通过阅读诗歌、文章

和学会表达的方式来学习汉字，其效果才能真正达到。不然，充塞在小学生头脑里的那 2500 个汉字，不会变成营养，反而成为垃圾。

和孩子一起长大

一旦孩子有了这种阅读和探索的兴趣，家长就没有什么烦心事了，我们只需怀着欣赏的心态，感受孩子长大过程中的每一个美好，他们以后的道路，自己会去探索，去发现。

首先谈到阅读

女儿上幼儿园时，我就说，女儿今后上小学，好日子就结束了。读幼儿园，我们要让她好好玩，尽量玩。很多家长都在给孩子报名参加各种培训班时，我们带着孩子到处去旅游。

有些孩子上小学前认识两千多字。我们不教孩子认字，她上小学前大概认识一百多个在户外经常见到的常用字。上了小学，我们对语文的最基本要求是，认识字，写端正，临字帖。尽量空出时间来阅读。

从幼儿园到小学二年级这三年左右时间，给孩子用优秀的图画书来进行阅读训练，有很好的效果。这种图画书，文字简短，插图优美，故事迷人，很适合四岁到七岁左右的孩子。国内的专业少年儿童出版社，都出版有大量的读物，主要还是外国的儿童读物经典，例如美国儿童文学大师苏斯博士撰写的低幼读物《戴高帽的猫》等作品。

多年前起，女儿还在读幼儿园，我尽量每天晚上睡觉时都给她读书听。早期是《天线宝宝》《猫和老鼠》之类的图画书，后来是《千家诗》等传统选本。我不强求女儿背诵全部诗歌，图的是个催眠的效果。

现在，每天晚上做好作业，洗刷完毕，准备上床睡觉了，女儿自己会

找好喜欢的书,来我房间说一声,我就去她房间给她读。前不久读了吉卜林的《丛林之书》、林格伦的《淘气包埃米尔》等,都是她自己阅读过的。

开始,她还偶尔插几句话。读着读着,她慢慢地靠在我臂膀上,睡着了。

1月1日这天晚上,女儿找出《彼得兔故事集》,让我给她读第一册第三篇《弗洛普西家小兔的故事》,读完她还努力不睡,我又读第四篇《托德先生的故事》。读到一半,她满意地睡着了。

《彼得兔故事集》短小隽永,插图优美动人。热爱自然和动物的比阿特丽丝·波特小姐创作了这些动人的故事,亲自绘画,该书出版发行以来,在英语国家可谓家喻户晓,是绝大多数儿童成长过程中的必读图书。女儿已经十一岁了,仍然听得入迷。

《丁丁历险记》也是男生女生都喜欢读的连环画名著,小侦探丁丁和他的好伙伴小狗白雪在全世界的历险故事深入人心。

经过一段时间的图文书阅读训练后,小孩子很快就可以读"大书"了。

我女儿在八岁时开始阅读《哈利波特》系列,九岁时读完了全部七本,字数超过了两百万字。小孩子读完这套书,就完成九年义务教育的"课程标准"要求了——根据这个要求,九年级毕业的学生,阅读课外书不低于两百万字。有些孩子早慧,一年级就能读《三国演义》《西游记》了。

元旦期间,女儿有个幼儿园同学来我们家里玩,她一年前还不太爱读书,妈妈很发愁。我推荐《哈利波特》,春节期间读了两部。半年前说读到了第五部,这次她说把《哈利波特》七部都读了两遍。我女儿,每部都读了好几遍,第一部已经翻得脱了页,用两个大夹子夹着看。

她们对小说里的人物和情节都记得滚瓜烂熟,并且为那些奇特的故事所着迷。

有些家长和小学教师担心这套书不是经典,以为不适合小孩子阅读。这种先入为主的观念极有害。我常建议成人在好好阅读之前,不要妄下结论。孩子有自己的世界,成年人不应该用狭窄的观念去打压他们。

有统计显示,中国人年均读书量不到五本,而美国是二十五本、日本四十本、以色列六十四本。超重的工作负担和浮躁的心态,让很多成年人缺乏必要的阅读量，很多人都只爱炒股、洗脚、看电视、打游戏，自己的生活乏味无趣，又如何能指导和陪伴孩子学习？

《红楼梦》《战争与和平》这种作品，等小孩子上初中之后再阅读也不晚。小孩子在阅读的起步阶段，十三岁之前都更适合阅读幻想类的作品。少年的世界跟成年人不一样，从阅读的角度来说，只要培养好阅读的习惯，不必担心他们以后的阅读问题。那些经典名著，或迟或早，都会进入他们的眼帘。等他们到了初中以后，缺少的就不再是阅读的兴趣，而是阅读的时间。

随着孩子的长大，他们的兴趣也会产生各自不同的变化，有些孩子更爱阅读历史故事，有些更爱读名人传记，有些爱读科幻小说，有些爱探索地球，这些都是养成阅读的良好习惯之后，会慢慢变化的，也是很正常的。

一旦孩子有了这种阅读和探索的兴趣，家长就没有什么烦心事了，我们只需怀着欣赏的心态，感受孩子长大过程中的每一个美好，他们以后的道路，自己会去探索，去发现。

其次谈到理想

每个人在手捧刚刚诞生的小宝贝时，脑子里都难免会转动着各种奇妙的念头：这孩子长大后将会变成什么人呢？总统？总督？总裁？总爱哭？总爱热闹？总一人待着？总是想入非非？总是含着手指头发呆？

即使是生养他/她的父母，也不可能准确预知孩子的未来。但几乎每一个孩子，都背负着父母们的殷切期望。中国人热爱望子成龙，喜欢往高大全里梦想，喜欢用自己的孩子来完成未竟的伟大事业梦想。用愚公的话来说，就是传子传孙，以至无穷。但是，愚公思考问题的方法确实值得推敲——难道子子孙孙无穷尽地挖掘这座高山，真的有意义吗？如果没有意义，无论毅力多坚定也是白费力气。

我们中国的文化有很多这种类型的陷阱，一不小心就容易陷进去。我相信每个孩子都有自己的未来，父母们却早早就给他们规划好了人生。他们的未来，就是赚大钱，当大官。此外，再也没有什么职业值得考虑了。

根据这种理想，家长们为孩子寻找各种魔法能力：奥数、柔道、英文，几乎你想得到的补习班，都带孩子去参加。可怜的孩子，他们要有超人的能量、魔法师的时间，才能完成这种"不可能"的任务。

近六十年的"填鸭式"教育，已经制造出三代"残缺不全"的新人。十几年前开始搞的教育大跃进，还使我国大学生的人数突飞猛进，但真正的效果也还有待检验。

我们对孩子的期待，可不可以换一个角度？即使他们是天才，也要给出足够的空间和时间。就像我们看见土里拱出了一棵小苗，因为太幼小、太柔嫩，不知道是豆芽呢还是木棉。这时，我们无需着急，只能等待。我们既不能刻意施肥浇水，也不能揠苗助长。我们要做的，是看护着它，小心别给山羊野兔给嚼了。让这棵树苗自由地生长，享受阳光雨露，迎接狂风暴雨。

我对自己的孩子期盼不高。我希望孩子长大后，能有扎实的基础知识，有健康的身体，有聪慧的心智，有诚实的性格，有自由交流的愿望，并拥有不断自我完善的能力。即便是简单的幸福，也要珍惜；即使是很大的痛苦，也要克服。至于她以后会变成一个什么样身份的人，我并不太刻意想象。我们现代父母所要做的最重要事情，是尽量给孩子减压。并不是我们不期望孩子将来能拥有一份如意的工作，而是每个人都有自己的未来，着急、忙乱并不能带来真正的成长。

社会总在变动中，我也看到越来越多的父母，学习着放松，给孩子减压。

也许减压之后，给孩子以更多的自由空间，让他们的心智得以在更加正常的状态中发育完善，反而会使得这颗小树苗渐渐地长高长大，显出大树的面目来。

反对标准答案

这段时间，我收到了很多专家、教师和家长给我的邮件和留言，都认真地探讨语文教育这个问题。

媒体广泛报道我批判小学语文教材的问题，引来了热烈的关注和讨论，这并非因我有什么影响力，而是时隔十几年之后，被我不小心捅破了这层薄纸，露出了语文教育粉嫩的创口，引发了阵阵切肤的疼痛罢了。

各种媒体的广泛传播，相应地也带来了以讹传讹的问题。很多网站用夸张的题目吸引眼球——"两名文学博士无法指导小学语文作业"。实际上，我们倒不是没有能力指导孩子的小学语文作业，而是不认同语文教师给出的唯一性答案。现行的教育制度下，小学语文从教材、教法到考评，都大有问题。这些问题相互缠绕，彼此依存，难以廓清其深远的流毒。面对此难，只有两个办法消毒：一是让孩子多读好书，二是培养孩子独立思考的能力。在语文这种人文学科里，很多领域都没有绝对正确的权威，小到作业和试卷里的标准答案，大到"权威专家"的定论，都可以有理有据地加以质疑——独立思考能力首先从质疑"唯一正确性"开始。

女儿平时常拿各种作业问题来找我。很多词语作业非常呆板，又缺乏上下文联系，如果不是长期机械的训练，一下子真不容易想出来。这种练习和测试的模式，我很不认同。不少小学语文教师对这种机械的练习和考评模式习以为常，对小孩子进行灌输。

比如这个流传甚广的考试题目：三国时期最聪明的人是谁？

很多人抓住"诸葛亮"到底能不能说成"孔明"这个问题反复辩论，完全偏离了问题的核心：我反对现行语文的僵化教育模式，也反对考试和作业中灌输的"唯一正确性"。

"诸葛亮"能不能叫作"孔明"，不是问题的关键。我们要追本溯源：在这种问题中，为什么只能有唯一的正确答案？

"三国"时期有很多智士，诸葛亮、庞统、周瑜、司马懿、郭嘉、荀彧等。曹操纵横捭阖，统一了大半个北方中国，可谓智慧过人；又能横槊赋诗："月明星稀，乌鹊南飞"，不能说不艺术。张飞率领大军西进蜀地前，南下巧取长沙老黄忠，据有蜀地之后又能智退魏国猛将张郃，可谓粗中有细，机智过人。对于聪明机智，每个人都有自己的理解。

在语文练习中，要真正考查学生对三国的认识，这道题或许可以改成

这样:请写出你认为三国时期聪明人的名字,并简单说出理由。我说张飞巧取黄忠智退张郃,所以他聪明。又如诸葛亮六出祁山都被司马懿所阻挡无功而返,所以司马懿也聪明。

苏东坡就认为周瑜比诸葛亮高明,并在《诸葛亮论》里说:"取之以仁义,守之以仁义者,周也;取之以诈力,守之以诈力者,秦也;以秦之所以取取之,以周之所以守守之者,汉也;仁义诈力杂用以取天下者,此孔明之所以失也。"此论前后排比,说理透彻,气势夺人。但我们照样不必无条件同意。

唯一性的答案,可以出现在数学题里,可以出现在地理题里。在语文和历史这样的人文性科目里,要给出唯一的正确性答案,必须要考虑这道题目的排他性,严格限定范围。

但这种唯一性的伪正确逻辑,只能建立在目前教育制度的同化教育理念中。这种教育不大尊重学生的个性,把天生禀赋和个性都各有不同的孩子,通过长期的巴甫洛夫条件反射训练和敲打,制造出一批又一批同一模式的"社会零部件"。这样长期压制和修建下来的结果,就是我们的孩子头脑简单,善于遵从,但想象力匮乏,综合能力薄弱。

前段时间,媒体报道说,在一次国际中学生比赛中,代表中国出战的上海中学生夺得了计算和阅读两项第一名,但想象力却排在末尾。

我国曾有一个奥数战略,高考时还能加分,各地中学都纷纷搞奥数班。与此相对应的是,2000年至2008年,有数学界的诺贝尔奖之称的菲尔兹数学奖桂冠,其中的六届被法国四十岁以下的数学家摘取,但我国数学界无一人能获此殊荣。华人中,也只有生于汕头、长于香港、求学于美国的丘成桐教授获过菲尔兹奖。近于疯狂的奥数战略,并没有让我国在有"科学的王后"之称的数学领域取得重大的成就。计算能力,如果变成了"算钱"能力,这反而是悲哀的。教育界对这种集训式奥数教育进行了反思,高考不加分后,奥数热也逐渐降温了。"阅读"排名第一,我个人不太相信这个结果。我女儿现在五年级,她的阅读量在全班全年级都可能是比较高了,我细算下来也不到两百本。假设平均每本十五万字,总阅读量是三千万字。

有一位在美国生活的母亲在我的博客上留言说,她看到我推荐 the

Trumpet of the Swan（国内译名为《吹小号的天鹅》），就带女儿去学校图书馆把这本书借了出来。她说，在美国，语文没有编定的教科书，学语言和文学依靠大量的阅读。他们的孩子平均每年阅读量在两百本左右。这个数字有些惊人，我想可能包括了"桥梁"书这种低幼读物。即使把这个数字打对折，也远远超过我们中国大陆"课程标准"的要求。在"标准"里，五年级毕业的小学生课外阅读量是"不低于一百万字"，九年级中学毕业生的阅读量是"不低于两百万字"。两百万字是一个什么概念呢？《三国演义》和《红楼梦》加起来，就超过两百万字了。前文也说过，一套七卷本的《哈利波特》就达到两百五十万字左右。而两百万字的课外阅读量就是对高中毕业生的最终要求了。

散养自由心灵

我修改这篇文章时，正逢元旦，我女儿除了要应付学校布置下来的作业，每天练一个小时钢琴，并没有什么特别的事，她自由地阅读，看动画片，玩耍。

我把这种状态称为散养。但散养是虚假的，压力重重的孩子并不能真正达到这种状态。我努力给孩子减轻压力，只是想让她暂时跳出学校教育中那种压抑人性的选择游戏，多呼吸几口相对自由的空气。

在我家楼下的小区中央，有一个儿童乐园，木马、平衡木、滑滑梯等设施齐备，但很少看到有小学生在里面玩。

去年我独自带着女儿在家里，想实验一下散养的效果——作业能应付就应付，每天陪她打羽毛球，看动画片，读书，骑自行车，一起包饺子，自由自在，其乐融融。太太回国后检查，发现她数学成绩"退步"了，但是语文和英文都没有什么问题。我让女儿两岁多就去天线宝宝网站和迪士尼英文网站玩小游戏，她听着那些有趣的歌曲，爱上了英文，后来我又给她买了英汉对照本儿童文学，三年级时还买了一套英文原版《哈利波特》。她英文程度还不太够，但读完了第一部。此外，我还鼓励她看了大量的原版动画片，另外我们一起看了《哈佛伦理学教程》系列视频、《生活大爆炸》

等连续剧。小孩子学语言快,她的日常英文听说能力远超我们。这种方式对小孩子学英文很有效果,孩子高兴不必说了,还可以免去每年上万元的额外学习费用。

有机会让孩子散养,并且在有机会时让他们自己跟别人自由地交流,这是对学校课堂填鸭式教育很重要的修正。

教育部新出台的《国家中长期教育改革和发展规划纲要》说,今后要"……努力培养造就数以亿计的高素质劳动者、数以千万计的专门人才和一大批拔尖创新人才"。

这种"育人为本"的目标,要把学生按照某种既定的模式来加以塑造、锻造,最后成为社会中的一个零部件。真正的教育是要"以人为本",因材施教,让每个性格各异、爱好不同的孩子根据自己的能力和特点自由自在地发展。

前不久我在上海一所著名的小学里做讲座。我认为天才是不能培养的。我们自己是普通人,根据什么逻辑说自己能培养天才呢?天才,就是天上来的,不依地上的法则行事。对天才不可能用平常的教育法则去框之,唯一能做的就是给他们留出尽量多的空间,让他们自由地生长。我以为,天才是自己长出来的。假设我们父母和教师努力过头,为培养天才这棵小树苗,天天去拔起来检查它的根须,每天给它施肥浇水,这天才可能还没长出来就被折磨死了。

元旦期间,我女儿重看了两遍动画片《功夫熊猫》。前天,我陪她又看了一遍。

熊猫阿宝这个角色,出身贫寒,爸爸是一只做面条的鸭子,自己又胖又懒又蠢又笨,整天梦想着变成笑傲江湖的大侠。不仅街坊邻里看不上他,大师也看不上他。只有真正的教育家乌龟大师,才透彻明了教育的真谛,并在一树桃花下,点醒了大师:有教无类。即使是熊猫阿宝这样的人,也有自己的无限潜能。他不能变成神龙大侠,错不在他,错在教育他的师父。"因材施教"本来是我国传统文化教育的核心思想,但在这部影片里,被美国人表现得通彻透明,令人叹服。

这位焦急的"大师"也有自己的天生偏见，但是，现在他也从乌龟大师那里学到了更加宽容、更加高明的教育思想。

在我看来，《功夫熊猫》就是一部教育片。

身为父母和教师，我们要虚心地向影片里那位从善如流的"大师"学习。他的教育，才是真正以人为本。

诗歌说出内心与世界的秘密

这个世界太复杂了,只有诗歌的语言魔法才能打破复杂事物之间的藩篱。优秀诗人自由穿行在各种事物的边界之间,以诗歌的智慧打破成见的障碍,如飞鸟在空气中飞翔。

中国诗歌历史悠久,从《诗经》《楚辞》到唐诗、宋词、元曲,诗歌一直是中国文化的核心精髓,也是中国人文生活的坚实基础。

孔子说:"不学诗,无以言。"不是说没读过《诗经》就不会说话,而是说学习过,会有更好的表达能力。诗是语言的精粹,读诗学诗,进而有所得,在表达上会产生特殊的感染力。

我们一想到传统诗歌,通常就会想到押韵,想到整齐诗行。虽因现行普通话的简化,去掉了一些传统声调,而致使唐诗宋词一些篇章读来不再押韵,但总体来说,整齐诗行和押韵,是普通读者对诗歌的共识。即便是长短句类的词、歌、赋、曲,也各有鲜明格式,有严整的韵脚。五四新文化运动后,因新诗运动的逐渐普及,我们对诗歌的认识,分成了旧体诗和新诗。

中国早期韵文,如汉赋等也押韵,读来朗朗上口。押韵、对仗等规则,使韵文创作带着镣铐跳舞,后来人们突破韵文约束,而开始创作自由体散文,而能更加直抒胸臆,写人状物也更加生动。到唐宋时代,自由体散文大家辈出,而为传统的鼎盛时期。此后,强调押韵的诗歌和不强调押韵的散文,各走向自己的巅峰。但诗与文,也常常是互为咏叹的。唐代大诗人王维十九岁时写的长诗《桃源行》，对应着陶渊明的散文名篇《桃花源记》。陶渊明也另有名诗《桃源行》，诗文相配。天才诗人王勃去南方交趾（今越南）探望父亲途中，经过江西南昌，参加当时洪州牧阎伯屿组织的滕王阁诗会。他强龙压过地头蛇，以一篇《滕王阁赋》和一首《滕王阁诗》的绝配，冠绝群伦，千古流芳。

以此可知，文章体裁随时代和现实而变化。在格律、押韵无法满足表达需求的前提下，自由体的散文和小说都出现了。而突破整齐行列的词与曲，也在有规律押韵的前提下，调整句式为"长短句"。这些都是文学体裁随时代现实而流变的例子。我们今日读者，其实不必太拘泥于成见，认为诗歌一定要押韵，一定要整齐诗行。古人能突破局限，以新态度、新胸怀来适应时代变化，今人更应胸怀宽阔，广泛容纳，而发展出自己时代的特殊文学体裁。

五四新文化运动至今已近百年，自由体新体诗虽经种种磨难，仍取得很高成就。新文化运动前后，新诗体质尚弱，艰难前行，胡适等先驱的创作实践还不太成功。闻一多、徐志摩等著名诗人，到上世纪20年代末才逐渐成熟；后继者冯至、卞之琳等继续推进新诗的创作；三四十年代，即使在兵荒马乱中，穆旦等新世代诗人的创作已经蔚为大观，新诗有了大气象。当时新月派后期代表诗人孙毓棠创作的800行长诗《宝马》，是一部恢弘的大作品，可惜被淹没在"救亡压倒启蒙"的现实中，而籍籍无名半个世纪。被中断了三十年，上个世纪70年代末，这批诗人才重新得到认识，其中最重要现象是王辛笛、郑敏、杜运燮、穆旦等一批"复燃者"合出的诗歌合集《九叶集》。

三十年来，当代诗歌取得了杰出的成就，但人们对此默然无知；还有一些人，则嗤之以鼻，认为是垃圾，认为毫无价值等各种蔑视横飞。新诗有独特的隐喻方式，如古诗运用"梅兰竹菊"这些经典隐喻一样，需要在具体的语境下理解。无论古诗还是新诗，都需要一个相对有效的阅读培育过程，不是拿起来就能深刻理解，就能鉴定判断的。新诗的创造者通过不断更新，让各种新旧词语插上了翅膀。诗歌，是把看起来不可能的事物连接在一起，从

而产生崭新的意义。诗歌，是把距离遥远的词语巧妙运用，碰撞出新的词语质地，产生了新的隐喻。诗人张枣在《镜中》一诗中进行探索，对古代的经典隐喻加以改造："只要想起一生中后悔的事／梅花便落满南山。"结合了传统的"梅花"和"南山"，又发生了新意。

我们生活中充满了各种直接或间接的隐喻。如，桌子的腿，是很深的隐喻，我们已经忘记它的起源了。

诗歌语言，或者说诗性语言就像一把梯子，让普通人可以从地板爬到阁楼上。让不同距离的事物，在瞬间就被联接到一起，这样激发出来的新隐喻，用以表现新时代的新情感，会更加有力量。大量的网络流行词都是隐喻：沙发、潜水、楼主、脑洞、洗具、杯具等。

一旦拥有了语言的梯子，你就插上了想象力的翅膀，可以飞去世界上去不了的很多地方。

但鸟对此不屑一顾。从鸟的视角，人是多么愚笨啊。人们连爬上一堵墙都需要一架梯子。过一条小河，都需要一座桥。爬一座小山，也要开一条路。而飞鸟只要张开翅膀，整个天空都是道路。

好吧，我不小心把"天空"和"道路"联系在一起了。人类模仿鸟儿飞翔，以现代科学技术创造了金属的飞机。用各种不同金属造成，通过螺旋桨、喷气发动机推动，展开僵硬翅膀爬行在空气中的飞机，是一种没有生命的假鸟，但假鸟的身体里，却藏有许多有生命的人类。这样想想，也很有趣。

这个世界太复杂了，只有诗歌的语言魔法才能打破复杂事物之间的藩篱。优秀诗人自由穿行在各种事物的边界之间，以诗歌的智慧打破成见的障碍，如飞鸟在空气中飞翔。飞鸟，如一枚魔法缝衣针，飞来飞去，把天空、白云、风、森林、河流、草地，全都缝在一起。

诗歌，打破事物之间固有的藩篱，是一种特殊的语言魔法。

但在一个麻瓜世界里，人们不懂魔法、不知道魔法、不相信魔法，甚至讨厌魔法。这石化的心灵，是无法接受新鲜事物的。

"麻瓜"这个词是风靡全球的魔法小说《哈利波特》里最了不起的发

明,专门指那些没有特殊能力、也不懂魔法的普通人。这些普通人自以为是、无知无畏,内心和身体跟神奇魔法都无缘。他们就像一块顽石,永远都不可能开窍。但普通家庭偶尔也会生出一位有特殊魔法能力的人,小说里女学霸赫敏就是这样一个女巫师。赫敏热爱学习到了疯狂程度,有一次竟动了时间魔法,在同一时间听了三门课。

生而为麻瓜不要紧,出生在麻瓜家庭也不要紧,关键是要有开放心灵,要有接受新生事物、感知未知事物的能力,对自己不懂的魔法要有好奇心,要敬畏未知世界。

天生不懂魔法的普通人,如何通过一堵墙的阻隔?在我们这个平凡的物质社会,人与人之间,门与门之间,都隔着一堵很大的墙——连门也都是一扇墙,阻隔的功能大于通行功能。

有一天,我一早上班,忘记带钥匙了。站在门前,盯着门上钥匙孔,我想尽办法仍不得其门而入。懂魔法多好,只要对这把锁说:芝麻开门!它就开了!带钥匙什么的,多麻烦啊。

接着我想,在冬天,那些被关在什么地方的花朵,是听到谁的口令,全都开放的呢?是春风的指令,还是基因的决定?这些思考跳脱了事物的限制,应该都算是诗的意境了。于是,在4月14日,被门挡在了门外,我写了一首诗。其中一段如下:

> 什么口令可以瞬间解开
> 被冬日禁闭着的枝叶
> 在春天的每一个早晨
> 所有树木花草都听到了
> 整装待发的命令

我们通常认为,树木花草是不会听什么"整装待发的命令",但谁真的明白万事万物的核心秘密呢?植物们一定听到了我们听不到的某些声音,有耳朵听到的,不用耳朵也能听到。不用耳朵听到的,有耳朵不一定能听到。

"整装待发"通常形容列队出发的队伍，但我们可以用来比喻植物的生长。

这是一种词语让不同事物互通的简例，也是词语之间直接转换的简例。

好吧，不让我进，我就转身走开，去延安路绿地，我在汽车发出震耳欲聋噪声的高架路边，看到了一株白色的花树，正在旁若无人地开放。让我们几乎无法忍受的巨大噪声，对这棵花树似乎毫无影响。它就这么自然而然地开了，跟春天有关，跟雨季有关，但无关噪声，无关高架路，一棵花树有自己的秘密。这些秘密，就是诗，是诗意，是诗歌。当你对这样的秘密产生好奇，诗歌就诞生了。

诗歌是好奇心的甜美果实。

所以，读者也应该保有好奇心、宽容心，打开自己的心结。

语文之痛

能被教材编撰者的道德说教单元的框框套进来的名家名作，本来就寥寥无几。而这些数量稀少的作品，又在编入课本时，被编撰者以削足适靴的手法，加以低劣的改写。这样一来，小学生学到的课文，基本上可以说已经没有营养了。他们学习到的课文，已经是被"掺假"了的作品，原文的精髓已经被抛弃，原文准确优美的语言文字，也遭到了肆意的歪曲。

巴金《鸟的天堂》在教材里变了味

巴金先生的名作《鸟的天堂》在全国各省市自治区的小学语文教材中被广泛选用,但是我所看到的好几个省的版本,都是遭到过"改编"的鸡肋文。

在我看到的小学语文教材里,这些编撰者的出发点主要是道德教化。他们把每本教材按照不同的主题门类,分成若干个单元,然后为这个道德概念先行的框框去寻找文章。例如谈论亲情和友情,则去寻找类似的选本范文或者报刊文章,很多文章都停留在粗糙的说教层面。找不到,就改写古代故事,从报章里搜寻"好人好事"。

语文的教学目标,在这种编辑思想下,完全变成了机械的意识形态教育,语文课本,也退化成了思想品德课本。这样的语文教材事实上已经没有存在的必要了,因为小学生原本每学期都会发下来一本思想品德课教材。既然语文教材的编写思想跟思品课一样,选入的课文也大多低劣,这样的一门语文课还有什么存在的必要?

语文教育的核心,不是意识形态的道德教化,不是思想改造;语文教育的核心思想,一是认写文字,二是阅读经典。学会书写,懂得欣赏古今中外的优秀文学作品,是语文教育里最重要的组成部分,而对经典作品的熟读和背诵,则是这种学习的主要的、切实有效的手段。

中国传统的国文教育中,为什么会有一些经典的选本一直沿用下来,经久不衰?因为这些选本以优秀的中国古典文学作品为挑选对象,是优中精选。我们都熟悉的《千家诗》《唐诗三百首》《古文观止》等，都是古代文学作品中璀璨的珍珠。除了极个别作品因长期传抄出现版本讹误，还有些是编撰者的理解偏差导致选本不同之外，各家选本都没有故意对原作进行明显的窜改，而尽量忠实原著。自然，漫长的专制社会中，御用文人会对有些可能违反"本朝"禁忌的作品进行篡改或者消灭，有些出于政治压制的目的而编纂的类书（例如《四库全书》等），则对传统文化经典加以大规模的毁坏，以更利于统治阶级的愚民教育。事实上，在所有专制社会，人们都会为了眼前的利益，而有意毁坏文化。但是在现代文明社会，人们首要的目标，是要延续传统文化中有生命力的菁华，而对那些可能已经失效的部分，谨慎地对待并且保存着，不急于去焚毁。这样，才是文明有序发展和累积的正确路径。

语言文字是人类文明发展史中最重要的手段和载体，没有语言文字，就不会有人类文明。而语言文字实际上是极其精妙细微的知识，并不是小学语文教育思想所贬抑的那样，仅仅是一种思想道德教育的工具。语言文字的功能，一是进行交流，二是学会思考。而现在的小学语文教育模式，一是阻断了学生的自由交流，二是削弱了学生的独立思考的尝试。并且，用一些庸俗的课文当饲料，败坏学生们的胃口。在小学语文的具体教育中，每天孩子们都会带回家一大堆作业，抄词和背诵被有意歪曲的所谓"名言名句"做理解填空，这样的后果，不仅让小孩子完全失去了对优秀作品的阅读兴趣，而且使得他们丧失了鉴赏和理解优秀作品的能力。就像快餐垃圾食品吃多了的孩子，啃惯了炸鸡翅嚼多了炸薯条，对其他的健康食品提不起兴趣了。根据斯德哥尔摩综合症的理论，被这种不良习惯绑架了的孩子们，还会以为全世界最好吃最有营养的东西就是快餐。

前些年三聚氰胺牛奶的恶性事件爆发之后，有些人还说，牛奶的味道不好了，口感不好了。现行的僵化语文教育也一样，败坏了学生的胃口。经过十年的小学和中学语文教育，毕业生们除了学会写一些假大空、无病呻吟的抒情文外，很多人连一篇简单的说明文字都写不通顺，连一封信都写不明白，连一份邀请书都不知道怎么落笔。作为高中毕业生，最基本的

具体应用文写作的格式和称呼，全都不知道，不会，不懂，不明白。这样的语文教育，能说是成功吗？

十年中小学语文教育的成果，给我们留下的起码有两个成果。第一是能工整地书写文字，第二是准确流利地陈述事实和表达意见。可是，现在我们看一些基本的说明材料，包括家用电器的说明书，都会发现越看越糊涂。这些技术人员连基本的使用步骤都说不清楚，很多用户看说明书常常是越看越糊涂。我还看到过一些邀请信，满纸跑马，不知道在说什么。

在专业研究领域，文科学者不用说了，语言文字能力是最基本的要求；而理工科的学者，如果在语言文字表达能力上缺乏训练，则可能连一篇论文都写不好，说不清楚。中国内地的很多科学家都有这样的难言之隐。从前，诺贝尔物理学奖获得者杨振宁教授，曾专门谈到过在西南联大学习时对文学作品的爱好，而一直至今，他都热爱阅读文学作品，还喜欢写作。

小学生年纪小，理解力不够，要趁着记忆力最好时多诵读经典，多背诵还能促进记忆力。他们不必全都理解，也可以先囫囵吞枣背诵，记在脑子里，像水牛吃草时，先存着，再慢慢反刍消化。经典作品是每个人一生中都有用的精神营养，而且会随着你的成长、随着你的理解力的增强，给你带来不同的感悟。经典之所以能成为经典，因为它们都是作家经过长期的思考、积累，千锤百炼磨炼好自己的技艺之后才写出来的。

小学生们都学过贾岛的"推敲"故事和王安石斟酌"春风又绿江南岸"的逸闻，这两则故事都提到了很重要的一点：对语言文字的精心揣摩、斟酌和推敲，是写出好作品的重要基础之一。古代的文学杰作，尤其是篇幅短小的诗，都是千锤百炼、千古吟诵的神品。例如李白的《静夜思》，中国人背诵了一千五百年，还要继续背诵下去。但我们教材的编写者可不可以打着让这些诗歌"更加符合现在小孩子的理解能力"的旗号，对李白那些"过时"的词语进行修改呢？可不可以改成小孩子戏说的"床前明月光，李白打开窗"呢？王安石的句子可不可以改成"春风溜达江南岸"呢？

我相信大部分读者都会反对这种修改。教材编撰者却为自己拟定的各单元所需课文，而对著名作家的作品进行了肆无忌惮的改写。

我在文章中，用安徒生原文对比被改编过的课文，还用王安忆的原作对比被改编过的课文，发现被改编过的课文已经变成真正的鸡肋了。

能被教材编撰者的道德说教单元的框框套进来的名家名作，本来就寥寥无几，而这些数量稀少的作品，又在编入课本时，被编撰者以削足适靴的手法，加以低劣的改写。这样一来，小学生学到的课文，基本上可以说已经没有营养了。他们学习到的课文，已经是被"掺假"了的作品，原文的精髓已经被抛弃，原文的准确优美的语言文字也遭到了肆意的歪曲。

我曾在此前的文章里，把这种掺过沙子的课文比作三聚氰胺。牛奶的三聚氰胺伤害孩子的身体，不好的课文则败坏他们的智力和精神。

巴金先生的名作《鸟的天堂》在全国各省市自治区的小学语文教材中被广泛选用，但是我所看到的好几个省的版本，都是遭到过"改编"的鸡肋文。第一代的"刽子手"已经找不到了，我所能剩下的是对这些"刽子手"的好奇。也许，小学语文教材的编纂者不过是讨巧地采用了已经被"改编"过的课文，再加以重复"改编"而已。

为了更加明确而形象地说明问题，在下面附加原文里，我用下划线标明的这些是被删掉的段落和句子，括弧里的楷体字则是教材编写者添加的文字和句子。请读者们自己对比着看，看这篇被"改编"过的《鸟的天堂》还算不算是巴金先生的作品？

我自己归纳了一下，《鸟的天堂》这篇课文对巴金先生原作的"窜改"，包含以下几个方面。

第一，抹去作者的具体行踪。例如"<u>陈的小学校</u>"所指出的友人"陈"和"叶"，以及巴金当时到南方旅游时所住过的小学校，都因为这段话以及下文中类似的段落的被删除而失踪了。这篇课文给人的感觉是，巴金不知道去了一个什么地方，没有具体的时间、地点和人物，似乎是只有他一个人在漫游仙境。

第二，删除了原文里对周围环境的描写。例如"<u>远远地一座塔耸立在山坡上</u>"和"<u>在河边田畔的小径里有几棵荔枝树</u>"，这就把这个独木成林的"鸟类的天堂"变成了一个不真实的世界，似乎除了那棵大榕树，这个世界

上什么也不剩下了。巴金先生原文被修改过之后,"鸟类的天堂"不是一个活生生的、自然的世界,而是一个不真实的幽灵世界。

第三,用抽象无趣的描述性名词来替换原作具体生动的细节描写。例如"<u>现在正是枝叶繁茂的时节</u>,<u>树上已经结了小小的果子,而且有许多落下来了</u>"这段,被编者改成了"榕树正在茂盛的时期",抽空了课文的生动内容。

第四,胡乱窜改作家原文的句子。例如:"<u>有着数不清的桠枝</u>"被改成"树干的数目不可计数","<u>翠绿的颜色明亮地在我们的眼前闪耀</u>"被改成"那翠绿的颜色,明亮地照耀着我们的眼睛","<u>很快地这个树林变得很热闹了</u>"被改成"树上就变得热闹了"——要注意的是,课文把"树林"改成"树上",模糊了作者当时身处独木成林的大榕树下的具体切身的混音感受。在这样一个大树林里,作者听到的"热闹"不是"树上"的,而是基于置身整个"树林"的具体感受。巴金先生的原文描述非常准确、具体、生动,编撰者一字之差的窜改,让这句话失去了准确性,也丧失了音乐性的感受。

第五,替换作家原有的用词。例如:

A. "船缓缓地动了,向河中<u>间</u>(心)<u>流</u>(移)去。"这里船"流"去和"移"去的具体感觉是不一样的,课文编撰者对这里面细腻的区别,恐怕是缺乏体会的。再说,这样随意窜改,到底是基于什么样的思维逻辑?

B. "<u>看清楚</u>(了)这只,又<u>看漏</u>(错过)了那只。""看漏"和"错过"也是不一样的词,前者见得出作者的主体性感受,用描述具体行为的词汇来表达,有动感,且活泼。"错过"是普通的陈述,跟主体关系不密切。这里具体而微的精妙区别,需要好好细读才能感受。

C. "又飞进<u>树林</u>(叶丛),站在一根小枝上兴奋地<u>唱</u>(叫)着,<u>它的歌声</u>(那声音)真好听。"这里用"叶丛"代替"树林"也是不准确的,巴金文章里描写的是一棵参天大树,作者此时正身在独木成林的茂密大榕树林中,他看不到巍峨高大的大榕树末梢上的"叶丛"。把"唱"改成"叫",还说"那声音"真好听,这真让人感到滑稽。

D. 一切都显得<u>非常明亮</u>(更加光明了)。编者似乎太热爱"光明"了—

些，但光明是以真实为根本的，如果没有真实，那就是白光。

　　E. 我<u>还</u>过<u>头去</u>看（那）<u>留</u>（被抛）在后面的茂盛的榕树。<u>我有一点的留恋的心情</u>（感到一点儿留恋）。这个窜改更荒唐。榕树都"被抛"了，你还"感到一点儿留恋"，这如果不是故意欺骗，就是谎话连篇了。

　　以上是一些小小的举例。

　　我花了两个晚上，一个字、一个词、一句话地对比小学语文教材和巴金的原文，把被删改的词句用下划线标出来，编撰者后窜加的文字用楷体放在括弧里，前后可以对比着看。

　　有孩子在上学的读者朋友们，我建议把这篇原文打下来，或者拷贝粘贴成文本，给孩子好好读几遍。

　　我碰到孩子学习那些被窜改过的课文时，能找到原文的，都要找机会跟孩子一起重新学习。

　　当女儿学过《一颗小豌豆》这篇被篡改得面目全非的课文后，我找出著名翻译家叶君健先生翻译的安徒生童话《一个豆荚里的五粒豆》，让女儿朗读，我们一起品味，一起感受和讨论，这样就慢慢地彻底清空了她脑袋里的"课文垃圾"。

对照阅读

鸟的天堂
巴金

　　我们在<u>陈的小学校里吃了</u>(过)晚饭。热气已经退了。太阳落下了山坡，只留下一段灿烂的红霞在天边，<u>在山头，在树梢</u>。

　　<u>"我们划船去！"陈提议说。我们正站在学校门前池子旁边看山景。</u>

　　<u>"好"，别的朋友高兴地接口说。</u>

　　我们走过一<u>段</u>（条）石子路，很快地就（来）到了河边。那里有<u>一个茅草搭的水阁。穿过水阁，在河边</u>两棵大树下（，）我们<u>找到</u>（发现）了几只小船。

　　我们陆续跳在(上)一只船上。一个朋友解开(了)绳子,拿起竹竿一拨,船缓缓地动了,向河中间(心)流(移)去。
　　<u>三个朋友划着船,我和叶坐在船中望四周的景致。</u>
　　<u>远远地一座塔耸立在山坡上,许多绿树拥抱着它。在这附近很少有那样的塔,那里就是朋友叶的家乡。</u>
　　河面很宽,白茫茫的水上没有(一点)波浪。船平静地在水面流(移)动。三只桨有规律地在水里拨动(划)。(那声音就像一支乐曲。)
　　在一个地方(,)河面变窄了。一簇簇的绿叶伸到水面(上)来。树叶(真)绿得可爱。这(那)是许多棵(株)茂盛的榕树,<u>但是我看不出树</u>(主)<u>干在什么地方。</u>
　　(当)我说许多棵(株)榕树的时候,<u>我的错误马上就给朋友们纠正了</u>(朋友们马上纠正我的错误),(。)一个朋友说那里只有一棵(株)榕树,另一个朋友说那里的榕树是两棵(株)。<u>我见过不少的大榕树,但是像</u>这样大的<u>榕树我却</u>(还)<u>是第一次看见。</u>
　　我们的船渐渐地逼近榕树了。<u>我有了机会看见它的真面目:</u>(,)(真)<u>是一棵</u>(株)<u>大树,有着数不清的桠枝,</u>(树干的数目不可计数。)枝上又生根,有许多根<u>一直</u>垂到地上,(伸)进了泥土里。一部分的树枝垂到水面,从远处看,就像一棵(株)大树躺(卧)在水上一样。
　　<u>现在正是枝叶繁茂的时节</u>(树上已经结了小小的果子,而且有许多落下来了。)(榕树正在茂盛的时期,)这棵榕树好像在把它的全部生命力展览(示)给我们看。那么多的绿叶,一簇堆在另一簇上面,不留一点缝隙。<u>翠绿的颜色明亮地在我们的眼前闪耀</u>(那翠绿的颜色,明亮地照耀着我们的眼睛),似乎每一片树叶上都有一个新的(小)生命在颤动,这美丽的南国的树!
　　船在树下泊了片刻,(。)岸上很湿,我们没有上去。朋友说这里是"鸟的天堂",有许多只鸟在这棵树上做窝(巢),农民不许人捉它们。我仿佛听见几只鸟扑翅的声音,<u>但是等到我的眼睛注意地</u>(去)<u>看那里时,我却看不见一只鸟的影子</u>(儿)。只有无数的树根立在地上,像许多根木桩。(土)地是湿的,大概涨潮(的)时(候)河水常常(会)冲上岸去。"鸟的天堂"

里没有一只鸟,我(不禁)这样想道。(于是)船开了。一个朋友拨着船(桨),(船)缓缓地流到(移向)河中间去(心)。

在河边田畔的小径里有几棵荔枝树。绿叶丛中垂着累累的红色果子。我们的船就往那里流去。一个朋友拿起桨把船拨进一条小沟。在小径旁边,船停住了,我们都跳上了岸。

两个朋友很快地爬到树上去,从树上抛下几枝带叶的荔枝,我同陈和叶三个人站在树下接。等到他们下地以后,我们大家一面吃荔枝,一面走回船上去。

第二天(,)我们划着船到叶(一个朋友)的家乡去,(。)就是那个(那是一个)有山有塔的地方。从陈的小学校出发,我们又经过那个"鸟的天堂"。

这一次是在早晨,(。)阳光照(耀)在水面上,也照在树梢。(,)一切都显得非常明亮(更加光明了)。我们的(又把)船也在树下泊了片刻。

起初四周非常清静(周围是静寂的)。后来忽然起了一声鸟叫。朋友陈(我们)把手一拍,我们便看见一只大鸟飞(了)起来,(。)接着又看见第二只,第三只。我们继续拍掌。很快地这个树林变得很热闹了。(,树上就变得热闹了,)到处都是鸟(叫)声,到处都是鸟影。大的,小的,花的,黑的,有的站在枝上叫,有的飞起来,有的在扑翅膀。

我注意地看(着)。我的眼睛真是应接不暇,看清楚(了)这只,又看漏(错过)了那只,看见了那只,第三(另一)只又飞走(起来)了。一只画眉飞了出来,给我们的拍掌声一惊(吓),又飞进树林(叶丛),站在一根小枝上兴奋地唱(叫)着,它的歌声(那声音)真好听。

"走吧",叶催我道。

(当)小船向着高塔下面的乡村流(划)去的时候,我还回过头去看(那)留(被抛)在后面的茂盛的榕树。我有一点的留恋的心情(感到一点儿留恋)。昨天我的眼睛骗了我。(,)"鸟的天堂"的确是鸟的天堂啊!

1933年6月在广州

选自《旅途随笔》

被删改的安徒生童话还是童话吗?

小学和中学阶段,是人的一生中学习的黄金时代,这十年里,如果切实有效地阅读记诵一定数量的经典作品,将会使人内心充实,长大后学会感受美好的事物,渐渐发展出独立的思考能力,才可能不媚俗,不从众,不被外表花哨实际上空洞无物的东西所迷惑。

女儿下课回家,说到老师讲了一篇课文《一颗小豌豆》,是安徒生写的。我听了很感疑惑。我不记得安徒生写过这篇童话,只记得有篇叫作《豌豆公主》。我太太本科时专门写过安徒生童话的论文,她也没有印象。

疑惑归疑惑,还得找书查证才行。我家有一套叶君健先生翻译、上海译文出版社1992年出版的四卷本《安徒生童话》,翻找对比之后,才发现这篇课文改编自《一个豆荚里的五粒豆》。

我从网上下载了安徒生童话《一个豆荚里的五粒豆》的汉译原文,原页面注释说此文为林桦先生翻译、中国少年儿童出版社出版的《安徒生童话全集》。我用叶君健先生翻译的《安徒生童话全集》来对照,在第二册308页里是《一个豆荚里的五粒豆》。我用书本对着屏幕,一字一词地比较,发现从网上下载的这篇作品跟书里的译文一字不差,由此判定应该是叶君健先生的译笔。

叶君健先生翻译的安徒生童话,一直是国内权威译本,上海译文出版社于1978年出版过十六册版的叶君健翻译的《安徒生童话全集》。我手里这版，是上海译文出版社的第二种版本。后来，叶君健先生的译本授权给了清华大学出版社，于1996年出版了六卷本的中英文对照本。最近能看到的新版本，是城市出版社的叶君健译《安徒生童话全集》以及英汉对照等版本。安徒生童话的中译本，另外还有石琴娥女士、任溶溶先生和林桦先生的不同译本。

仔细阅读叶君健先生的译文，再对比小学语文教材五年级第一学期（第九册）里"篡改"后的课文，我再一次遭到了沉重的打击，感到无比沮丧。即使是从译文里，我也可以感受到安徒生文字里蕴涵着的审慎力量："有一个豆荚，里面有五粒豌豆。它们都是绿的，因此它们就以为整个世界都是绿的。"这句话放在我们的现实生活中，也一样准确有力。

安徒生原文第一段，简单有力，清新有趣。改写过的开头，很低级地把豆荚联想成了"房子"，还给这段话中加上了两个"绿莹莹的"这样做作的词。文字花哨幼稚做作，是小学语文教材编写者的一贯作风。

我在网上下载的一份教案中看到，在教学中教师将拿出一个豆荚，请学生各自表达一下对豆荚的看法，然后提问说："你们的想象很丰富，让我们来读读大作家安徒生是怎样描述的。……齐读课文第一小节，体会普通的豌豆荚在作者笔下是那么富有情趣。"

然而，教案的设计者万万没有想到，《一颗小豌豆》的"第一小节"根本不是安徒生写的，而是惨遭教材编者"篡改"了；善良的小学生们在齐声朗读时，更不可能知道这些句子并非出自安徒生的神妙羽笔。教案设计者，以及千万名在课堂上热诚讲解《一颗小豌豆》的小学语文教师们，如果不曾阅读过叶君健先生妙笔译成的安徒生童话故事的原文，就不会感受到，原来这篇童话是多么富于同情心，多么趣味盎然，饱含着珍惜生命的态度以及对自由世界的美好憧憬。

我在这里没有办法一段一段地对比原文和"篡改"文，只能对比安徒生童话和教材编写者童话的两个不同开头：

安徒生：有一个豆荚，里面有五粒豌豆。它们都是绿的，因此它

们就以为整个世界都是绿的。事实也正是这样!豆荚在生长,豆粒也在生长。它们按照它们在家庭里的地位,坐成一排。太阳在外边照着,把豆荚晒得暖洋洋的;雨把它洗得透明。这儿是既温暖,又舒适;白天有亮,晚间黑暗,这本是必然的规律。豌豆粒坐在那儿越长越大,同时也越变得沉思起来,因为它们多少得做点事情呀。

编写者:有一个豌豆荚,绿莹莹的,好像一间绿色的小房子,里面住着五颗豌豆,也是绿莹莹的。它们一排儿坐着,谁也不跑来跑去。

时间一天天过去,豌豆荚慢慢地变黄了,豌豆也慢慢地变黄了,它们长大了,长得结实了。

根据我的经验,虽然编写者的改写是显而易见的低级无趣,但还是会有人硬说这个改编版课文很好,很符合小孩子的智力水平。这种事先设定小孩子的智商和理解力比较低级,先伤害他们的自信心,然后给他们喂"三聚氰胺"奶粉的做法,是小学语文教学中的常规小动作。

小学和中学阶段,是人的一生中学习的黄金时代,这十年里,如果切实有效地阅读记诵一定数量的经典作品,将会使人内心充实,长大后学会感受美好的事物,渐渐发展出独立的思考能力,才可能不媚俗,不从众,不被外表花哨实际上空洞无物的东西所迷惑。

感受一名优秀作家作品的最好方法,第一是阅读原文,第二是阅读译文,第三是了解作家的生活与经历,第四是反复阅读作品。有一位朋友在微博上发消息说,带哪本书去旅行?我回应说,《古文观止》吧。除非你自小就倒背如流——不过这几乎是不可能的。而这部经典选本,确实是我们在中小学阶段就应该熟读的。

下面是我找来的安徒生童话原文和教材改编过的课文。如果您没有读过安徒生的原著,希望认真地学习安徒生的童话,如果您此前读过,建议对比着课文再细读一下。如果单独分开来看,缺乏辨别力的普通民众会受到迷惑,以为那是好东西,可是只要把这些"假货"放在真品旁边加以对比,你就会感受到真货的品质了。

古代先贤早就说过，"不怕不识货，就怕货比货"。

诚哉斯言。

对照阅读

一个豆荚里的五粒豆

安徒生著　叶君健译

有一个豆荚，里面有五粒豌豆。它们都是绿的，因此它们就以为整个世界都是绿的。事实也正是这样！豆荚在生长，豆粒也在生长。它们按照它们在家庭里的地位，坐成一排。太阳在外边照着，把豆荚晒得暖洋洋的；雨把它洗得透明。这儿是既温暖，又舒适；白天有亮，晚间黑暗，这本是必然的规律。豌豆粒坐在那儿越长越大，同时也越变得沉思起来，因为它们多少得做点事情呀。

"难道我们永远就在这儿坐下去么？"它们问。"我只愿老这样坐下去，不要变得僵硬起来。我似乎觉得外面发生了一些事情——我有这种预感！"

许多星期过去了。这几粒豌豆变黄了，豆荚也变黄了。

"整个世界都在变黄啦！"它们说。它们也可以这样说。

忽然它们觉得豆荚震动了一下。它被摘下来了，落到人的手上，跟许多别的丰满的豆荚在一起，溜到一件马甲的口袋里去。

"我们不久就要被打开了！"它们说。于是它们就等待这件事情的到来。

"我倒想要知道，我们之中谁会走得最远！"最小的一粒豆说。"是的，事情马上就要揭晓了。"

"该怎么办就怎么办！"最大的那一粒说。

"啪！"豆荚裂开来了。那五粒豆子全都滚到太阳光里来了。它们躺在一个孩子的手中。这个孩子紧紧地捏着它们，说它们正好可以当作豆枪的子弹用。他马上安一粒进去，把它射出来。

"现在我要飞向广大的世界里去了！如果你能捉住我，那么就请你来吧！"于是它就飞走了。

"我",第二粒说,"我将直接飞进太阳里去。这才像一个豆荚呢,而且与我的身份非常相称!"

于是它就飞走了。

"我们到了什么地方,就在什么地方睡",其余的两粒说。

"不过我们仍得向前滚。"因此它们在没有到达豆枪以前,就先在地上滚起来。但是它们终于被装进去了。"我们才会射得最远呢!"

"该怎么办就怎么办!"最后的那一粒说。它射到空中去了。它射到顶楼窗子下面一块旧板子上,正好钻进一个长满了青苔的霉菌的裂缝里去。青苔把它裹起来。它躺在那儿不见了,可是我们的上帝并没忘记它。

"该怎么办就怎么办!"它说。

在这个小小的顶楼里住着一个穷苦的女人。她白天到外面去擦炉子,锯木材,并且做许多类似的粗活,因为她很强壮,而且也很勤俭,不过她仍然是很穷。她有一个发育不全的独生女儿,躺在这顶楼上的家里。她的身体非常虚弱。她在床上躺了一整年;看样子既活不下去,也死不了。

"她快要到她亲爱的姐姐那儿去了!"女人说。"我只有两个孩子,但是养活她们两个人是够困难的。善良的上帝分担我的愁苦,已经接走一个了。我现在把留下的这一个养着。不过我想他不会让她们分开的;她也会到她天上的姐姐那儿去的。"

可是这个病孩子并没有离开。她安静地、耐心地整天在家里躺着,她的母亲到外面去挣点生活的费用。这正是春天。一大早,当母亲正要出去工作的时候,太阳温和地、愉快地从那个小窗子射进来,一直射到地上。这个病孩子望着最低的那块窗玻璃。

"从窗玻璃旁边探出头来的那个绿东西是什么呢?它在风里摆动!"

母亲走到窗子那儿去,把窗打开一半。"啊!"她说,"我的天,这原来是一粒小豌豆。它还长出小叶子来了。它怎样钻进这个隙缝里去的?你现在可有一个小花园来供你欣赏了!"

病孩子的床搬得更挨近窗子,好让她看到这粒正在生长着的豌豆。于是母亲便出去做她的工作了。

"妈妈,我觉得我好了一些!"这个小姑娘在晚间说。"太阳今天在我身上照得怪温暖的。这粒豆子长得好极了,我也会长得好的;我将爬起床来,走到温暖的太阳光中去。"

"愿上帝准我们这样!"母亲说,但是她不相信事情就会这样。不过她仔细地用一根小棍子把这植物支起来,好使它不致被风吹断,因为它使她的女儿对生命起了愉快的想象。她从窗台上牵了一根线到窗框的上端去,使这粒豆可以盘绕着它向上长,它的确在向上长——人们每天可以看到它在生长。

"真的,它现在要开花了!"女人有一天早晨说。她现在开始希望和相信,她的病孩子会好起来。她记起最近这孩子讲话时要比以前愉快得多,而且最近几天她自己也能爬起来,直直地坐在床上,用高兴的眼光望着这一颗豌豆所形成的小花园。一星期以后,这个病孩子第一次能够坐一整个钟头。她快乐地坐在温暖的太阳光里。窗子打开了,它面前是一朵盛开的、粉红色的豌豆花。小姑娘低下头来,把它柔嫩的叶子轻轻地吻了一下。这一天简直像一个节日。

"我幸福的孩子,上帝亲自种下这颗豌豆,叫它长得枝叶茂盛,成为你我的希望和快乐!"高兴的母亲说。她对这花儿微笑,好像它就是上帝送下来的一位善良的安琪儿。

但是其余的几粒豌豆呢?嗯,那一粒曾经飞到广大的世界上去,并且还说过"如果你能捉住我,那么就请你来吧!"

它落到屋顶的水笕里去了,在一个鸽子的嗉囊里躺下来,正如约拿躺在鲸鱼肚中一样(注:据希伯来人的神话,希伯来的预言家约拿因为不听上帝的话,乘船逃遁,上帝因此吹起大风。船上的人把约拿抛到海里以求免于翻船之祸。约拿被大鱼所吞,在鱼腹中待了三天三夜。事见《圣经·旧约全书·约拿书》)。那两粒懒惰的豆子也不过只走了这么远,因为它们也被鸽子吃掉了。总之,它们总还算有些实际的用途。可是那第四粒,它本来想飞进太阳里去,但是却落到水沟里去了,在脏水里躺了好几个星期,而且涨大得相当可观。

"我胖得够美了!"这粒豌豆说。"我胖得要爆裂开来。我想,任何豆子从来不曾、也永远不会达到这种地步的。我是豆荚里五粒豆子中最了不起的一粒。"

水沟说它讲得很有道理。

可是顶楼窗子旁那个年轻的女孩子——她脸上射出健康的光彩,她的眼睛发着亮光——正在豌豆花上面交叉着一双小手,感谢上帝。

水沟说:"我支持我的那粒豆子。"

(译者附记:这个小故事,首先发表在1853年的《丹麦历书》上。成熟了的豆荚裂开了,里面的五个豆粒飞到广大的世界里去,各奔前程,对各自的经历都很满意。但是那粒飞进窗子"一个长满了青苔和霉菌的裂缝里去"的豆粒的经历,却是最值得称赞,因为它发芽、开花,给窗子里的躺着的一个小病女孩带来了愉快和生机。关于这个小故事,安徒生在手记中写道:"这个故事来自我儿时的回忆,那时我有一个小木盒,里面盛了一点土,我种了一根葱和一粒豆。这就是我的开满了花的花园。")

小学语文教材第九册

一颗小豌豆

有一个豌豆荚,绿莹莹的,好像一间绿色的小房子,里面住着五颗豌豆,也是绿莹莹的。它们一排儿坐着,谁也不跑来跑去。

时间一天天过去,豌豆荚慢慢地变黄了,豌豆也慢慢地变黄了,它们长大了,长得结实了。

有一天,豌豆荚震动了一下,啊,它被别人摘下来了。

豌豆们一齐叫了起来:"啊,我们的小房子快要打开了!"

最大的一颗说,它要跑到很远很远的地方去,谁也追不上它。

第二颗说,它要飞到太阳里去,那才神气呢!

还有两颗懒洋洋地说,他们滚到哪儿,就在哪儿睡一觉。

最小的一颗呢?它想了想说:"我可不想飞到太阳里去,也不想跑得很远很远。不过,也不能光想着睡觉哇。我要是能给人家做件好事,就高兴了。"

不一会儿,小房子给打开了,五颗豌豆滴溜溜一齐滚了出来,落到一个小男孩的手心里。这男孩有一支玩具手枪,他说:"正好,我拿这些豌豆当子弹。"一边就把最大的一颗装到枪筒里去,"砰"的一声打了出去,接着他挨个儿把第二颗、第三颗、第四颗、第五颗打了出去。

第五颗,就是那最小的一颗豌豆,飞到了一座小楼的窗台上,骨碌一滚,滚到一条裂缝里,那裂缝里有点儿泥巴,上面还长着青苔。这颗小豌豆就在这儿住下了。

这座小楼里,住着一个小姑娘,她已经在楼上的一个小黑屋里躺了一年了,下不了床,连坐也坐不起来。她病得很厉害呢。多可怜的小姑娘!小脸儿瘦瘦的,黄黄的,全身一点力气也没有。妈妈以为她快要死了。

春天到啦,树枝该吐出小芽儿来了,小草儿也该从土里钻出小脑袋来了,那嫩绿的颜色该有多美呀!小姑娘真想出去瞧瞧,可是不行。她躺着一动也不能动,只好睁大眼睛,呆呆地望着窗外的天空。

忽然,她看见窗台上有一点绿颜色的东西在晃动,就叫了起来:"妈妈,您快来瞧瞧,窗台上那绿的是什么?"

妈妈打开窗子一看:"啊,是一颗小豌豆,长出小叶子来了。"

小姑娘看见绿颜色了,心里真高兴。她请妈妈把她的小床移到窗子旁边,这样,她就可以看得更清楚了,看着小豌豆一天天地长大。她还请妈妈在窗台上插上根小棍儿,把小豌豆的芽给支起来,又在窗台上拉了一根线到窗顶,好让小豌豆的藤,沿着线儿往上爬。

小姑娘看着小豌豆猛劲儿长,笑吟吟地说:"小豌豆啊小豌豆,你长得真快,我也会跟你一样,长得又快又好。"

可不是嘛,小姑娘的脸色好多了,她还能自己坐起来,坐上整整一个钟点呢。

一天,小姑娘清早醒来,朝窗外一看,乐得叫了起来:"呀!小豌豆开花了!"

真的,小豌豆开出了一朵嫩黄色的小花。这一天,小姑娘真是高兴极

了,她扶着窗台,慢慢地,慢慢地,竟站了起来!就这样,小豌豆长大了,小姑娘也慢慢地长好了。

小姑娘对着小豌豆微笑,从心底里感谢他。

小豌豆呢,轻轻地点着头,好像在说:"我就想着给人家做一件好事嘛。我让你看到绿色的叶子,让你看到嫩黄色的花,你跟我一样,长呀,长呀,长得好起来,我就非常高兴了。"

王安忆《我们家的男子汉》被改得只剩下骨头没有肉

> 课文编者把这些重要的背景内容删掉之后,就像把一条鱼的鱼肉切除,给"亲爱"的顾客端上一盘鱼骨头。他们的眼里,也可能认为鱼骨头是最美的。但是没有鱼肉、掏空内脏并脱离了活水的鱼,只能是死鱼。

小学语文教材四年级二册,共八个单元,四十篇课文,只有第一单元第一篇的《燕子》署作者"郑振铎"的名字,其余的三十九篇都没有作者。在这本教材的六十四页,是第五单元第二十三课《我们家的男子汉》。

这篇课文也没有作者名字。我觉得题目有点熟悉,但想不起来是谁的作品了。上网搜才知道,作者原来是上海著名作家王安忆。跟原文相比,这篇课文遭到了近乎一半篇幅的删节。

这篇课文不署作者名,已经违反了《著作权法》第二十三条的相关规定,即"指明作者姓名","支付报酬"。不仅如此,这篇文章选入教材里之后,还经过比较低劣的删改,掐头去尾不说,还掏空文章中间与小主人公的身世及经历有重大关联的内容,例如"男子汉"的父母长期两地分居,他父亲在安徽工作,后来,"男子汉"不得不离开上海去安徽和父母团聚等细节,都被课文删除了。这种删除的目的,就是把原文里不可或缺的时代背景抹去,单纯突出一个凭空捏造出来的"男子汉"形象。也许,课文编撰者恐怕不知道这样一个基本常识:一个人物形象,必须放在具体的时代环境中塑造,

才具备基本的合理性。王安忆笔下无虚词、大词,她的语言风格一直力求平实,不作妄语。这篇文章也一样,唯有切实于生活经验的观察和叙事,才有细腻的情感力量。课文编者把这些重要的背景内容删掉之后,就像把一条鱼的鱼肉切除,给"亲爱"的顾客端上一盘鱼骨头。他们的眼里,也可能认为鱼骨头是最美的。但是没有鱼肉、掏空内脏并脱离了活水的鱼只能是死鱼。

对比王安忆原文和删改后的课文,可以发现,为了把这篇文章"妆扮"成"当下"的样子,课文把原文中"男子汉"去门口小卖店"买桔子水"的细节,伪装成了"买饮料",把原文中出现过的"同志"二字全都删掉。"同志"一词,在课文编撰者眼中固然是落后了、老土了,但是这是一个很有时代色彩的词汇,在文章交代了故事背景的那个时代,"同志"是真实存在的称呼。

在这里,我不想再长篇大论地分析相关的问题。我把王安忆的原文张贴在这里,用下划线字体标出被删除的段落和文字,用括弧楷体字表示这些被删除的原文段落或词汇之后添加的课文段落及词汇。这样一个字一个字去对比,很费时间,我只想说明,这样的删改,无一高明之处,请有心人自己对比吧。我总很惊讶,为什么教材编撰者这么喜欢"儿"这个字,无论什么地方,都要加上一个"儿"字。难道是表示他们很嗲,或者很有童心么?"儿"不是不能加,但据我看来,在语文教材课文里的这些"儿"都加得不是地方,属于乱加。

我一直强调,小学语文教材的这种做法,第一,违反了《中华人民共和国著作权法》第二十三条的相关规定,是违法侵权行为。第二,编撰者水平低下,不仅大大地破坏了原文的逻辑和具体环境渲染,而且胡乱添加陈腐词句,把作家精心选择采用的词语给偷换了。这就像把一块新鲜的豆腐放到发臭之后才给孩子吃一样。第三,小学语文教材的编撰僵化地固守着道德教化的条框,每个单元都有规定的道德教化目标,并且为这个目标到处寻找、删改他人文章,来削足适靴,填入这个单元的道德泥坑里。这种做法,活生生地把语文教材变成了思想品德课的教材。这样一来,语文课就变成了思品课。既然"语文课"已经沦落成了"思品课",那么我建议取消语文课，只上思品课可矣。具讽刺意味的是，五年级小学语文教材第一学期用书有个"诚信"单元，四篇文章，居然每篇都是没有作者署名的。言传身教，重于口惠。

对照阅读

我们家的男子汉

王安忆

<u>近来，颇时兴男子汉文学。北方的一些男性作家，真正写出了几条铮铮响的硬汉子。令人肃然起敬。令人跃跃欲试。自知只有仰慕的份儿，可又抵不住那份诱惑，也想来一条响当当的或者不那么响的男子汉。可是想到笔下的男性，招来的偌多的批评，不由有点手软，深感不可造次。然而，还是想写，没有男人的世界是不堪设想的。写谁呢？想来想去，想到了我们家里的一条男子汉。</u>

<u>那是姐姐的孩子。他们夫妻二人本不愿要孩子，他的出生完全出于不得已。因此，生下他后，他年轻的父母便像逃跑似的跑回了安徽，把他留在了家里。从此，我的业余时间就几乎全用来抱他。他日益地沉重，日益地不安于在怀里，而要下地走一走，于是便牵着他走，等到他不用牵也能走的时候，他却珍惜起那两条腿儿，不愿多走，时常要抱。历史真是螺旋形地上升。</u>

<u>这是一个男孩子。这是一个男人。</u>（我们家有一个男子汉。那是姐姐的孩子。）

他对食物的兴趣

"他吃饭很爽气。"带他的保姆这么说他。确实，他吃饭吃得很好，量很多，范围很广——什么都要吃，而且吃得极有滋味。叫人看了不由得也会嘴馋起来。<u>当然，和所有的孩子一样，他不爱吃青菜，可是我对他说："不吃青菜会死的。"他便吃了，吃得很多。他不愿死，似乎是深感活的乐趣的。他</u>

对所有的滋味都有兴趣,他可以耐心地等上三刻钟,为了吃一客小笼包子;他会为他喜欢吃的东西编儿歌一样的谜语。当实在不能吃了的时候,他便吃自己的大拇指,吃得十分专心,以至前边的嘴唇都有些翘了起来。当《少林寺》风靡全国时,他也学会了一套足以乱真的醉拳。耍起来,眼神都恍惚了,十分入迷(逗人)。他向往着去少林寺当和尚。可是我们告诉他,当和尚不能吃荤。他说:"用肉汤拌饭可以吗?""不可以。""那么棒冰可以吃吗?"他小心地问,是问"棒冰",而不是冰淇淋,甚至不是雪糕。"那山上恐怕是没有棒冰的。"我们感到非常抱歉。

他对父亲的崇拜

他和父母在一起的时候很少,和父亲在一起,就更少了。假如爸爸妈妈拌嘴,有时是玩笑的拌嘴,他也会认真起来,站在妈妈一边攻击爸爸,阵线十分鲜明;并且会帮助妈妈向外婆求援。有一次因为他叙述的情况不属实,酿成了一桩冤案,父子二人一起站在外婆面前对证,才算了结了此案。然而,假如家里有什么电器或别的设施坏了,他便(会)说:"等我爸爸回来修(我爸爸会修的)。"有什么人不会做什么事,他会说:"我爸爸会的。"在他心目中,爸爸是无所不能的。有一次,他很不乖,我教训他,他火了,说:"我叫我爸爸打你。"我也火了,说:"你爸爸,你爸爸在哪儿?"他忽然低下了脑袋,嗫嚅着说:"在安徽。"他那悲哀的声音和神情叫我久久不能忘怀,从此我再不去破坏他和他那无所不能的爸爸在一起的这种境界了。

他对独立的要求

不知从什么时候起,和他出去,他不愿让人搀他的手了。一只胖胖的手在我的手掌里,像一条倔强的活鱼一样挣扎着。有一次,我带他去买东西,他提出要让他自己买。我交给他一角钱(我把钱给他)。他握着钱,走近了柜台,忽又胆怯起来。我说:"你交上钱,我帮你说好了。""不要不要,我自己说。"他说。到了柜台跟前,他又嘱咐了我一句:"你不要讲话噢!"营业员终于过来了,他脸色有点紧张,勇敢地开口了:"同志——买,买,买……"

他忘了他要买什么了。我终于忍不住了："买一包山楂片。"他好久没说话，潦草地吃着山楂片，神情有些沮丧。我有点后悔起来。后来，他会独自个儿拿着五个汽水瓶和一元钱到（去）门口小店换桔子水（买饮料）了。他是一定要自己去的。假如有人不放心,跟在他后面,他便停下脚步不走了："你回去，回去嘛！"我只得由他去了。他买桔子水（饮料）日益熟练起来，情绪日益高涨，最终成了一种可怕的狂热。为了能尽快地拿着空瓶再去买（饮料），他便（能）飞快而努力地喝桔子水。一个炎热的中午，我从外面回来，见他正在门口小店买桔子水（饮料）。他站在冰箱前头，露出半个脑袋。营业员只顾和几个成人做生意，看都不看他一眼。他满头大汗的，（地）耐心地等待着。我极想走过去帮他叫一声"同志"，可最后还是忍住了。

他 的 眼 泪

"他哭起来眼泪很多。"这是一个医生对他的评语。每当眼泪涌上来的时候，他总是一忍再忍，把那泪珠儿拦在眼眶里打转。他从不为一些无聊的小事哭，比如不给他吃某一种东西啦，没答应他某一次要求啦，碰疼了什么地方啦，他很早就开始不为打针而哭了。他尤其不为挨打哭。挨打就够屈辱了，何况为挨打哭。因此，打他时，他总是说："不痛，不痛。"甚至哈哈大笑起来，很响亮很长久地笑，两颗很大的泪珠便在他光滑饱满的脸颊上滚落下来。后来，他终于去了安徽和他爸爸妈妈在一起生活了。有一次，我给他写信，信上说："你真臭啊！"这是他在上海时，我时常说他的一句话。因为他很能出汗，无论冬夏，身上总有一股酸酸的汗味儿。据姐姐来信说，他看到这句话时，先是大笑，然后跑进洗手间，拿起一块毛巾捂住了脸。他用拼音字母回了我一封信，信上写："王安忆，你真是一个好玩的大坏蛋。"这也是他在上海时，时常说我的一句话。

他面对生活挑战的沉着

当他满了两周岁的时候，我们决定把他送托儿所了。去的那天早上，他一声不响,很镇静地四下打量着。当别的孩子们哭的时候，他才想起了哭。

哭声嘹亮,并无伤感,似乎只为了参加一个仪式。每天早上,送他去托儿所都很容易,不像我们姐妹几个小时候那样,哭死哭活不肯去。问他:"喜欢托儿所吗?"他说:"不喜欢。"可是他明白了自己不得不去,也就坦然地接受了这个现实,不作任何无效的挣扎。据老师说,他吃饭很好,睡觉很好,唱歌游戏都很好,只不过还有点陌生。然而,他迅速地熟悉起来,开始交朋友,打架,聚众闹事。每日里去接他,都要受到老师几句抱怨。

在他四岁的那年,他的老保姆病了,回乡了,他终于要去安徽了。他是极不愿意去的。他的父母对于他,更像是老师,严格有余,亲切不足。并且,亦喜亦怒,全听凭他们的情绪。走的前一天,他对外婆说:"外婆,你不要我了,把我扔出去了。"外婆几乎要动摇起来,想把他留下了。上海去合肥,只有一班火车,人很多。车门被行李和人堵满了,大人们好不容易挤上了车,留下他在月台上。他真诚地着急起来:"我怎么办呢?"我安慰他:"上不去,就不走了。"他仍然是着急,他认为自己是非走不可的了。车快开了,姐姐说:"让他从窗口爬进来吧!"我把他抱了起来,他勇猛地抓住窗框,两只脚有力地蹬着车厢,攀上了窗台。窗口边的旅客都看着他,然后不约而同地伸手去抱他。他推开那些妨碍他的手,抓住一双最得力的,跳进了车厢,淹没在挤挤的人群里了。

这就是我们家的男子汉。看着他那样地一点(儿)一点(儿)长大,他的脸盘的轮廓,他的手掌上的细纹,他的身体,他的力气,他的智慧,他的性格,还有他的性别,那样神秘地一点(儿)一点(儿)鲜明,突出,扩大,再扩大,实在是一件最最奇妙的事情了。这真是比任何文学还要文学,任何艺术还要艺术。写到这里,简直不想写小说;既不想写女人,也不想写男人。

唉,让男子汉们自己好好儿地长吧!

《餐桌上的大学》原来是意大利的作品

> 作品好不好，有没有说服力，全都靠这些"细节"的刻画来支撑——准确、生动、有趣，则文章耐读，反之，就味如嚼蜡。
>
> 细节最讲究的是真实，只有真实才生动。

小学语文教材四年级第一学期按照不同主题类型分成八个单元，根据目录显示，共收入四十篇课文（实际上教材里还有若干选入的练习阅读篇目）——包括两首诗——其中六篇注明了作者的名字，剩下的三十六篇没有作者。根据我的查找，这些没有作者的课文中，只有六篇疑似为编撰者自撰。《孔子和学生》是根据《论语》相关内容写的——但我怀疑这些编者不是直接从《论语》里引用的，而是从其他人写的文章里转抄之后再改的；《守信》写范式和张邵两个人的友情和信用，也可能是改写自原有的故事；《武松打虎》是用糟糕的白话文改写的《水浒》相关章节；《赤壁之战》可能是编者写的一个小故事；《观潮》则是照宋代周密的《武林旧事》里的同一篇散文基本上是逐字翻译的；《赵州桥》则可能是改写自茅以升的文章，但没有任何说明。个人时间有限，这六篇东西我一时找不到原文加以比较，宽泛点暂且算作教材编撰者自己创作的。《观潮》呢，也算吧！他们确实翻译过的，虽然译得很一般。周密的原文是宋末的白话文，不算深奥，是中学语文教材必选课文之一。我手边这本小学语文教材没有彻底排斥文言文，曾选入了明末学者、作家冯梦龙编的《精卫填海》，文字的聱牙程度甚至还

超过了周密原文。

现在还剩下二十八篇"没有作者"的课文了。

我不能每篇都具体分析,只能找里面感觉写得比较好的来研究。

现在我按照顺序来分析第一单元。

这本教材的第一单元是"感恩和友情",第一篇刘绍棠的《老师领进门》,教材编写者没说有删节,我也没对比,只好相信他们的"诚实"。第二篇也可能算作编撰者杜撰的《孔子和学生》。第三篇《父亲的叮咛》,找不到原文,先存疑——因为类似篇目太多,有愿意做点公益事业的朋友,麻烦帮我找一找。第五篇《我的第二次生命》,课文说的是父亲把自己的肾捐给了女儿的"感人"故事。此文也待查证。

这个单元里像样点的文章,是《餐桌上的大学》。这个单元里,刘绍棠的《老师领进门》和《餐桌上的大学》两篇,是歌颂长辈的慈爱和教育的,文字稍可一读。

我认真拜读了《餐桌上的大学》。

我越读越别扭:课文里面文句断断续续,上气不接下气。课文语气不顺,文字古怪,会突然在一些比较自然的句子里,跳出"孩子妈"这类可笑的土语。课文描写一个中国人家庭的学习。课文里有"孩子妈",还有被父亲称为"雨生"的叙事者,看起来活脱脱是一个发生在中国家庭里的故事了——我一时辨不明到底是旧式家庭还是新式家庭。

我只是隐约地觉得,这篇课文怎么看怎么不像是发生在中国的故事——中国自然也有"父慈子孝"的《二十四孝图》的,我不像鲁迅老夫子那么痛恨,但要写得有道理,起码逻辑通顺才行。这篇课文里面有"我和弟弟"的字眼,可是我们知道,全国人民都被计划生育了,弟弟只能是超生的。您或者会辩护说,不能是写农村的吗?我再次拜读,却不算是乡村的景象。课文里,这家正经地摆餐桌,吃完晚饭后,父亲还"斟上一杯酒"慢慢品,中国民工或者老农民父亲,有这种完全是西方做派的人屈指可数吧——也许有极个别高级民工追求高级享受,但肯定不普遍。城市人不能超生,乡村也不像这么有文化,课文因此显得很诡秘。那么是写古代吗?古人会谈论《四书五经》，但不会在餐桌上找"尼泊尔"，还去关注它的人口。我越看越觉得有问题，于是就找了一下，发现这篇课文果然是"抄袭"的，而且"抄袭"了一篇被选入很多辅助读物和励志读本的散文，作者为意大利的雷奥·布斯卡·格里亚，翻译者是谁我暂时没有找到。意大利作家亚米契斯的名作《爱的教育》在我国有很多版本，极其风行，内容核心跟这篇散文风格有点类似。意大利人重视家庭教育，在这些文章里略可窥见。

雷奥·布斯卡·格里亚的这篇散文原题《晚餐桌上的大学》，小学教材去掉了一个"晚"字，变成了《餐桌上的大学》，听起来好像我们国家的家庭教育更厉害，只要一吃饭——无论早餐、午餐还是晚餐——就"上大学"。事实上，雷奥·布斯卡·格里亚的原文写道，他父亲出生于意大利北部一个乡村，家庭贫苦，靠自学和努力工作而养家糊口。他父亲是一个好学的人，且热爱追求知识。不过他只是一名普通劳动者，平时工作辛苦，只能在工作结束回家正式进晚餐时，才有空跟孩子们相聚并且探讨问题。这位父亲虽然没有受到过高等教育，但他有一颗好奇的心，还热爱知识，充满宽容。他对待孩子，严格中充满慈爱，并形成了交流的气氛。他对什么问题都兴致勃勃，不觉得有什么大小之分，例如课文里写到的这个"尼泊尔的人口是……"

在一篇文章里，人物背景的交代，故事进程中真实细节的描写，都是叙事中的有机组成部分。作品好不好，有没有说服力，全都靠这些"细节"的刻画来支撑——准确、生动、有趣，则文章耐读，反之，就味如嚼蜡。原文里，为了迁就不懂英语的母亲而说"意大利皮德蒙特方言"，父亲餐后"斟一杯红酒"，"点一支香浓的意大利雪茄"，"扫视他这群孩子"，这些细节才是文中的血与肉。我们一看，就能在脑子里形成这样一个充满了真实生活情感的晚餐场面：一群孩子，兄弟姐妹们唧唧喳喳，父亲则手端红酒，慈爱地看着他们，因为，孩子们长大以后，就看不到了。很平淡的句子，饱含父爱和深情。这才是其乐融融的家庭。

教材里摘引了这篇文章并且删改之后，这种家庭气氛就变得虚假了。细节最讲究的是真实，只有真实才生动。我这里提到的真实，不是字面上"真

正发生过"的狭义，而是指在我们目前的认知逻辑下，能够普遍合理地加以认同的真实，是建立在常识基础上的概念。有些作品写到了我们通常认为不可能出现的事情，例如前苏联作家布尔加科夫那部伟大的长篇小说《大师与玛格丽特》里，撒旦来到了莫斯科，这是不真实的吧？确实，小说里的"莫文协"主席和诗人"流浪汉"，就是既不相信上帝也不相信魔鬼的彻底唯物主义信徒。这不要紧，小说里所描写的一切景物，都是具体、准确、细腻而真实的。例如"牧首湖"的闷热天气,例如莫斯科的电车和"莫文协"的内部餐厅，这些都写得栩栩如生。在艺术作品里，真实的概念并不严格对照自然科学的万有引力定律，宗教的长期认知，也造成了一种既成事实。真实细节是构成一部具有真情实感的好作品的最重要基础。比如时间的穿越，虽然我们不能相信这能实现，但是在艺术创作里，你可以虚构，大的概念是虚构的，细节却是真实的。《阿凡达》里的潘多拉星球是虚构的，但是那些植物，那些漂浮的山，那些管子，都是建立在我们的常识里的景象，只不过稍加夸张而已。

如果是中国的故事，中国现在自然不会存在"有一群孩子"的父亲了，编撰者聪明地删掉这句话，改成了"我和弟弟"。改成只有"雨生"一个独子,连"摘引者"自己读都会觉得别扭。一家三口,这学习的气氛怎么渲染？一开头就得修改。

中国的普通家庭，工作了一天回到家里的父亲，哪里会在餐后"斟一杯红酒"呢——"摘引者"做贼心虚，把"红酒"改成了"酒"，可还是露了马脚。中国大陆，喝红酒是近几年才从小资和中产阶级中渲染起来的，普通中国人生活中，谁能动辄买一瓶近百元的葡萄酒？那些三四十元的国产葡萄酒也舍不得买。好酒的中国人，一般是喝白酒、米酒和黄酒。编撰者也知道出了问题，改成了一个"酒"字。这样总是伪装到家了吧？抹一下额头，把渗出来的虚汗擦擦干，倒杯"酒"品饮一下，放松放松。但是且慢，中国普通人喝酒，无论是白酒、米酒还是黄酒，甚至包括现在也开始流行的葡萄酒，大都是在就餐过程中吃菜时干杯用的。餐后饮酒，那是欧洲"资产阶级"和"贵族"们一脉相承传下来的葡萄酒文化。这样一"審改",就顾头不顾臀,完全乱了方寸。

这本教材的编撰者,企图把意大利改造成中国,为什么不把这"斟一杯酒"去掉,改成"点一支烟"呢?如果一定要表示自己道德很高,配合禁烟,中国人喜欢饭后饮茶,父亲"泡一壶茶"如何?虽然我这个想法也算不上高明,但无论如何,在改装别人的文章时,基本的细节和前后逻辑要通顺吧。

我要作一个小小的声明,雷奥·布斯卡·格里亚的原文,我是从网上搜来的,不知道翻译者是谁,有失敬重。我逐字对比,可以肯定地说,教材里"剽窃"的课文就是根据这个译本来进行的。读惯译文的读者都知道,即使是同一句很普通的原文,如果不抄袭的话,每个翻译家翻译出来的汉语句式都不一样。一样的话,一定存在某一方抄袭的可能。

我把雷奥·布斯卡·格里亚的原文中译版附在文末,被教材编撰者删掉的地方,都用下划线字体标明。

对照阅读

晚餐桌上的大学

〔意〕雷奥·布斯卡·格里亚

<u>本世纪初我父亲在意大利北部一个乡村长大的时候,只有富有人家才有能力供儿女受教育。父亲出身贫苦农家,他常告诉我们说,就他记忆所及,他从未有过一天不用工作。在他的一生中,他从未有过不做事的观念。事实上,他不能明白一个人怎么可以不做事?</u>

父亲读五年级那年,家里不顾他老师和村中牧师的反对,硬要他退学。老师和牧师都认为父亲是读书的料,可以接受正式教育,可是父亲却到工厂做工去了。

从此,世界便成了他的学校。他对什么都有兴趣。他阅读一切能够接触得到的书籍、杂志和报纸。他爱听镇上父老们的谈话,以了解我们布斯卡格里亚家族世世代代居住的这个偏僻小村以外的世界。父亲非常好学,他对外面世界的好奇心,不但随同他远渡重洋来到美国,后来还传给了他

的家人。他决心要让他的每一个孩子都受良好教育。

父亲认为，最不可饶恕的就是我们晚上上床时还像早上醒来时一样无知。（父亲常说："人最不可宽恕的，是晚上睡觉时同早上一样无知。"）"该学的东西太多了"，他常说："虽然我们出世时愚昧无知，但只有蠢人才永远如此。"

为了防止他的孩子们堕入自满自足的陷阱，他坚持我们必须每天学一样新的东西，而晚餐时间似乎是我们交换新知的最佳场合。

我们从没有想过要拂逆父亲的意愿。所以，每次我们兄弟姊妹聚集在浴室里洗手准备吃饭时，我们都必定互相询问："你今天学到了什么？"如果答案是"什么也没学到"，那么，我们一定会先在我们那套残旧百科全书里找出一点什么来，否则就不敢上桌吃饭。例如，找出"尼泊尔的人口是……"

我们每人有了一件"新知"之后，便可以去吃饭了。我至今仍然记得那张饭桌总是高高地堆着面食，往往高得使我看不见坐在对面的妹妹。

晚饭时声音嘈杂，杯碟的碰撞声衬托着热烈的谈话声。我们说的是意大利皮德蒙特方言。这是为了迁就不会说英语的母亲。我们叙述的事情不论怎样无关重要，也不会不受重视。双亲都会仔细聆听，并会随时作出评论。他们的评论往往深刻而带有分析性，且都非常中肯。

"这样做很聪明。""笨蛋，你怎么会这么糊涂的？""这样说来，你只是咎由自取。""可是，没有人是十全十美的。""真笨，难道我们没有教过你吗？""好，那真是不错。"

然后是压轴戏。那是我们最怕的时刻——交换我们今天所学到的东西。

这时，坐在餐桌上位的父亲会把椅子推向后面，斟一杯红酒，点一支香浓的意大利雪茄，深吸一口，将烟吐出，然后扫视他这群子女（我们）。

这个举动常常令我们感到有些紧张，于是我们也瞧着父亲，等他开口。他会告诉我们说，如果他不好好地看看我们，不久我们长大之后，他就会看不到我们了。所以，他要盯着他的孩子们看，看完一个又一个。

最后，他的目光会停在我们其中一个身上。"费利斯（雨生）"，他叫着我的受洗名字说，"告诉我你今天学到些什么？"

"我今天学到的是尼泊尔的人口是……"

餐桌上顿时鸦雀无声。

我一向都觉得奇怪，不论我说的是什么东西，父亲都不会认为琐屑。首先他会把我所说的东西仔细想想，好像拯救世界就要靠我所说的那句话似的。"尼泊尔的人口。嗯。好。"

接着，父亲会看看坐在桌子另一端、正在照例用她喜欢的水果来调配一点剩酒的（着坐在餐桌另一头的）母亲。问道："这个答案你知道吗？（孩子妈，这个，你知道吗？）"

母亲的回答总是会使严肃的气氛变得轻松起来。"尼泊尔？"她会说，"我非但不知道尼泊尔的人口有多少，我连它在世界上什么地方也不知道呢！"当然，这种回答正中父亲下怀。

"费利斯（雨生）"，父亲会说，"把地图拿来，我们来告诉你妈尼泊尔在哪里。"于是，全家人开始在地图上找出尼泊尔。

类似的事情一再重复，直至全家每一个人都轮过了才算完。因此每次晚餐之后，我们都会增长六种诸如此类的知识。

我们当时都是孩子，一点也觉察不出这种教育的妙处。我们只是（想）迫不及待地想走出屋外，去跟那些教育水平不及我们的朋友一起（去）玩喧闹的踢罐子游戏。

如今回想起来，我才明白父亲给我们的是一种多么生动有力的教育。在不知不觉中，我们全家人一同长进，分享经验，互相参与彼此的教育。而父亲通过观察我们，聆听我们的话，尊重我们提出的知识，肯定我们的价值和培养我们的自尊心，毫无疑问的是对我们影响最深的导师。

（等）我进（了）大学（才发现，）后不久，便决定以教学为终身事业。在求学时期，我曾追随几位全国最著名的教育家学习。最后我完成教育，具备了丰富的理论、术语与技巧，但令我感到非常有趣的，是发现那些教授教导我的，正是父亲早就已经知道的东西——不断学习的价值。

父亲知道，世上最奇妙的东西是人的学习能力，极小的知识点滴也可能对我们有益。"生也有涯"，他说，"而学海无涯。我们成为怎样的人，决

定于我们所学到的东西"。

父亲的办法使我终身受用不尽。如今,我每晚在就寝之前,都会听见父亲在说:"费利斯,你今天学到了些什么?"

有时候,我对我在这一天学到的东西可能连一件也想不起来。这时,尽管我一天工作得很累,我也会从床上爬起来,到书架上去找点新的东西。做完这件事之后,父亲和我便会安心休息,知道这一天没有白费。毕竟,谁也无法预料,知道尼泊尔的人口会在什么时候对你有用呢。

《带刺的朋友》变成了"带刺的敌人"

> 这堂公开课,语文老师用了很多手段,跟军事演习一样声、光、电齐上阵,不可谓不喧嚣矣。然而,她却不能解决我女儿提到的这个最基本的,甚至是课文里最核心的问题:
>
> 课文里为什么说刺猬是"带刺"的朋友呢?

公 开 课

上星期,我去女儿的学校听了一堂语文公开课。

这堂公开课的选讲篇目为《带刺的朋友》。

女儿学校的校舍建设和教具配备,跟我小时候已有霄壤之别。宽敞明亮的教室里,电视机、投影仪、空调器,设备齐全。每人一桌一椅,地面上铺着实木地板。课桌的排设也有新意。六人小组,面对面拼在一起,便于分组讨论,形成一种民主、平等、交融的气氛,是典型的欧美式圆桌模式。

学校的硬件似乎没有什么可挑剔的。

从我上小学起,语文公开课通常就是一种事先排练好的表演节目。公开课中,教师掌控下的学生,像线牵木偶,遵从、机械、严肃、紧张,没有自然的融洽,没有理解的愉悦,不发疑问,不见交流,只如小鸡啄米般点头。

三十多年过去了,我再听到语文公开课,感觉在教学上仍然没有大的进步。

我的小学语文老师杀猪出身,练得一手扔粉笔头的高超武艺。在课堂上,他指东打西,百发百中。班上调皮捣蛋的乡村"野猴子",鼻头脑门都是他实施"精确打击"的目标。

小学二年级时,我曾因为遭到一位同学的追逐,逃到防震棚的角落里无路可退,挥舞随手拽来的铁丝自卫,不慎划伤了他的小臂。这位同学哭喊着,边夺门而出,边嚷着要找老师告状惩罚我。

我吓得魂飞魄散,眼前一片白茫茫。

不知道过了多少时间,上课铃响,语文老师走进教室,与我们互致问候,然后转身用半根红色的粉笔,握着在黑板上写下七个笔画复杂、我们当时还不认识的大字:

血债要用血来还!

老师叫我们齐声朗读,反复若干遍,然后等我们安静。一点点的安静,如水慢慢流干的池塘,全班四十多个同学,像搁浅在泥浆上翻着白色肚皮的鱼。有虫子撞在防震棚顶的油毡上,发出金属般撞击的巨响。

语文老师点我的名,让我走到讲台位置。

他的眼神榔头一样把我一寸一寸地钉在黄泥地面上,我感到整座房子的顶棚在向我压过来,让我无法喘息。他命令我伸出胳膊,在我手腕上用铅笔画下一厘米长的印痕。铅笔尖的刺痛钻进我皮肤里,"甜蜜地"传播到我全身,让我浑身起了痒酥酥的鸡皮疙瘩。

老师捏着我的手腕,举起来,解释说:……血债要用血来还!同学们,你们知道吗?我们现在要割他的手,不多不少,我量过了,一厘米。

他捏着一把锋利的小刀,搁在我的胳膊上……

三十年前的记忆,像青铜器上的铭文,深切地显现在我记忆的宣纸上,墨汁越来越潮湿,犹如鲜血淋漓。我在女儿的教室里,战栗地回想起了自己的少年时代。

这个下午,细微的尘埃漂浮在洒满阳光的河面上,我女儿的两根辫子在前面轻轻晃动。每次语文老师提问,她都拼命举手。我女儿崇拜《哈利波特》里那个高傲、聪明、漂亮的赫敏——那个天资聪睿的麻瓜出身的女魔法师,用努力学习来弥补非魔法师世家出身的缺陷,在整个魔法界获得了魔法师的尊重。

我女儿一举手,老师的目光就像雷达探测到目标一样闪开。女老师说,为什么举手的总是那几个人呢?我要换一换,提问不举手的同学。我女儿赶紧把胳膊放下,老师仍然没有让她提问。

我女儿念小学四年级,这次公开课,她们"被"上一篇名为《带刺的朋友》的课文。

这个题目,让我记住了两个关键词:

A. 带刺→描写的对象是刺猬。

B. 朋友→作者和刺猬的关系。

课文里,作者写小时候在自己家的后院里,偶然看见一只刺猬悄悄地爬到枣树上。作者很佩服这小东西,赞它"偷枣儿的本事真高明啊"。第二天傍晚,"我"吃完饭,在草棚前看到刺猬一家出来散步。家里的大黑狗冲上去要咬,被团起身子的刺猬扎破了嘴,狼狈逃跑了。爸爸解释说,刺猬身上的刺,是很好的护身法宝。我听了之后,"高兴得直拍手"。

公开课过程中,我一直有个疑问:课文里写到的这只刺猬,怎么能称为"朋友"呢?

在课文里,这只刺猬跟"我"的立场和态度都是敌对的,一、刺猬偷了他们家的枣子。二、刺猬扎伤了护院的大黑狗——除非特殊情况下,人们通常都会把自己家养的看家狗当作朋友。大黑狗护院心切而负伤,主人的正常反应大多是不愉快甚至恼火。在课文里,"我"的立场却莫名其妙地站在刺猬一边,高兴得拍起手来。于情于理,这种反应都不正常。

从课文中看来,这只刺猬不可能是"带刺的朋友",而只能是"带刺的敌人"。

快下课时,我女儿总算得到了提问的机会:

老师,课文里为什么说刺猬是"带刺"的朋友呢?

她提的这个问题,跟我的疑惑不谋而合,语文老师可能感到意外,她没有回答问题,而金蝉脱壳地放起了幻灯。在投影银幕上,一只动画小刺

猬正在蠕动。喇叭里传来声情并茂的配乐朗读,那深情款款的口吻,让人产生了错觉,以为她是在朗读一部久经考验、历久弥新的文学名著:

秋天,枣树上挂满了一颗颗红枣儿,风儿一吹,轻轻摆动,如同无数颗飘香的玛瑙晃来晃去,看着就让人眼馋。

这是课文的开头。其中,用斜体字显示的部分,文理欠通,是典型的病句。"玛瑙"不会飘香,真正飘香的是"红枣儿"。"挂满了""一颗颗红枣儿"读起来也怪异,"一颗颗"不能用"满"来修饰,要么是"挂着一颗颗红枣儿",要么是"挂满了红枣儿"。可惜,这两种错误是被"剽窃"的原作就有的,可见原作本来就在遣词造句上欠斟酌,并非无可推敲的佳作。另外,"看着就让人眼馋"是语文教材编撰者在画蛇添足,感觉他们像是在装嫩,扮幼稚园儿童。

"红枣"跟着"儿",是不正确的儿化音处理,要么就是用"红枣",要么改成"枣儿"。后来,我查到了这篇课文的原作,发现大多数"红枣"后面并无"儿"字,只偶尔出现"儿",可见作者在运用这个儿化音时,前后不统一,不规范。教材编撰者在这方面,实在是迟钝。

这堂公开课,语文老师用了很多手段,跟军事演习一样声、光、电齐上阵,不可谓不喧嚣矣。然而,她却不能解决我女儿提到的这个最基本的,甚至是课文里最核心的问题:

课文里为什么说刺猬是带刺的朋友呢?

这个问题不解决,整篇课文就是不成立的。

倒"垃圾"

带着这个疑问,我翻开小学四年级第一学期《语文》(试用本),一字一词细读这篇课文:《带刺的朋友》。

我仔细翻找,连封二封三都找过了,还是没有发现作者的名字。一篇没有作者的文章，本来就是不可能的，这就像一个没有父母的孩子一样不可信，连孙悟空都是有来历的，他起码是从石头里蹦出来的。可是，我们的语文教材里，却有很多这样没有作者的课文，岂非咄咄怪事？

我从头到尾认真拜读了这本小学语文四年级第一学期教材（试用本）——很多人注意到了，不知道为什么，我们的中小学语文教材，似乎永远都是"试用本"，发现全书八个单元，只有六篇文章注明作者。一本供成千上万小学生使用的教材，选用的文章怎么可能没有作者呢？翻到教材最后一页，从编著者名录里，看到了"特约撰稿"这栏，我才明白，小学《语文》教材大概原来大部分是按订单生产，来料加工的。这些文章，可能是这些编撰者自己撰写的。

如果不是亲眼目睹，我怎么也不敢相信，这些小学教材编撰者，到底从哪里得来如此强悍的自信力，居然在这本教材里，订做出三十四篇无作者的"名著"来。

我在"语文之痛"专栏第二篇《虚假的课文》里，用极长的篇幅分析了这些"幕后英雄"们定制的"课文诗"。那篇鄙陋的诗歌《信》情感虚假，矫揉造作，居然还要求学生背诵。这种做法，一举把这些连文学爱好者都谈不上的"文字小皮匠"们的身份，自我拔高到了"经典作家"的行列。

我坚持认为，一篇需要学生背诵的课文，必须是千锤百炼、历久弥新的杰作。

伟大的作品，断非来料加工，胡乱堆砌些陈腐的"好词好句"就能炮制出来的。

"水浒"里的天煞星李逵双手握着两把大板斧，在法场边乱砍。鲁迅说他砍的都是看客，不是官兵，是不分青红皂白制造血案的莽汉。小学教材的新任"文曲星"编撰者们胡乱炮制的课文，比李逵的两把大板斧更加锋利，伤害了成千上万中小学生的稚嫩心灵。

我反复阅读《带刺的朋友》这篇没有作者的课文，文理固然不通，文气更是犹若游丝，而且字句南腔北调，自相矛盾。根据课文的内容分析，这只刺猬无论如何都不能称为"朋友"——这里面一定隐藏着什么秘密。

带着疑问,我开始搜集与这篇课文相关的材料。这才发现,《带刺的朋友》并非小学语文教材的编撰者按照要求来料加工的原创产品,而是北京儿童文学作家宗介华创作的"动物散文"之一《带刺的朋友》的删节版,曾入选"人教版"小学四年级上册语文"同步阅读"。

在"人教版""同步阅读"里,编者注明有"删节"——不是删改,没有"改"字,更不是窜改,并且署明作者为"宗介华"。而我们这里的小学语文教材隐去原作者,并且在文章的后半部分加以大篇幅"窜改",将宗介华的原作归为己有。这些编撰者自己的基本文学修养不足,更不具备一名好编辑的专业能力,他们歪曲原作的主题,使得这篇课文前后不通,内容和题目彼此冲突。

这本教材分别从《水浒传》和《〈三国志〉通俗演义》里选入了"武松打虎"和"赤壁之战"两个故事。但是,他们没有采用这两部名著的原文,而是按照原文进行改写。"武松打虎"原文里出彩的语句,在这篇改写过的课文里荡然无存。"赤壁之战"是历史上的重大事件,从唐宋以降,有很多咏叹的名篇流传于世,近来更有影视大片助阵,再度成为新鲜热闹的话题。从影视角度,改编得最成功的还是对《〈三国志〉通俗演义》吃得最透彻的日本艺术家。日本动画连续剧《三国志》里,刘、关、张都是意气风发的青年英雄,诸葛亮也是二十几岁英姿飒爽的青年才俊。他们对"赤壁之战"的把握和演绎,更是达到了荡气回肠的程度。

这样的磅礴故事,却被这些编者改写得味如嚼蜡。

为了给女儿"排毒",让她读到真正的好的作品,我不得不找出原文给她对比着看。这就像是一个人误服了有毒的食品后,必须尽快洗胃清肠一样。在自己力所能及的前提下,我为女儿找了一些古今中外的名著,让她在对付完语文作业后,腾出时间来阅读。即便如此,作为父亲,我仍然为她被糟蹋了的大好学习时光而痛心。

我们一起研读了《带刺的朋友》原作,女儿才明白题中"朋友"的含义。

以下是我对原作和"改写"后的课文进行的对比。

教材编写者新添加的字词,文中用黑体字显示,作者被删掉或者"窜改"

的原文则放在括弧里,下划线字体为原文如此。

对照阅读

小学语文四年级第一学期课文:带刺的朋友

秋天,枣树上挂满了一颗颗红枣儿,风儿一吹,轻轻摆动,<u>如同无数颗飘香的玛瑙晃来晃去,</u>看着就让人眼馋。

一天晚上,新月斜挂,朦胧的月光透过枝叶,斑斑驳驳地洒在地上。我刚走到后院的枣树旁边,忽然,看见一个圆乎乎的东西,正缓慢地往树上爬。

我(非常惊愕,)赶忙贴到墙根,惊愕地注视着它的行动。

("是猫,还是什么?"我暗暗地猜测着。)

那个东西,一定没有发现我在监视它,仍旧诡秘地爬向**老**(树)杈,又爬向伸出的枝丫(条)……

挂满红枣**儿**的枝杈,慢慢弯下来。(此处原文另起一段)后来,那个东西停住脚,兴许是在用力摇晃吧,**树**(枣)枝哗哗作响,红枣"噼里啪啦"地落了一地。

我没弄清楚是怎么回事,树上那家伙"**扑**(噗)"的一声,径直掉下来。听得出摔得还挺重呢!

很快,它又慢慢地活动起来了。看样子,劲头儿比上树的时候足多了。它**匆匆地忙碌着**(爬向四周),把散落的红枣逐个地归到一起,<u>又"**扑**(噗噜)"一下,就地打了一个滚。你猜怎么着?</u>那堆枣儿(这段是作者原文,人教版改成:"哈,枣儿",本版恢复了原文)全都扎在它的背上了。立刻,它的身子涨**大**(了)一(大)圈,**兴**(也)许是怕被人发现(吧),它驮着满背的红枣,向着墙角的水沟眼儿,**飞快**(急火火)地跑去了。

哎,这不是刺猬吗?

我暗暗钦佩:刺猬这(聪明的)小东西,偷枣儿的本事真高明啊!

(可是,它住在什么地方呢?我蹑手蹑脚地追到水沟眼儿处,弯腰望去,

水沟眼儿里黑洞洞的,小刺猬已经没有了踪影。)

第二天晚上,月亮在云缝里缓缓地游动着,时隐时现,像是在捉迷藏。

我吃完饭,刚到草棚前,几个圆乎乎的东西,正从草棚里滚出来。啊,刺猬一家子出来散步了!

突然,身边传来"汪汪"的叫声,原来我家的大黑狗——大老黑来了。我刚想叫住它,大老黑已经向那几只刺猬扑去,刺猬可真鬼,一个个把身子紧紧地缩成一团,洒满月光的庭院里,如同长着六个"仙人球"似的。大黑狗很快掉过头去,"呜呜"地哀叫着溜走了。

爸爸笑着说:"俗话说:狗啃刺猬——没处下嘴。你瞧,大老黑的嘴被刺猬扎破了吧。"追上大老黑一看,可不是,嘴上正滴着血哩。

"刺猬身上的刺,是很好的护身法宝。"爸爸接着说,"甭说猫、狗,就是老虎,都拿它没有办法呀。"

"真有意思,刺猬的本事太大了。"我高兴得直拍手。

"第二天"之后的斜楷体字段落,为语文教材编撰者撇开了人教版的删节本,把宗介华原文中间过渡性的段落重新编入。也许他们认为这样"有爱心",但以此为结尾,则课文还没有解决大黑狗被刺猬扎伤,怎么"我"就"高兴得直拍手"的问题。宗介华的原文和教材课文中的情感变化,缺乏铺垫,也逻辑不通。对比下面我录入的人教版编者的删节版,可以看到这个版本的不专业。

(……)部分原有段落,人教版删除——加粗"渐渐地"为人教版编者后加,括号里文字为作者原有,被人教版编辑删除:

第二天,夜幕降临,我偷偷地躲在枣树背后,捧一把红枣撒在枣树周围。

突然,我眼前一亮,小刺猬钻出了水沟眼,径直向枣树底下跑过来。它发现了红枣,向四下看了看,来了个就地十八滚,背上扎满了红枣,一溜烟地跑回去了。

(……)

一天天地过去了,小刺猬渐渐跟我混熟了。

渐渐地,金黄色的大地变得空旷起来,秋风送来寒意,初冬来临了。

小刺猬不再露面了，我心里很不安。爸爸告诉我说，为了躲过寒冷的冬天，刺猬冬眠了。

（等啊等，等啊等，）漫长的冬天终于过去了，听爸爸说，冬眠的动物就要苏醒了，我高兴地把攒了一冬的花生、瓜子、红枣……撒在了小刺猬的必经之路上。

（终于）有一天，小刺猬来了，它伸出小嘴，眨着小眼睛，高高兴兴地吃了起来。

不知什么时候，爸爸也来了，他指着瘦削的小刺猬对我说："光靠你喂是不行的，应该让它们自己去找食，让它们消灭害虫啊！"

我高兴地点了点头，好像看到了繁星闪烁的夜晚，在田地间、场院里，正活动着一支捕捉田鼠、昆虫的大军，那里边就有我那带刺的朋友……?

从这里可以看到，原作的情感取向，从把握上，还算得上真切，遣词造句也算自然，但准确性不佳。有些地方欠推敲，显得啰唆做作。人教版编辑的专业素质，在同样要对原文进行删节时就显露出来了。他们在不伤害原文的基础上，对原文中的口水话进行缩减，显得非常精当，而且除了那三个"渐渐地"不得不加上以用来对被删掉的段落作过渡外，不添加任何额外的字词。从编辑的角度来说，因为篇幅所限，在不伤害原文的原意的情况下，适当地做一些删节是允许的，但添加文字则万万不可——即使你水平比原作者高很多倍，也不能乱加文字。但教材的编撰者在往原文注水的随心所欲程度，令人瞠目结舌。

下面这一段，是原作中细节描写部分：

……很快，它又慢慢地活动起来了。看样子，劲头儿比上树的时候足多了。它匆匆地**忙碌着**（爬向四周），把散落的红枣逐个地归到一起，<u>又"扑（噗）噜"一下，就地打了一个滚。你猜怎么着？那堆枣儿，（哈，枣儿）全都扎在它的背上了。立刻，它的身子涨**大**（了）一（大）圈，**兴**（也）许是怕被人发现（吧），它驮着满背的红枣，向着墙角的水沟眼儿，**飞快**（急火火）地跑去了。</u>

这段文字里，每个被改动的词、字都是败笔。"身子涨大了一圈"，不如"身

子涨了一大圈"在程度副词的运用上准确。"它匆匆地忙碌着"是抽象的表述,不如"它匆匆地爬向四周"生动。"飞快地跑去了",不如"急火火地跑去了"有趣。更有搞笑的删节,如刺猬"诡秘地爬向老杈"这句话里的"老杈",原文是"老树杈"。语文课上,我女儿提问"老杈"是什么意思时,语文教师还专门解释过"老杈"的意思为"老树杈"。这不是多此一举么?原文中的"枝条"指是整根树枝,改成"枝丫"完全混淆了原作描写的对象。

人教版的编辑把宗介华的原文"又'噗噜'一下,就地打了一个滚。你猜怎么着?那堆枣儿"这段文字缩成三个字"哈,枣儿",很见功力。可是,本版教材编撰者,偏偏把这段又恢复了,在极短的改写本的篇幅里,加上如此啰唆的口水话段落。

《带刺的朋友》里描述的后院、刺猬和枣树,以及行文中渲染出来的北方气氛,可能带有作者宗介华童年的记忆。这篇文章除了一些地方矫揉造作外,还没有明显败笔,故事连贯情节合理,算是合格的作文。"人教版"编者的专业能力蛮强,他们在删掉原作中间段落后,为使文章读起来连贯,在"一天天过去了"后面加上了"渐渐地"三字,一看就知道这位编辑懂行,不然,删掉前面的季节更替的交代性段落之后,下面"刺猬跟我混熟"就显得突兀了。"人教版"编者删掉了原作中的几个语气赘词——"渐渐地"、"等啊等,等啊等""终于",也显示出了他们的专业素养。这些词,确实是原文对文句推敲不够,用词也随意的毛病。在压缩篇幅的前提下,"人教版"没有肆意窜改,而只是谨慎地删除那些累赘的词句,并不添加自己"高明"的词句,最大限度地保持了原作的原味。

后半部分,教材的编撰者可能是为了突出"与小动物交朋友"的主题,蛮横地献爱心,把宗介华原文中做作而不合理的中间的过渡性段落搬来当结尾。原文写作者家的护院大黑狗护院心切,去驱赶刺猬反而被扎伤嘴巴,惨叫着抛开时,"我"不仅不对大黑狗表示任何的同情,反而"高兴得直拍手"——为了突出新朋友,他对自己家的旧朋友还真是冷漠无情啊。如果交朋友都是这种熊瞎子掰苞米的做法,喜新厌旧,动不动就搞出个"只见新人笑,哪闻旧人哭"的悲喜剧,这样的人能交到真正的朋友吗?宗介华这篇勉强合格的散文，本来就有编造和装嫩的痕迹，人教版的编辑高明地把这种幼稚而不可靠的部分遮掩掉了，没想到，他们扔掉的西瓜皮，却被我们的编纂同行踩了一脚，摔得个四脚朝天，狼狈不堪。

朋 友 解

我们的教材编撰者在课文里大肆宣扬和动物交朋友，可是他们对"朋友"这个词的基本含义恐怕也不清楚。

两个人要成为朋友，需要具备两个先决条件。第一，双方有接触，形成交往；第二，双方在交往后产生继续交往的愿望。也许还可以添加第三个限定条件：双方在不断交往而产生了友谊后，这种友谊还必须经历过一定程度的考验。

在传统社会里，家庭的血缘关系是人类社会的基石，朋友关系则是家庭关系的延伸和替代——离开故乡，朋友关系得到重视，有些甚至升华成了"家庭关系"。例如明末清初戏曲家、小说家李渔在《无声戏》第六回《男孟母教合三迁》里，就写到这种男性同性恋朋友之间的超级友谊，甚至惊世骇俗地结成了夫妻。这是非血缘关系有趣的升华，并取代了血缘关系的例子之一。即使在发达的现代社会里，血缘关系也仍然是文明社会中的主要基石之一。血缘关系跟物权概念直接相连。

西方有句谚语："Charity begins at home"（仁爱自家始）——各种中文译法都有，我挑了个台湾的译法。

这句话，跟东西方都有的谚语"血浓于水"（Blood is thicker than water）一样，强调一个人认识世界和感受世界时，首先应该从自己开始，从身边开始，从自己的家庭和朋友中开始。古代经典《大学》里说，一个人要成为一个有价值的个体存在，就要"格物，致知，诚意，正心，修身，齐家"。从这里可以看到，古今中外的哲人，都强调知识的获取和智慧的修炼，首先要从自己开始，行善也要从自己的家人、朋友和邻居间开始。这种善行，要从可知可感的真实世界中开始，而不能从虚构的、虚假的世界中得到。

我们经常会碰到这种中国特色的英雄或者模范人物的事迹宣传：他们为了事业，不顾家人，牺牲朋友。然而，连家人和朋友都能牺牲的人，他们的品德是不可信的；这种人不是伪善，就是人格分裂。

经过改写的课文里的"我"和"刺猬"的关系，恰恰违背了这种认识自然、获取知识的基本逻辑，而企图从虚构中，没有任何基础的、双方甚至形成了不好关系的情况下，莫名其妙地变成了朋友。合理的情感是有变化过程的，刺猬扎伤了大黑狗，小孩子应该有点气恼，但是渐渐地，他发现了刺猬的可爱。一来二往，双方更加熟悉了，才慢慢地揭掉这个小过节，成为真正的朋友。这样的情节，稍微加一两句话，或者一个自然段，就能写得更加合情合理，更加有说服力了。原作者毕竟在语言上看不出有什么天赋，又欠推敲，算不上一篇佳作。人教版的编辑把这篇文章选入辅助性的"同步阅读"里，而不是用在人教版的教材里，足见他们的专业眼光和谨慎的态度。

毫无道理地抛弃旧朋友大黑狗，而对新认识的、还谈不上有什么深交的刺猬无条件地拍手喝彩，这不是朋友的情感，而是朋友关系的异化。

那么，什么才是真正的"朋友"关系呢？

儒家经典《论语》开头就说："学而时习之，不亦悦乎！有朋自远方来，不亦乐乎！人不知而不愠，不亦君子乎！"

从这里我们可以看到，儒家的宗师孔子强调了"学习"的首要性。一个没有学习的人，不具备基本的思考辨别能力，不能算是人类社会中真正的"文明人"——孔子称为"君子"——而只是"衣冠禽兽"。拜师而"学"，并且时时温"习"，通过切实的理解而获得真正有益的知识，这才是原始人之所以能变成为文明人的重要基础。从勤奋的、善于思考和乐于总结的学习中，获取了真正的知识，感悟到真理，一个人就会感到快乐。建立在这个感悟真理的基础上的学者，产生了跟别人分享自己知识和感受的愿望，所以会彼此寻找，相互交流，慢慢地、逐渐地形成了每个人都不尽相同的朋友关系。这样一个"君子"，他对自己和对社会有着深刻认识，有能够彼此深入交流和探讨问题的好朋友，因此，其他那些不熟悉他的人对他不了解而产生误会，他也不会不高兴。

这就是上面这段名句的基本阐述。

虽然经过了一百多年的东西文化交流和激荡，我们现在不一定全盘接受过去儒家的"死忠""死孝"观念，但是那些与现代文明相契合的基本伦理道德观念，求真、诚实、善意、宽容，难道不是东西方都能够彼此沟通、彼此理解的基本人性基础吗？

中国文化源头深远，汉字是中国祖先认识世界时留下来的知识总汇和宝库，可以说是一种全息的文化体系。

传统的文化学习，小孩子首先从"说文解字"开始。最基本的，是强记《千字文》。小学，就是学习文字，知其源，明其流。上个世纪初，国学大师章太炎在日本开讲《说文解字》，听讲者是鲁迅、周作人等现代文学中流砥柱，他们的听讲笔记近年由中华书局影印刊行，皇皇数巨册。令人感慨的是，新文化运动而至新民主主义革命后期，这些都被丢光了，遂至中国文字磨灭，文化断流，文明有殇。

"朋友"这个词，从字源上来解释，对其中的内涵，我们或许会了解得更多。

朋，从甲骨文和金文的字形来看，是两串贝壳。《诗·小雅·菁菁者莪》：既见君子，锡我百朋。这里是得到了一百串钱的意思。朋的最初含义是"钱"，这种关系是用"钱"来维系的，同门中的师兄弟，彼此的关系首先都是由向夫子献"束脩"三根开始的，此后才彼此认识，发展友情。

孔颖达疏《易·兑》中"君子以朋友讲习"说："同门曰朋，同志曰友。"由此可见，"朋"和"友"原来并不是一种相同的关系。只有志趣相投者，才能成为"友"。同门之"朋"，如果志趣不投，今后还可能成为敌人。

友，《说文解字》解释说：同志为友。甲骨文的"友"字，文字学家解释为两只"手"，伸向同一个方向，可能是拿东西，也可能是抓取食物，甚至一起"抢钱"——强盗们之间，不少人也是好友的关系。小篆的字形，有点像现在的叉子，但也是"手"的字形变体。秦国一统中原，搞大一统，车同轨，字同形，秦始皇手下那个多才多艺的法家奸相李斯，领导一帮"又红又专的御用专家"，用圆润的小篆字形来强制性取代了原来各国的文字。

小篆使用时间不长，很快就被汉代发展出来的"隶书"取代。在甲骨文出土之前，小篆的字形，还保留着很多象形文字的形态，跟金文对比，可以追溯汉字的源流，因此小篆是汉字变化中很重要的字体。

这个"友"字是"会意字"，通过两只"手"同一方向同时抓取物件的方式，来传达其含义。从这里，我们可以看到，要成为"友"，这交友的双方需要有共同的趣味，或者说要有相近的愿望以及志向。"友"们，不仅在一起吃喝，而且在一起玩。这就具备了"有福同享"的意思，这是朋友关系的第一层；第二层是"有难同当"，并且建立在彼此"有信"和"互信"的基础上。孔子的门下高徒曾子曾说他"日三省乎己"——"与朋友交而不信乎？"可见，"信"是朋友关系的基石。朋友之间，没有家庭之间的天然的"血"的关系，这个"信"就升华到了"血"的程度。为了表示双方的"诚信"到了"血缘"的高度，一般来说，过去的朋友结盟，喜欢搞一个仪式："歃血为盟。"用这种非亲缘的血来取代亲缘的血。朋友关系，就这样通过"信"的基础中介，在家庭之外，取代了血缘关系。

《论语》开头那句话，还给交友的双方规定了更高的修养基础，要做一个君子，仁爱忠信，胸襟坦荡，达到"人不知而不愠"的境界。陌生人，旁人，小市民，闲人，小人，都不是君子的交友对象。至于他们这些人，能不能懂得你的志向，了解不了解你的为人，甚至是不是说你的闲话，有没有传你的谣言，这对以"君子"的标准来要求自己的人没有什么伤害。这些人本来就不足为道，他们不懂得你，有什么好生气的？但是朋友不然。朋友之间，如果不能建立互信的关系，就不是真正的朋友。

《说文解字》曰：信，诚也。"訫"，古文"信"。

"诚"这个字，从字源上就暗示了这样的信息：发自内心的表达，才是有诚意的。

"诚信"这个词，因此也是"朋友"关系中最重要的基石之一。

"桃园三结义"这个"朋友"关系中，刘关张在汉末乱世中，因为志气相投，同时也是为了自保和自强而结拜成兄弟，以年齿的长幼排定三人的辈分，此后终身不渝，并超越了家庭血缘的关系。他们三个人的结义故事，是传统朋友关系中的典型代表。关云长为了兄弟情义，拒绝曹孟德的百般挽留，千里走单骑，与兄嫂始终谨守礼节，是传统儒家文化中"忠信"的象征。他们三个人的故事演变到了后来，"桃园结义"变成了"结拜兄弟"的代名词，后来渐渐地走入了江湖，变成了瓦岗寨、水浒梁山、白莲教、天地会和青洪帮之类的黑社会组织，味道就变了。结拜兄弟，变成了党同伐异。而"党"这个字，繁体字作"黨"，《说文解字》解释说：不鲜也。《高级汉语大词典》解作：晦暗不明，意思是暗地里做事情。《论语》曰：君子不党。为什么呢，因为"君子坦荡荡"，所以不"结党营私"，不暗地里搞"朋党"关系。这个"党"的关系，就变成了"友"的异化了。"结拜兄弟"本来并没有血缘关系，"兄弟"是一个隐喻，而不是真正的血亲。他们不仅志气相投，而且一起进出，甚至为了友情而牺牲性命。

《带刺的朋友》的原作里，写到了"我"跟刺猬的交往过程："我"不仅跟到水沟眼那里观察，还拿来枣子给刺猬，而且，他们的关系，还经过了深秋和寒冬的考验，到了第二年开春，"我"把"攒了一冬的花生、瓜子、红枣"，"撒在了小刺猬的必经之路上"。这些描写，都表明了"我"与"刺猬"的交往由浅而深，反复接触和交往之后才发生"朋友"关系的。我们的小学语文教材，则因为不合理的窜改，而完全地把这个"朋友"关系给扭曲了。

课文《信》与现代病

> 这首课文诗的危害,不在于它的蹩脚诗体形式,也不在于它的笨拙想象力,而是在于它的虚假。

课 文 诗

我在这里要具体地分析一篇小学课文。

诗体课文《信》,载于小学语文三年级课本上册,要求学生背诵。课文没有署作者名字,据教材末页编者后记,似为编写者自创。后来有读者给我来信,说此诗是儿童诗作者金波写的。这里我要纠正一下原来误以为是教材编撰者杜撰的说法。

一首要求学生背诵的诗,据我的理解,不是先秦散文经典、两汉南北朝名篇、唐诗宋词元曲杰作、明传奇清小说妙品,也应该是现当代白话文学名家的佳构。只有公认的名家名作,才是独特的精神和艺术养料,学生背诵后才能长时间地消化这些优秀作品,感受其独特魅力,吸收内在的精华,转化成自己的文学修养。古代文学中选本,建议学生背诵的作品,如《唐诗三百首》《千家诗》《古文观止》等,都是千锤百炼的传世之作。

然而,金波这首课文诗确实是幼稚而经不起推敲的。

这首课文诗以"信"为题,要表达的是对"信"以及对所涉及的外部世界的"独特"理解,并且要把这种对抽象世界的简单图解,印进小学生们的脑海里,化为他们的世界观和方法论:

我学会了写信,
用笔和纸,
用手和心。
我多么想写呀,
写许多许多的信——

替雏鸟写给妈妈的信,
让妈妈快快回巢,
天色已近黄昏。

替花给蜜蜂写,
请快来采蜜,
花儿已姹紫嫣红。

替大海给小船写,
快去航海吧,
海面风平浪静。

替云给云写,
愿变成春雨;
替树给树写,
愿连成无边的森林。

给自己,
我也要
写一封封信,
让自己的心
和别人的心,

　　贴得紧紧，紧紧——

　　把这样一篇拙劣的课文称为"诗"，是对诗的莫大侮辱。它不仅内容陈腐，观念落后，充满虚伪的道德说教，缺乏真情实感。全诗用词浅薄，空泛苍白无趣。

　　这首课文诗到底是探讨"信"的本质呢，还是"信"的功能？通篇读下来都不是，作者感兴趣的仅仅是道德说教，而且漫无目标，毫无逻辑，想到什么就拉来充数。"信"这首课文诗就这样变成了空泛无边的神侃。

　　它的作用就像是一种催眠术，用来熄灭小孩子对美好作品的热情。教材编写者们要把"语文"这个"工具"变成一根大棒，把本来活泼可爱、想象力超绝的小孩子敲昏，让他们都变成磕头虫和糊涂蛋。

信 与 真

　　那么，"信"到底是什么呢？现代通用的"信"，古称"书"。在古汉语中，"书""信"差别很大。"书"是写，"信"是说。

　　《说文解字》曰："信，诚也。从人从言。訫，古文信。"

　　这个解释表明，"信"本意就是"诚"。一个人要从自身出发，从内心出发，才能表达自己的"诚"意。如果从外在的事与物出发，就不是"诚"，而是"伪"。

　　写文章，首先要有发乎真情，表达诚恳，才能形成准确的、优美的文字。好的作家，总是从自身出发，从小事、从细微事物出发，来寻求对文章所表达的思想内容的具体情感支撑。作家是真诚的，作品真情流露，就能打动读者，引起共鸣。

　　发表演讲，跟人交流，也要有诚意，而不是虚情。不然，就会传播虚假的消息，造成各种危害。

　　"信"从人从言。古代书写工具和印刷技术都不发达，普通人相互之间的信息很多都是口口相传。亲人、恋人之间的思念，除了富贵的、有教养的人能写书信，很多信息的传递，都要托别人"带个口信"。缺乏具体物件依托,这就要求发信者和捎信者,都必须严谨守信,才能把真正的信息传递出去。如果说者无心,带者乏诚,那么这个"口信"的传递过程就会产生变异。明传奇里很多曲目,都有这样的情节,因为"口信"的误传,一对有情人经受了严酷的身心折磨。

在空口无凭的情况下,"诚信"作为一种严格要求的品德,对社会对个人都显得至关重要。社会发展到近现代,"信"进化成"信用",要求更加严格,对政治制度和经济贸易,都有着至关重要的影响。西方资本主义的萌芽和发展,最重要的基础之一就是现代信用体制的建立。

中国古代社会,人们也深知信用的重要,《论语·为政》里孔子说:"人而无信,不知其可也。"这是对居上位者的要求。如果政府和官员缺乏信用,百姓就不再遵从,而宁可听信和传递谣言。我们所熟知的商鞅变法,也是从表达诚意开始。为政这样,做人也必须讲信用。只有真实守信,你的表达才是有效果的,有力量的。由此引申,"信"的外延扩展到"真实"的概念。《老子》说,"信言不美,美言不信"。这里的"美言",应该理解为漂亮话,虚情假意的言语,它很夸张,很华丽,却缺乏诚信,或者说不可信。什么是可信的?就是那些真实的情感和诚挚的表达。

根据以上的分析,"信"字的基本含义形成了这样的流变:信→诚→信用→真实。

而后来演化而成的"书",则是"信"的载体,人们把写在纸上的文字,称为书。家书、国书、图书、史书,都是很正式的文本,用在比较正式和严肃的场合。《说文解字》的解释:"书,箸也。""箸"同"著",说文序云:"著于竹帛谓之书。"对于书写的文字,历来都极其尊敬,奉为神明。所以,仓颉造字,"惊天地,泣鬼神"。

"书"是正式的、严肃的表达。《与妻书》《两地书》,这种庄重的题目,就不能改成《与妻信》和《两地信》。

我们要较真地来看待"信"这个字的起源、流变与功能,那么,通过学习这个字的不同时期的变化,来强调诚信与真实的重要性,就是一个很好的例子。

既然信这么重要，那么，人们学会了"用纸和笔，用手和心"来写"信"时，首先要写给什么人呢？养育自己的父母，爱慕思念的情人，寒窗情深的同学，都是写信的对象。亲情、爱情和友情，则是写信要表达的内容。爱、思念与关心，需要用表达来维系。小孩子学语言，第一个会说的词是"妈妈"，会写字之后，通常会给爸爸妈妈写。我们长大离开家，到了一个陌生的地方，首先想到的也是给父母写信。第一次出远门，兴奋、激动、好奇和思念等种种情感交杂，都非常需要向父母和同学表达，像上面那首诗体课文的第一段里说的那样，"写许许多多的信"。"信"是情感和爱恋的维系，关心、思念和爱情，都在信中得到体现和强化。

"信"是情感的载体，是真情实感地去表达和书写之后形成的书信文章。

古今中外，有很多著名的书信，中学课本里最早出现的信，可能是司马迁的《报任少卿书》，这是身陷囹圄的囚徒给自己的好友写的信。以"家书"为题咏目标的古代诗歌非常多，杜甫的"家书抵万金"是中学生都会背诵的名句，而"江水三千里，家书十五行"是明代诗人袁凯的名作。中学生知道的书信，除了林觉民《与妻书》和鲁迅许广平合著的《两地书》之外，这类书信还有很多，《傅雷家书》同样以父子情深的文字，打动了很多读者。

在小学课文里，如讲究避讳，需尽量避开情爱这种字眼，那么父子情深总是安全的、干净的。《傅雷家书》里很多篇目都是感人至深的佳作，随便选择一篇短文放在这里，都再适合不过了。随便背诵哪一篇，都比这首课文诗要好上几百倍。

现　代　病

在《信》这首课文诗里，作者自作主张地代表了所有人：我（学会了写信）、雏鸟（给妈妈写信）、鲜花（给蜜蜂写信）、大海（给小船写信）、云（给云写信）、树（给树写信）、自己（给自己写信）。

作者自封为全能代表，给所有的事与物写信，甚至还给自己写信，却不给别的人写一封信。这样一来，"信"的第一个基本的"交流"功能就作废了。诗体课文中的"我",一开始学会写信,就自说自话地大包大揽,非要替别人写信。这里有一种强力意志,暗示着"我"的强大,完全可以不征得这些"雏鸟"们、"鲜花"们的同意,就代表了他们的思想,仿佛这些事物是没有权利自己思考,也没有能力自己思考,需要由"我"这个自封的"人民代表"来代替他们发出声音。

这种自作主张的"代表"恶习,是长期受习惯思维影响下的代表狂症。

课文诗还有一个微妙的暗示,作者自己根本无"信"可写,他自己是空心竹段,毫无真情实感,专门强行地替雏鸟、鲜花、大海、白云和树写信。

一个典型的谵妄症患者,常常会妄图通过写信给上帝,而达到变成上帝的目的。课文诗的作者,因为不信仰上帝,只好通过第一人称"我"的强制性置换,胡乱对各种事与物写信。这是单向度的信,只是发出,而不接受回音。这种带有暴力倾向情感替换,有意地造成了是被强迫背诵的"小学生"们的自己(我)的情感的假象,从而抽空他们的具体感受力,像填鸭子一样把这些空洞的抽象情感作料填进来,使他们成为肥肥胖胖的"北京烤鸭",放进烤箱里烤得香喷喷的,傻头傻脑的。

课文诗将这些小学生的情感物化,感受力空洞化。通过强迫性的背诵,迫使小学生们不由自主地相信,他们也可以像这位作者一样谵妄症发作,可以自作主张地替那些花鸟鱼虫们写信。

"雏鸟给妈妈写信"是一种笨拙的比喻,用以指代亲情。

在这篇课文诗里,真情实感的表达失去了正确的方向,一个具体的人,变成了被代表了的小鸟,一个他者,暗示着他被剥夺了自我表达的权利。如果是表达亲情,课文诗如何能跟《傅雷家书》相比?《傅雷家书》出版18年来,5次重版,19次重印,发行量已达一百多万册,曾获"全国首届优秀青年读物",足以证明这本小书影响之大,阅读面之广。教材编写者阅读面再窄,想必也有所耳闻。要让小学生学习怎样写信,怎样表达真情实感,没有比这更合适的书信范文了。

也许教材编写者认为学生不过是一朵鲜花,又嫩又傻,识字量不够多,不足以阅读和理解《傅雷家书》的深奥意义,只有编入这种低级的诗体课文来，学生才能理解。这种对学生智力的"轻视"，是摧残学生自信心的最习见手段。我女儿从二年级结束的暑假开始，到现在已经把洋洋几百万字的七部《哈利·波特》全部读完了——第一部读了七遍，第七部有五十多万字，她读了三遍，其他的几部，也读了至少四五遍。其文字阅读量，何止于千万言。其他如《小王子》《夏洛的网》《淘气包埃米尔》《窗边的小豆豆》《格列佛游记》等名著，每本她都读了好几遍，很多段落复述起来自然而然，贴切准确，我们一起交流这些作品的感受，几乎毫无障碍。书里的很多细节，她记得更牢，更深刻，我常常要请教她，才想得起来。我女儿在班级里，智力中等，《语文》成绩也中等，作文常常勉强及格，班上比她聪明的孩子很多。职业关系，我每年要阅读上千万字的中外文学作品，阅读量不可谓不大。但是，我跟女儿一起探讨，交流，仍常常得到很多精妙的启发。很多年前开始，我就不断地跟女儿的母亲说，我真心地拜女儿为自己的人生老师，她的纯净心灵，如镜子一样，清晰地照见了我的污浊。

对小孩子智力的无端"怀疑"，不仅毫无道理，而且隐含着巨大的无耻。

通过对学生的智力和信心的逐次打压，学校的程式化教育成功地把学生物化，从而夺取了他们自我个性形成的权利，并藉此借口，肆意介入学生的成长进程中,根据自己的需要来进行同质化的养殖过程。他们掺杂了"垃圾材料"的劣质饲料，就是这样一篇篇"低级"的课文。

在替动物（雏鸟）写完信之后，作者再度出击，把目光转向植物（鲜花）。

一朵（或无数朵）鲜花向一只（或无数只）蜜蜂发出邀请，这是小学课文的通常想象模式，很多人已经习惯成自然了，不会觉得这里面有什么值得分析的问题。

作者由"雏鸟"这个动物的代言人，摇身一变成了植物思想的代表。这种做法同样包含了极大的暴力思维倾向。"鲜花"作为学生的隐喻，是一种脆弱的美，他们因此需要"园丁"的照看，无论这园丁是温和的春雨，还是尾巴上带着毒刺的蜜蜂。

强行剥夺"鲜花"的表达权利，自作主张地代表"鲜花"给"蜜蜂"写信，热情邀请蜜蜂前来采蜜，这是作者"受虐狂"发作的征兆。"受虐狂"的外化特征，是放弃自己应有的尊严和权利，让自己成为一个"先天性"的"贫乏的人（物）"，而自愿地把自己天然的权利，交由"暴力机构"来接管。在这里，蜜蜂不是为人间酿造蜂蜜的"酿蜜者"的甜美形象，而是"暴力者"的象征。它们的到来，象征着横征暴敛（采蜜）和武力（毒刺）恫吓。"鲜花"对此不仅不加以拒绝，反而写信邀请它们的光临，等于主动放弃了自由，而成为蜜蜂的奴隶。

在课文诗第四段，作者变得狡猾起来了。他冒充"大海"给"小船"写信，说"海面风平浪静"，劝诱小船"快去航海"。这令我想起狼外婆和小红帽的故事——虽然假装自己是外婆，但是狼仍然是一条企图吃掉小红帽的恶狼。

"海"在传统的文学解释中，通常是一种威权的象征。在海明威的著名小说《老人与海》里，老人所面对的就是这样的一个强大的暴力机构。老人必须时时警惕，避免自己的财产被大海掠夺和侵占。在希腊神话里，海神波塞冬也是一个滥施暴力的象征。他动不动就发怒，常常掀起滔天巨浪。希腊神话中的英雄奥德赛，就吃尽了"大海"的苦头。他率领一艘由老练水手驾驶的远航贸易大船，在貌似风平浪静的海里，多次遭到灭顶之灾，出生入死，漂泊了十几年才死里逃生，回到故乡。

"大海"从来就不是"和善"的象征，它给"小船"写信，就像老虎给小羊羔写信一样。这种不对等的信息传递，其诚信度极其可疑。

作者采用这种虚伪的比喻，表明他的脑袋一直是别人的跑马场，对世界缺乏自己的独特认识，也无法对自己笔下的事物进行有效的判断。此前，该作者还用"雏鸟"这样的"严谨"词汇，试图让自己具有客观主义的色彩。而冒充"大海"给"小船"写信，却暴露了他的"施虐狂"倾向。读这首课文诗，小学生不会明白什么是大海，也不会知道大海的本质是什么。小船对大海一无所知，如果收到这样一封可疑的邀请信就贸然动身，很可能会被险恶的"大海"撕成碎片。

课文诗的最后，是一种典型的"集体性思维"："替云给云写信""替树给树写信"，然后它们要变成一个集体"春雨"和"森林"，这些都是集合

性名词。换言之,这里的"云"与"树",都是非人性化的指称,是"螺丝钉"的另外一种巧妙的概念偷换。"云"与"云"在一起,不一定就会变成"春雨",另外一片云,说不定很淘气,它很可能更愿意变成暴雨。"春雨"不过是一种从主观愿望出发的自我强迫症的想象。一个成熟的、具有独立思考能力的现代人,不应该这样简单地从愿望出发,这样"自我地"思考问题。这不仅是单向度的思维,而且很自私,很幼稚。他/她自我地思考问题,把自己的愿望强加给其他人(其他的云和树),非要别人认同他/她的价值观:愿化成春雨/愿连成无边的森林——不是说作者幼稚,而是他很狡猾,也很恶毒,他试图把学生塑造成幼稚者,从而可以更方便地牵着他们的鼻子,让他们变成自己的奴才。这样的小孩子长大,不会懂跟别人有效地交流,因为他/她误以为世界上只有一元价值的存在,他/她写信——也就是跟他者交流——时,用的是祈使词"愿",带有强迫意志,这会造成信息接受者的不安和排斥感。这种做法基于自我中心主义思维,而不顾及、不考虑到他者的感受。

在另外一种意义上分析,也可以看到,"愿连成无边的森林",是个体价值的自我否定。

作者本意是传递一种浅显的环保意识,然而,这里却显示出了他的孤独感和虚妄感。"无边的森林",是现代性的经典比喻:孤独与无助。所以,作者在最后产生了自闭症的征兆:给自己,我也要写一封"信,让自己的心,和别人的心,贴得,紧紧,紧紧……"

这段话,暴露了作者的彻底不沟通的自闭症特征。他不是给别人写信,跟别人交流和诉说自己的情感,表达自己的愿望,而是自我封闭地给自己写信。有自闭症的病人,通常都是自言自语的,很少跟别人说话,拒绝跟外界交流:自己给自己写一封封的信,是一种自我损耗的内循环,不仅不能释放紧张的情绪,反而会加重其幽闭的倾向。

在这首课文诗里,抽象的情感无法附着在真实可感的具体事物上。这种情感不从自身出发,而从他者出发,有一种奇特的间离效果:在虚假的物与物之间的关系中来回折腾,却无法表达那么一点点的真情实感。

这首课文诗，从第一句开始，就走向了虚假。没有真情实感，就是虚假。这些信，发出的都是虚假的无效信息，而不是真实的有效信息。

这首课文诗的危害，不在于它的蹩脚诗体形式，也不在于它的笨拙想象力，而是在于它的虚假。"信"本来是诉求"诚"的，在这首诗体课文里，作者却走向了对立面：虚假。这是黑格尔关于"异化"的哲学观念的最形象的体现。

受控于这种虚假的情感教育，"真善美"就变成了"假恶丑"。

"真善美"的最重要基础，就在于"真"，情感一旦虚假，善就是伪善，美就是臭美。所以，"真"是一切认知的基础，现代科学技术的一切手段，包括求证和演绎，都在努力地探求"真理"。而在这篇课文诗里，作者却在拼力鼓吹虚假的情感。

中小学阶段，是人生中情感发展的最重要时期，在这个时期，不向学生传达美好的观念，而向他们灌输虚假空洞的情感、自我封闭主义的概念和暴力的思维，这是公然的造假和极大的危害。

在中小学校的具体教学活动中，这种"造假行为"也越来越公开。这包括分数造假、比赛造假、投票造假、评比造假。各种造假，无缝不钻，令人忧心。

从中小学教育开始就灌输和培养"造假意识"，这是我们这个民族最大的忧患和最可悲哀的现状。

造假的民族，是没有未来的民族。

朱自清的真性情

俗世的安乐和平和，这是个人性的，不是宏大叙事，然而，这却是一种最打动人心的美好。

朱自清先生作文，必求真性情真感受，文字之间，自然有度。

争议

朱自清先生的《荷塘月色》大家太熟悉了。这样的熟悉，通常会让人读而无感，只能堆出一摞拾人牙慧的陈词。

在中学语文的课堂上，朱自清的散文在众多课文里傲然孑立着，如他描写过的梅雨潭，绿玉般澄澈，令人于浑浊中见到了清新。虽然这篇散文也被编教材的道德家下狠手"阉割"过，大体上还保留了原作的精髓，只是结尾处不知为何突然删掉一大段，而使得文气大乱，上下不接，令人瞠目。

这篇散文，几十年来被反复咀嚼，图解派、解剖派、索隐派、考据派、臆测派乃至于苹果派，在诸种方法和理论斧砍之下，已经破碎不堪了。很多人详细地把文章里的行动路线勾画出来，把每个人人都赞好的比喻捉拿归案，把它肢解为"八段"，一截一截的。这是医学院的解剖学课程，看起来精密科学，最大问题却在于把文学当作了科学。

关于《荷塘月色》的评价，最平常的观点是说反映了作者在"大革命失败之后，内心的苦闷彷徨"。这不能说是曲解。那个时期，中国内忧外患，积弱受欺。身处其中的知识分子,不可能不对民族命运和国家前途产生忧思。

事关国家与民族的前途和个人的去从问题，在作家体内发酵，酝酿，散发出浓烈的气味。激越者，是烈酒的浓酽；冲和的作家，是温和绵长。老白干和女儿红，不妨各从其好。朱自清先生的小资产阶级家庭背景，他所受的传统文化教育经历，以及他交往的朋友的趣味，都使他养成独特的人生观。他追求学术自由，渴望人格独立，文学趣味雅致而悠然。对于那个时代的风云雨雷，朱自清先生也在苦闷中思索，最终选择超然的态度。

在《荷塘月色》里，朱自清先生用超然的态度来看待外在事物。无论荷塘里多么热闹，他隔着不能朗照的月色看过去，不觉吵闹得无法忍受，也不去禁止蝉噪和蛙鸣，只是这么远远地观着，居然还看出一些美，"……塘中的月色并不均匀；但光与影有着和谐的旋律，如梵婀玲上奏着的名曲"。朱自清先生在这么嘈杂的荷塘旁，仍能感受到和谐，这种心态自是努力的超然。

孔子说，"君子和而不同，小人同而不和"。

朱自清先生在《荷塘月色》里寻求的，也是这种"和而不同"的心态。光与影，蛙与蝉，荷叶与流水，远山与柳树，都是不同的景物，呈现不同的价值，然而在"不能朗照"的月色下，这些朦胧的外在事物都有着和谐的柔性——事物看得太清楚，缺乏朦胧美，不仅煞风景，而且也是一种文艺的暴力。朱自清先生对这种施加于美的暴力，有细微的感受且不喜欢。他在《儿女》里，对自己孩子们的一声呵斥，事后反省都不好意思，且后悔。"荷塘"的一切能够和谐的前提，就是在月色下，而且还是不能朗照的月色。这月色，从古照到今，是中国传统文学中的核心意象。月色不仅叫人思恋，还给人安慰。一是思乡，想念亲人；二是对"共婵娟"的愉悦。朱自清先生谙熟传统文学，他不会不明白，也不会偶然地描写这特别的月色，更何况，这还是在寂静的小路上呢。

朱自清先生那时正逢着极大的苦闷。他期盼的,恐怕仍然是"和而不同"，与人友善，但不必强求一统。只有小人，才会表面上彼此相善，一团和气，暗地里却你踢我一脚，我挥你一拳。

而在"荷塘"里，虽然那些蛙声、蝉噪各不相同，但是彼此并无干涉，

甚至还有和谐的意思，这就是作者最盼望的世界了。

趣　味

朱自清在现代散文史上，以文章的真性情见长。凡作文，无不努力表达自己感受的确切性、逼真性和生动性。他的至交叶圣陶就曾在《中国现代作家作品选集·朱自清》的序里说过，朱自清的文章"文质并茂，全凭真感受真性情取胜"。

"荷塘"和"月色"，是典型的传统文化意象，从中国传统的古典诗词歌赋里，能够读到大量的类似景物。这两个景物都普通得不能再普通了，它们的相互映照，圆融出一个特殊的文章气场，点缀其间的，都是小得不能再小的东西：小煤屑路、杨柳、荷叶、白花、流水、微风、香气、月色。这些"微景"，围绕在小小的荷塘周围，构成了一个有序的生态小环境。需要注意的是，这个环境，不是宏大的、苍凉的、激越的北方景象，不是抽象出来而可以变成高级主题的意识形态化的隐喻，而是江南的小桥流水人家的日常生活景观，是"小叶荷"而不是"大堰河"。对比《荷塘月色》和《大堰河，我的保姆》这两篇中学教材的经典选文，会发现：一小一大、一沉一浮、一平静一喧嚣，前者个人化而后者抽象化。

朱自清先生以北平这个旧都为背景，从"小院"出发，从妻子拍着儿子迷迷糊糊地哼着的眠歌出发，写的却是"月色"与"荷塘"这样一个典型的江南水乡的图景。他的情感，是个人性的，向内的，避免了景物情感的扩大化和虚空化；反之，艾青从上海这个十里洋场和喧嚣的生活出发，从高调的阶级情感出发，把诗歌的格调改造成北方的凛冽和高亢，把江南水乡的温婉"大叶荷"改造成华北平原的凛冽"大堰河"。

朱自清和艾青这两位作家在文学趣味上的"南"与"北"的反向运动，构成了现代文学史的诡异魅影。

文章描写的景物对象不在于南方还是北方，而在于作家的情感倾向和审美趣味。仁山智水，各异其趣也。朱自清本着求真的内在诉求，从自己出发，特重于个人感受，追寻"小叙事"，着眼于"微物"，从"小"中看出美和趣，也确立了个人的价值。艾青张扬着的是"大叙事"，他看到的和追求的都是"伟物"和"大象"，终渐于无，个人消失在大时代中。

每个人都有自己的命运，这是时代的裹挟，也是自我的选择。

读朱自清先生的散文，尤其是《欧游杂记》以前的散文，多应从小处入手，且停留于微物之美，万不可小中求大，硬要从里面发掘出什么高深的含义来。生吞活剥要不得，会消化不良；"微言大义"更恐怖，朱自清先生最反感牵强附会的拔高。

一个苦闷的青年，在月下荷塘旁，感受到了苦闷的愉悦，消受着无边的"月色"，回想起江南采莲的旧俗，恐怕也想到江南那些至交好友们，大家彼此都还好，即便不再于"桨声灯影里"游秦淮河，想想六朝的旧俗，忆起江南的俗世喧哗，这已经很好了。更何况，一通漫步之后，回到家里，妻子都很安详地熟睡着了呢。

俗世的安乐和平和，这是个人性的，不是宏大叙事，然而，这却是一种最打动人心的美好。

背　　景

朱自清先生从自己家的院子出发，沿着"小煤屑路"进入荷塘，并围着荷塘周围绕圈散步，这个封闭的场景，确实有点像是桃花源。不过，桃花源里的景象，是王维诗"两岸桃花夹去津"的活泼，是见得理想世界的欢欣。农人和邻里的关系，单纯真诚，鸡犬相闻，融洽欢悦，全无《大堰河，我的保姆》里的那种骨肉相仇、亲人互恨的人伦倒序关系。

"采菊东篱下，悠然见南山"时的陶渊明，连"道狭草木长，夕露沾我衣"都感到欣然，都不会痛惜忧愁。他的这种自给自足、顺势而为的理想，不无《老子》"小国寡民"的意思，个人的人格修养，也确实到了极高的程度。有些现代学者认为，欧洲的那几十个巴掌大的小国，正是"小国寡民"理想的现实体现。强大的集权制度，往往剥夺了个人的经济与精神的独立诉求。

这种高度集权的制度,需要个人彻底放弃自我,融入集体,而谋取国家性的最大化利益。朱自清先生对此曾作苦闷的思考,终于还是走了自己的路。

《荷塘月色》写成半年后,他在1928年2月7日作了一篇很长的文章《哪里走》,在这篇文章里,他诚恳地说,"……我解剖自己,看清我是一个不配革命的人!这小半由于我的性格,大半由于我的素养……我虽不是生在什么富贵人家,也不是生在什么诗礼人家,从来没有阔过是真的;但我总不能不说是生在 Petty Bourgeoisie 里……我在 Petty Bourgeoisie 里活了三十年,我的情调,嗜好,思想,论理,与行为方式,在在都是 Petty Bourgeoisie 的;我彻头彻尾,沦肌浃髓是 Petty Bourgeoisie 的,离开了 Petty Bourgeoisie,我没有血与肉"。

Petty Bourgeoisie 即是后来广受批判的"小资产阶级"。朱自清先生这年三十岁,他这样彻头彻尾地剖析自己,并不力图掩盖自己的真实心理而去追逐时髦,且承认自己的小资产阶级本性,这就是真情实感。他对投机家非常不屑,又说,"我知道有些年岁比我大的人,本来也在 Petty Bourgeoisie 里的,竟一变到 Proletariat 去了。但我想这许是天才,而我不是;这许是投机,而我也不能的"。

Proletariat 是"普罗大众",有人变色龙一样自由地变换自己的阶级和身份,这是朱自清先生所不屑的,他也不隐瞒自己的厌恶和彷徨。

《哪里去》这篇文章还透露了一个重要的细节:1927年从上海返回北京时,来过一个的"栗君"劝朱自清先生入他们的组织,"……那是一个很好的月夜,我们沿着水塘边一条幽僻的小路,往复地走了不知几趟"。

"幽僻的小路""月夜""水塘"这些景物,跟《荷塘月色》里多么近似!不同的是,在《荷塘月色》里,朱自清只一个人在漫步。他不愿意加入"组织",显然也是不愿意放弃这大好的月色去浪费,而窃窃于组织和人事了。他旁边走着的那个"栗君"不知道是哪个组织的,在这里被他善意地隐藏了。毕生追求文章"真信雅"的朱自清先生,剔除了景物中不协调的部分——朱自清先生请"栗君"让他思考一段时间。跟"萍""鄂""火"等好友商量之后,他跟"栗君"回话说,"我想还是暂时超然的好"。

朱自清先生反复斟酌,"以自私的我看来,同一灭亡,我也就不必拗着自己的性儿去同行什么了。……我是走着衰弱向灭亡的路;即使及身不至灭亡,我也是个落伍者"。他把自己定位为"落伍者"之后,"我是想找一件事,钻了进去,消磨了这一生。我终于在国学里找着了一个题目,开始像小儿的学步"。

这之后,朱自清先生的"美文"创作激情慢慢消退,他确实开始做了一些具体的研究工作,先做了《陶渊明年谱中之问题》,后来逐渐撰写了《经典常谈》《诗言志辨》《古诗十九首释》等著作,都体现他"求真"而"去伪"的精神——在《经典常谈》里,他反复强调说"伪《列子》""伪《今文尚书》";在《古诗十九首释》里,他强调这写诗就是写男女私情的,不必另加附会;而在《诗言志辨》里,他强调做诗的"真情实感"。钱锺书先生于70年代末在日本作"诗可以怨"(见《七缀集》)的演讲,由《论语·阳货》里"诗可以兴,可以观,可以群,可以怨"出发,广征博引,文采飞扬,核心观念仍然跟朱自清先生说到过的一样——真实。

朱自清先生对虚假的东西很警觉,到了过敏的地步。他写有随感《论做作》,开篇就破题说,"做作就是'佯',就是'乔',也就是'装'"。并有妙论说,"装斯文其实不能算坏,只是未免'雅得这样俗'罢了"。他在《论老实话》里又说,"无论古今,也无论中外,大家都要求'老实话',可见'老实话'是不容易听到见到的"。他这么思考,也这么实行。在《欧游杂记序》里,他就老老实实地承认自己是以克罗凯夫妇合著的《袖珍欧洲指南》等作参考,并说"佛罗伦司,罗马两处,因为赶船,慌慌张张,多半坐在美国运通公司的大汽车里看的"。

知易行难,朱自清先生的不寻常之处,在于他一直努力地言行一致。

"辛亥"至"五四"前后,新的工商业的发展和国内时政的纷乱、动荡、变化,在上海、北京等大型城市,短暂地催生过一种经济独立的知识人阶层,这包括大学教授和中学教师,包括出版人和媒体从业者。他们通过在大学、出版界和媒体工作,而摆脱了当局的经济控制,获得了相对多的独立空间。这种独立性,在"五四"后的六七年里,造成文艺上的空前繁荣。在诗歌

尚且摸索、小说也才起步的阶段，散文以其短平快和深厚的传统积淀的特殊性，努力地摆脱了文言的限制，取得了一定的成绩。年轻的朱自清，步风格卓越的周作人等之后，成为其中的生力军。

从北京大学毕业后，朱自清在南方的中学教书五年，台州、温州、上虞，都留有他的足迹，且跟俞平伯、叶圣陶、夏丏尊、丰子恺等青年才俊结为至交好友。

他的这个朋友圈不大，但是都追求相对独立的"中间"路线，不愿卷入党争和斗争，寄望于发展出一种相对独立的自我人格和文学品格。这并不是说他们不关心现实，只在投入到文学作品，因特殊的审美追求，自觉抹去激越和高亢的调子，以务实和冲淡的方式来行文记叙。

朱自清虽然成名于"五四"新文化运动之后，但是他深受传统文化的影响，"乐而不淫，哀而不伤"的传统审美，在他的散文里得到了极大的体现。

1940年夏至1941年夏，西南联大的教师轮休计划中，朱自清携第二个妻子陈竹隐来到成都，潜心著述《古诗十九首释》，开题即曰："十九首可以说是我们最古的五言诗，是我们诗的古典之一。所谓'温柔敦厚''怨而不怒'的作风，三百篇之外，十九首是最重要的作品。"他反对曲解和增解，而对"十九首"主张读出其中的真性情，真感受，"别家说解，大都重在意旨。……认为作诗必关教化；凡男女私情，相思离别的作品，必有寄托的意旨——不是'臣不得于君'，便是'士不遇知己'。这些人似乎觉得相思离别等私情不值得作诗；作诗和读诗必须能见其大。但是原作里却往往不见那大处"（均引自浙江古籍出版社出版之《古诗十九首释》手稿本）。

朱自清批评那种收垃圾式和狂吠式的解读，就是"作诗和读诗必须能见其大"。这似乎先见地批判了后来一些学者妄自在《荷塘月色》这些作品里"见其大"的思维方式。而实际上，《荷塘月色》的作法，是无限小的，跟无限大的《大堰河，我的保姆》的方式正好相反。

朱自清先生作文，必求真性情真感受，但都能"冲气以为和"，他在《给亡妇》《哀韦杰三君》《执政府大屠杀记》《哀互生》里，是"哀而不伤"；在《桨声灯影里的秦淮河》《女儿》《阿河》里是"乐而不淫"。文字之间，自然有度。

《荷塘月色》就是这种冲淡平和的臻品。读者须从真性情的角度出发,抛开先入为主的种种定见,而感受作者的自我剖析和沉思。

友　情

朱自清到清华任教后,跟在南方结交的朋友们保持着密切且长久的联系。可以说,他缅怀南方,也就是缅怀友情。白马湖盛产莲花,朱自清和友人在春晖中学教书而观其美,览其胜;西湖更是"接天莲叶无穷碧"的景观,1921年前后,朱自清和叶圣陶结伴在杭州教书,日游西湖,睹物思人。所以,发掘《荷塘月色》的内旨,说有怀念友情和江南风物的味道,恐怕也不算离谱。

年纪比朱自清大12岁的夏丏尊先生是一名教育家和翻译家,译有亚米契斯的名著《爱的教育》等作品。他欣赏朱自清的散文,请朱自清到上虞白马湖畔的春晖中学任教,几位青年才俊在这里结下了深厚的友谊。朱自清在"白马湖"时期写下了《白马湖》《春晖一日》等文章。夏丏尊不仅学识渊博,书画在行,而且急公好义,常在家里引朋聚会。夏丏尊对佛学也有研究,是李叔同的忘年交,受其影响,夏丏尊办教育投入的是宗教般的热情。后来跟春晖中学的创办人经亨颐对教育理念产生了矛盾后,夏丏尊离开春晖中学,创办开明书店和《中学生》杂志,继续做文艺普及教育的工作。朱自清后来创作的很多散文,都发表在《中学生》杂志上,且由开明书店出版了《欧游杂记》《伦敦杂记》。朱自清写有旧体诗《白马湖》,说"丏翁诚可人,挟我共趋走"。此外,朱自清还写有文章《教育家夏丏尊先生》,缅怀双方友情。

朱自清和俞平伯更是毕生的挚友和知音。

俞平伯到清华教书,住在清华园南院,朱自清常去蹭饭。他作旧体诗《寄怀平伯北平》,诙谐地写到了自己蹭饭的经历:"西郭移居邻有德,南园共食水相忘。平生爱我君为最,不止膏粱百一方。"诗题下自注云:君移居

清华园南院,余日往就食。

叶圣陶和朱自清的友谊,更是读者熟知的佳话。

朱自清于新诗的写作,本才情不足,所作不多,且质量不佳。他的一首《除夜》,是和叶圣陶在杭州任教时一起守岁所作的短句,"除夜的两枝摇摇的白烛光里,我眼睁睁瞅着。1921年轻轻地踅过去了"。朱自清写散文《我所见的叶圣陶》里,平实而深婉地记述过两人的友情,"……他到校时,本来是独住一室的,却愿意将那间屋做我们两人的卧室,而将我那间做书室"。他们还是真诚的诤友,在评论文章《叶圣陶的短篇小说》里,朱自清认为,"……圣陶爱用抽象观念的比喻,如'失望之渊''烦闷之渊'等,在现在看来,似乎有些陈旧或浮浅了。他又爱用骈句,有时使文字失去自然的风味。而各篇中作者出面解释的地方,往往太正经,又太多……圣陶写对话似不顶擅长。各篇对话往往嫌平板,有时说教气太重……"这算是"知无不言"的古风了。叶圣陶也不是一味地说朱自清好话,他在悼念朱自清的《朱佩弦先生》里说,"他早年的散文……都有点做作,过于注意修辞,见得不怎么自然"。这些互有往来的文字,见得了双方的友情的真实,和对文艺的知心。

朱自清对朋友和友情,一直非常珍惜,他作旧体诗《怀南中诸旧友》,连着把夏丏尊、俞平伯、刘延陵、叶圣陶和丰子恺等人的名姓和事迹,全都镶嵌着写上去了。他写《近怀示圣陶》,更是对友情切切感念说,"不如意八九,可语人三五"。

朱自清和这些朋友的故事,现实地追随了古人"伯牙和子期"的千古流风。

虽然在"五四"新文化运动之后写作,朱自清和他的朋友,对传统文化中的一些深厚情感,仍然自觉地延续。他不以"旧"而抛掉,也不逐"新"而趋步,总保持清醒独立的个人态度。

朦　胧

朱自清的家庭问题，他自己在散文《背影》里、在小说《笑的历史》里、在篇幅较长的新诗《毁灭》里、在哀婉深沉的散文《给亡妇》里，都有或明白或隐约的倾诉。写得最直白的，恐怕还是他自认为很不成功的小说《笑的历史》。这篇小说以他的第一位妻子武钟谦的口吻，写她在夫家的种种遭遇。她从一个爱爽朗大笑的少女变成因家庭的压抑而心力交瘁的母亲。

父亲离职、家庭败落之后，朱自清一毕业就挑上了养育大家庭的沉重负担。他到上海中国公学教书，每月70块钱的薪金大半都寄回家里，父亲和母亲仍然不满意。小说里讲，"他们恨不得你将这70块钱全给家里！"在上海和浙江等地跑动的朱自清，也总不能把武钟谦和孩子们接去。武钟谦过劳早逝，朱自清一直感念深沉，做文追记不说，还写了好多首沉痛的怀念诗。在《荷塘月色》里，"迷迷糊糊地哼着眠歌"的妻子武钟谦，刚刚过上一点点安静平和的日子，这也是朱自清感到欣慰的——可痛的是，一年后，武钟谦就因肺病逝世了。从《荷塘月色》开头的"妻在屋里拍着闰儿"和结尾的"妻已熟睡好久了"这句子里，看得出这是朱自清和武钟谦的家庭生活与夫妻情感相对和谐的时期，跟几年前为此忧虑的心态已经截然不同。在这时，想到了家庭问题，且"出走"去"荷塘"散步，这说法只能是臆测，没有真正的事实和资料作根据。

朱自清先生在《哪里去》文章里提到的"栗君"找他，两人一起在"水塘"边来来回回走了好几趟的，却能证明他是为时事所感所触而作。历来的教学参考资料都说他是"在大革命时期迷惘"，而让学者有些抵触。我通读了朱自清先生的全集后，不得不从这种抵触中承认，在那样一个特殊的时期，朱自清这样的知识者很难真正地置身事外。一年多前，他还亲自参加过北平大学生的游行，差点还被执政府的枪手杀害，这在他事后写的《执政府大屠杀记》《哀韦杰三君》里可以看出。所以，他并非无关时事。

《荷塘月色》的妙处在于，虽然写的"时事"，却把那些破坏了格调和趣味的材料，全都剪裁掉了，他不能见着一点的硌脚沙砾，于词句间，可

谓努力推敲，务求新声而去俗语。通篇中，几乎看不到一个"好词好句"。用到成语习语时，他也非常敏感，尽量切开。在《伦敦杂记》之《乞丐》篇里，朱自清写道，"老者那炯炯的双眼，不露半星儿可怜相，也教人有点肃然"。这"肃然"两字的"好词好句"结构后面，一直跟着"起敬"的，谓之"肃然起敬"，可是朱自清先生把这尾巴切掉了，就有了节制。这是旧词得到了新生。又如他在《欧游杂记·序》里说，"……记述时可也费了些心在文字上：觉得'是'字句，'有'字句，'在'字句安排最难。显示景物间的关系，短不了这三样句法；可是老用这一套，谁耐烦！……于是想方法省略那三个讨厌的字……"

这是举《欧游杂记》中《荷兰》一篇的例子，朱自清先生故意跟自己作对似的，来跟这根本不可能全然省略的三个字较量。他在《序》里说，"……例如'楼上正中一间大会议厅'，可以说'楼上正中是——''楼上有——''——在楼的正中'，但我用第一句，盼望给读者整个的印象，或者说更具体的印象"。

朱自清先生的这个感受真实、奇妙、有趣，甚至有点堂吉诃德战大风车的意思。不是深入文字结构底层，力求新意和准确，并对这些字句组合反复思考者，不会有这种微妙的体会。这也是作家和惰性、和俗字、和叙事的惯性在作斗争的乐趣。

然而，他并不能彻底"消灭"这三个字。《荷塘月色》时，朱自清先生29岁，文章1300多字，"是"30个，"有"12个，"在"17个，躲藏在文字最茂密或在不经意处。5年后，1932年11月写游记《荷兰》时，他34岁，这散文4000字，"是"69个，"有"53个，"在"52个。比例不见少，反而略多了。可见，作家和文字的战争，不总是胜利者。毋宁说更多的是失败者，朱自清先生却独得其乐。

阅读这样的作品，何妨简单化，表面化，径直循着作者的文字，一起历游呢？

在这里，我反对"微言大义"的解说，这不仅是破坏，而且是误导。

从莫言获奖看作文教学的弊端

大概都有这样的体会：自己的孩子在上学之前，随时都能说出美妙的话语来，他们的世界是精灵的世界，他们观察的世界，是圣灵环绕的世界，但在他们长大的过程中，所有这些有圣灵的部分，都被磨损了。

对一名作家及其作品，读者可以有各种不同的解读方法，但最基本、最有效的方法是阅读他的作品。通过作品可以到达作家的生活与内心，如果不能到达作家生活与内心，那么这位作家通常就不在优秀行列。这大概是严肃作家和通俗作家的重要区别：前者专注于内心，后者着迷于外在；前者着重于自我反思，后者迷恋光怪陆离。

莫言的创作一直跟他的生活经历密切相关，跟他的乡村经验和痛楚记忆密切联结在一起。莫言小说里最早跟自己的经历发生联系的，是1983年1月创作的《售棉大道》。1973年，十八岁的莫言得到机会到棉花加工厂去做临时工，这篇小说反映的是他对棉花、乡村、工厂的感性记忆。后来在90年代初，莫言又写了一部专门为张艺谋拍电影而定做、但他自己感到很不满意的中篇小说《白棉花》，也是跟棉花加工厂的记忆密切相关。虽然小说不很成功，但仍然被台湾导演拍成了电影，由宁静和苏有朋主演。这篇小说之后，莫言创作了短篇小说《乡村音乐》，对乡村场景描写节制而抒情，得到老作家孙犁撰文赞扬。此后，莫言的记忆就被逐渐点燃了。但不是沿着温婉和抒情的方向，而是屈辱和残酷——有关少年记忆中各种被压抑着的记忆,不断在他的写作中冒烟,升腾,直至他上解放军艺术学院文学系时创作了中篇小说,也是他的成名作《透明的红萝卜》。

　　作为一名读者,我们可以顺着莫言的小说,回到他的故乡,看到散文中描写到的《会唱歌的墙》,听到老人讲到的《鱼市》,可以在他用自己几百万字作品来创造的"高密东北乡文学王国"里慢慢地踱步,徜徉。在世界文学史里,很多杰出的作家都有自己创作的灵感源泉,都有一个文学的故乡。中国的,如鲁迅的鲁镇、沈从文的湘西、萧红的呼兰河、黄永玉的凤凰城;外国的,如巴尔扎克的巴黎、卡夫卡的布拉格、詹姆斯·乔伊斯的都柏林、福克纳的约克纳帕塔法镇、马尔克斯的马孔多。这样的例子很多,莫言在他的硕士论文《超越故乡》里,专门引用了美国小说家、长篇小说巨作《天使望故乡》的作者托马斯·沃尔夫的话说:"一切严肃的作品,说到底必然都是自传性的。"但并不是小说家在作品写到的一切,都是曾经发生过的,在他自己创造的"文学共和国"里,作家有权把想象中的、喜欢的各种人与物,搬到自己的"王国"里,成为自己的合法资产。他越自由,他的王国资产越丰富。

　　我们再反过来看看中小学语文中的作文教学,不能说全部,但不少语文老师在布置作文、指导作文、批改作文时,教学思想是压制性的、表面化的,强迫学生写出来抽象的,甚至不真实的好人好事、美好情感;而不是引导学生表达自己的真情实感,训练他们观察世界、体察万物并用准确的语言、词汇表达出来。很多有心的家长,包括作为家长的语文教师,如果留心孩子的成长过程,大概都有这样的体会:自己的孩子在上学之前,随时都能说出美妙的话语来,他们的世界是精灵的世界,他们观察的世界,是圣灵环绕的世界,但在他们长大的过程中,所有这些有圣灵的部分,都被磨损了。一名优秀作家,是磨损得相对少的孩子;一名杰出的作家,是通过修复被磨损的心灵重返优诗美地的孩子。

　　1955年2月17日,莫言出生于山东省高密县河崖镇平安庄,后来他在短篇小说《白狗秋千架》里,第一次用"高密东北乡"这个民国时期的老称谓来指代故乡。他在同时期的短篇小说《秋水》里,还写了这个故乡的史前史，即还没有人居住，还没有人间条律的、自由自在的、贼盗横行的蛮荒时代。

莫言很不幸地生在那样一个饥饿时代。1961年他六岁时进邻村大栏小学读书，在长身体的重要时刻，却碰上了史无前例的三年灾害，村里缺粮而饿死人，幸存的大人和小孩饿得皮包骨头，莫言在散文《吃相凶恶》里提到，他们饿得身体好像透明了一样，能看到肠子在身体里蠢蠢欲动。在这样的饥饿时刻，这些小学生对世界的看法变得简单了，事物被他们分成两种：能吃的和不能吃的。因为饥饿，他们积极探索，把人类食谱从我们现在所知的大米、麦子、高粱等传统食物扩展到了各种匪夷所思的事物：草籽、野草、昆虫、树皮、观音土，乃至如他后来在短篇小说《铁孩》里写的"铁筋"等各种东西。在这个乡村记忆的变异中，"铁孩"热爱吃铁筋，他吃铁筋就跟现在的孩子吃牛肉干一样津津有味。因为饥饿，小学生们还把拉来学校生火取暖的煤块当成了饼干，津津有味地吃了起来……从"饥饿"和"孤独"出发，是理解莫言文学创作的两个重要的关键词。2000年，莫言在美国斯坦福大学的演讲就叫作《饥饿和孤独是我的创作财富》。而他的成名作、中篇小说《透明的红萝卜》则有他自己的痛苦的亲身经历：十二岁时，莫言到水利工地做小工，因为饥饿而拔了旁边一块地里的红萝卜充饥。他被看田老头当场抓获。他在《超越故乡》里把这段一直被自己隐藏在内心深处的伤痛，忐忑不安地写出来：

"文革"期间，我十二岁那年秋天，在一个桥梁工地上当了小工……因为饥饿难捱，我溜到生产队的萝卜地里，拔了一棵红萝卜，正要吃时，被一个贫下中农抓住了。他揍了我一顿，拖着我往工地上送。我赖着不走，他就十分机智地把我脚上那双半新的鞋子剥走，送到工地领导那儿……领导是个猿猴模样的人，他集合起队伍，让我向毛主席请罪。队伍聚集在桥洞前，二百多人站着，黑压压一片。

这个记忆，把一个十二岁的少年几乎完全压垮。这还不算，他被二百多个成年人批斗之后，回到家里不仅得不到任何的宽慰，反而又遭到了一顿毒打。这毒打的故事，被他用残酷的文字描写在短篇小说《枯河》里。

一个作家到了三十岁以后，才有勇气把这些少年时代的屈辱描写出来，其内心的压抑和痛苦，可想而知。

小学毕业时，因曾经调皮捣蛋搞"早饭"和"富裕中农"的家庭成分，莫言被当时的班主任、贫下中农、又红又专的后代郑红英禁止升初中。十一岁的莫言从此就辍学了。他写过很多文章谈到自己对学校的复杂记忆，如《我的中学》里写他放牛放羊，总经过村里的农业联合中学，看到那些小学同学在里面嬉戏，心里十分痛楚。他写《我的大学》说，虽然后来进了解放军艺术学院文学系读了两年书，后来又进了北京师范大学鲁迅文学院作家班，毕业后获得了硕士学位，但是，他知道自己没有真正上过大学。我读到这篇文章时，犹能感受到他内心深处的难言痛楚。他写《我的老师》，谈到语文老师对他的偏爱，也谈到某老师对他的歧视。这些作品，都出自作家本心，有真实情感，有爱有痛，都适合中学生阅读。

在辍学之后，十一岁的少年莫言——那时候还叫管谟业——因为还不是一个壮劳力，只能给村里放牛放羊，他躺在草地上，听着潺潺流水，嚼着甜丝丝草根，眺望着天空流云，一待就是一整天，连羊群走散了也不管。

这样的乡村苦闷生活，积聚在莫言的记忆中，一直暗暗地发酵，等待揭盖的那一刻芳香四溢。但催化剂，却是这位辍学少年不懈的阅读渴望。莫言和他的二哥是读书狂，那时他的大哥考上了华东师范大学中文系，成为莫言心中的最大偶像。他留下了一些初中和高中课本，被莫言翻烂了。莫言还反复地看那几本破旧的白皮书鲁迅作品和一本《新华字典》，熟悉到了找出字典里很多错误的程度。他还想尽一切办法去找村里村外其他人借书看。他曾因为借书而给石匠女儿拉磨，磨一斤面给他看一页书。这个大辫子的石匠女儿，也被莫言写到自己的小说里去了。

就这样，在十一岁辍学到十八岁得到机会去县城棉花加工厂当临时工的那苦闷的七年间，莫言读遍了当时他能找到的所有作品。他多愁善感，为《钢铁是怎样炼成的》里面的冬妮娅而心痛，为《三家巷》里的区桃而哭泣。可以说，辍学的莫言的阅读经验，远远超越了他那些有机会上中学的同学。这些同学在农业联合中学里除了背诵语录，就是学农劳动，剩下的时间用来打打闹闹。只有旁观者莫言，内心苦闷中，积聚了相对多的精神粮食，而成为他今后创作的基础。他的复杂生活经验，也发酵成了小说中琳琅满目的人与事。

  天才作家不是培养出来的，莫言不可以复制，就像马尔克斯不能复制一样。中小学的语文教师的基本任务也不是培养作家，而是引导学生成为一个真诚的人，带领学生养成阅读的良好习惯，并尽量使用准确的语言来表达真情实感。至于那些我们暂时看不见的天才，谁也没有办法去培养，我们也应该谦虚地保持着欣赏的态度。这些孩子或调皮，或多嘴，或胡思乱想，或天才或平庸，都不要紧，作为良师益友，我们只要坚持人性化、个性化、差异化的观点去培育、去涵养他们的情致，不要故意去打击他，折磨他，任由他更加充分而自由地成长，这就是好的。

爱与恨的教育

没有一名教师告诉学生们这样一个简单的问题：为什么一个儿子对亲生父母如此仇恨，同时对自己的保姆这么热爱？

什么是爱，什么是恨

《大堰河，我的保姆》是中学教材的重要篇目，对成长期的青少年的情感发展，具有深远的影响。当我对这首诗进行质疑时，有一个网友坚决捍卫说，他每次读到这首诗，都会感动得泪流满面。

这首诗有数量庞大的读者，不会每个人都如此善感，但大多数人都可能会有相似的诵读记忆。这首诗，在学生们进行学习的黄金阶段，谈到了人生中最重要的问题：什么是爱，什么是恨。

在诗歌里，教师根据教学目标的安排，根据教案的设置，明确地引导着学生们的爱与恨，读完这首诗，学生们知道了诗歌里的诗人到底爱谁，又到底恨谁。这首诗的爱与恨如此鲜明，学生们确实不用动脑子就能看出来：恨父母，爱保姆。

学生们在诗歌的强烈节奏的引导下，在教师精心设计的课堂教学节奏的影响下，感受到了诗人对"大堰河"的爱和对"生父母"的恨。学生们并没有机会进一步地去想问题：为什么爱？为什么恨？他们同样没有机会去辨别：到底什么才是真正的爱？什么才是真正的恨？

作为一首气势磅礴的诗歌，《大堰河，我的保姆》有自己特殊的节奏，读者一味沉浸在诗歌的气氛里，很容易被感染，并且不假思索地爱着诗人的爱，恨着诗人的恨。尤其是在中学的课堂里，我们的教育理念，是同质化教育，不是差异化教育，不鼓励学生们自己进行独立思考，更不会在课堂里鼓励学生思考问题，提出问题，争论问题，解决问题。在课堂里，提问的是教师，给定标准答案的也是教师，一切都在教师高高在上的掌控之中。这样长期训练之下，中学生的脑袋就变成了德国哲学家叔本华说的——"别人思想的跑马场"。

我搜集并拜读了几份有名的教案，有特级教师的精心设计，有名师公开课的教学实录。这些教案，手法丰富，多媒体等技术手段的运用多样，貌似很丰富很热闹，但是教师们对这首诗的理解和他们所遵循的核心教学思想，跟我二十多年前上中学时听到的没有什么大的差别：

>……通过分析人物形象，理清诗人情感发展的脉络，体验诗人对劳动人民真挚、热烈的感情以及对旧世界的仇恨和诅咒。

这是长期以来中学教师对诗歌的标准化理解。教材编写大纲这样规定，教材编写者这样引导，教师参考书这样表达，教室里的学生这样闷头听着。

对一首诗的理解，限定在标准答案上，这是中小学语文教科书最重要的理念之一。

教材编写者对这首诗的解释：对劳动人民的爱和对旧世界的恨。

这种"爱与恨"的决然对立的情感，直白明了，简单而粗暴。劳动人民是谁？大堰河——我的保姆。旧世界是谁？我父母——地主阶级。对这个"旧世界"的描述，几十年来基本保持不变。

我们的世界观把整个世界、万事万物、人类社会、一草一木，都"一分为二"，劈成两半："新"与"旧"，"好"与"坏"，"爱"与"恨"，"白"与"黑"。这种简单的世界观教导我们，世界是二元世界，非此即彼，非错即对。我们理解世界，变成了简单而愚钝的二元选择游戏——在中小学的语文测试和考试卷上，这种"是非"判断题占了很大的比例。文字和文学

的丰富性，在这种训练下，变得淡而无味，简单无趣——你的立场只能站在这一边，或者那一边。你要么是好人，要么是坏人。你不是勤劳勇敢的贫下中农，就是好吃懒做的地主阶级。在这个被劈成两半的世界里，我们理解问题的态度变得简单起来：对待"新的"和"好的"事物，正确情感是"爱"；对待"旧的"和"坏的"事物，正确的态度是"恨"。

劳动人民是"新的""好的"，"大堰河"也是"新的"和"好的"，值得诗人去爱，也要求读者去表达同样的情感。"我父母"代表了"腐朽""没落"的地主阶级，对他们的正确情感是"恨"，我们读者也要跟着去鄙视"父母"。从阶级立场出发，而不从具体人性出发，是这种简单化思维的基本逻辑。这首诗在开头段落，就明确地告诉了读者："我父母"是地主阶级，"大堰河"是劳动人民。因此，恨自己的亲生父母很"正确"，爱自己的保姆很"正确"。这种正确性，似乎不证自明。

然而，没有一名教师告诉学生们这样一个简单的问题：为什么一个儿子对亲生父母如此仇恨，同时对自己的保姆这么热爱？有没有人敢于质疑诗里这种爱与恨是否符合逻辑，是不是真实情感的体现？有没有人想过，我们为什么要这样去爱？又为什么会这样去恨？这首诗道理浅显，鲜明，核心思想就是一个"爱与恨"的问题，但是，我们最需要的却是去思考这种"爱与恨"的可能性、真实性、合理性。在思考一个基本的人生问题时，人们最有效的做法，就是以己度人，将心比心，从自己做起，从对自己的兄弟、姐妹、父亲、母亲的关系思考起。如果我是一名语文教师，我在要求学生预习课文时，会首先提这个问题：假设同学们家里都有个保姆或者钟点工，你们的父母是双职工，一大早就上班了，很晚才下班回家。你们家的保姆给你们家干家务活，在你小时候还带过你，上学放学接送你。对于她们这种劳动，你们家给她们按时支付工资。你们好好思考一下，你们会爱上这个保姆，而仇恨自己的父母吗？如果有小时候在保姆家寄养过，或者在外婆家、在其他亲戚家寄养过的同学，也可以用亲身经历来举例说明，更加深入地对比诗人的情感和自己的情感，两者之间的差别和相似点在哪里？

在这首诗里,"我"不爱富有的生父母的家,而爱贫穷的大堰河的家;"我"不爱自己的生父母,我爱保姆。这种爱,通过课堂教学的"强迫性"理解,让学生们都仿佛明白了,爱就是这样表达的:一种正确的爱,就是对先进阶级、正确人物的爱。爱"大堰河",不仅情感正确,政治也正确。反之,恨一个落后阶级,政治正确的同时情感也正确——即使这被憎恨者是你的亲生父母。

长期课堂标准化灌输的教育,永远千篇一律的强迫性理解,让学生们对这首诗充满了习惯性的情感。学生们爱着诗人的保姆,恨着诗人的父母。他们身体里,已经被强行植入了一个隐秘的情感开关。在长期的训练之下,一旦被接通电源,立即就会感动莫名,泪流满面。

一个人,他在诗里表达如此仇恨自己的亲生父母,同时热爱自己的保姆的情感,这不是一种普通人的、正常的情感,而是一种令人震惊的、超现实的情感——婉转一点,也可以说这是一种革命的情感,但绝不是正常的、合理的情感。诗歌这样写,有它自己的思想和时代背景,也有它的似乎合理的逻辑基础。然而,我们作为具体的读者,是不是必须按照标准答案去理解?

一个具有独立思考能力和逻辑推理能力的现代人,面对这种超乎寻常的重大问题,首先要问一个为什么。为什么爱保姆?为什么恨父母?

这种情感是合理的吗?是真实的吗?如果合理真实,又是为什么?

但学生们不敢问,在课堂上,语文教师也不给他们提问的机会。

在课堂上,语文教师喜欢掌控全局,就像全知全能的上帝一样,把绝对真理灌输给学生。语文教师从教学手段的运用上,可能预设好几个掌控和引导学生们学习的步骤。他们会假装反问,会提出对课文的质疑,让学生回答。学生们都知道,这时候最好保持沉默,不说不动,不要过分积极,以免自取其辱。跟标准答案相冲突的问题,往往会遭到教师的批评。提问者会在同学们嘲讽的目光中,惶惶然,讪讪然,站也不是,坐也不得,想找条地缝钻进去。语文教师掌握着终极真理,他们的微笑和严肃泾渭分明,他们的权威不容置疑。一个中学生只需要倾听,不必亲自思考,也缺少相

应的思考能力。学生们必须摆脱自己偶尔生出的一丝怀疑精神,虚心接受,让自己成为一只肥肥美美的"填鸭"。

宽容点的教师,可能会有耐心倾听不同的意见,然后说,你的看法很新鲜,不过,这种看法是错的。考试时,你这样回答,就会被打叉。在我们这个一考定终身的社会里,这种错误会让你遗恨终生。标准答案,既限制了老师的思维,也打击了学生的积极性。

考试只要标准答案,不要个人理解。

作为一个曾经只懂得标准答案,对课文的理解如磕头虫般诚惶诚恐的前中学生,我在拥有长达20年的专业阅读经验后,每次回想起《大堰河,我的保姆》这首诗,内心里总会涌起越来越强烈的疑问:一个社会里的正常人,会这样强烈地憎恨自己的亲生父母吗?会这样全身心地热爱一个保姆吗?诗人在牢狱里,看着雪花飘过窗口,想到了人世的艰难,首先回忆起的,是一个曾经哺乳过自己的保姆,而不是从小供养他生活经费和教育资金的亲生父母。这是极其不寻常的、不正常的,也是令人震惊的超级情感体验。

为什么没有人对这种情感提出质疑?诗人的情感为什么会这样特别?他到底是从何种角度来爱一个保姆?又为什么如此憎恨自己的亲生父母?这种爱与恨,是从具体的经验和情感出发的,还是从抽象的思想和观念出发的?

在诗歌里,爱保姆的理由很简单,也很明确。"我"是"吃了大堰河的乳汁长大的/大堰河的儿子",我得到"大堰河"的关爱,她才是"我"真正的母亲。传统概念下的"母亲"——血缘维系的唯一性的生母,她的丰富性特征,被诗人简化为两种物质:"乳汁"、"爱"。

确实,"乳汁"和"爱"包含在"母亲"的各种基本属性里,然而却不能替换其他所有的条件。因此,正推合乎逻辑,反推,却不是充分必要条件。我们能说,凡是母亲都有乳汁和爱;却不能说,凡有乳汁和爱的人都是母亲。作为一个真正的母亲,一个生母,还有一个至关重要的、唯一性的条件:血缘关系。

在《大堰河，我的保姆》里，"血缘"这个最重要的问题诗人没有特别提及，因为这是不可替代、不能推翻的具有唯一性的关系。诗人聪明地避开了对"血缘"的讨论，把亲情限定在"乳汁"这个次要条件下，从而把"母亲"的概念挤压并且缩小了，削足适履，硬把"母亲"塞进保姆的套子里去。这样，"大堰河"就有了做"母亲"的充分必要条件：哺乳者即母亲。从而，本来是具体的"母亲"的概念，被抽象化了。在"母亲"这个字符（能指，Signifiers）底下的这个生母本人（所指，Referent），成为一个可以滑动的、可以被抽取的、能够被替代的对象物。"母亲"这个字符是一个纸盒，里面可以装不同的东西。可以是水果、蔬菜，也可以是餐巾纸和杂物。"我"的"生母"可以被"大堰河"替换，也可以被"大叶荷"替换，极端情况下，甚至可以被一头奶牛和一头母狼替代——童话里的狼孩的故事，就是生动的例子。日本动画大师宫崎骏的作品《幽灵公主》里，行走如飞的公主，也跟狼建立了亲密的母女关系。为了母狼的安全，在跟人类战斗时，幽灵公主随时做好了为保护母狼而牺牲自己生命的准备。这种关系建立起来的关键纽带，都是"乳汁"和"抚养"。这个逻辑，强有力地证明了，"有奶便是娘"的思想并不是一种打趣，而是一种现实。

抽象的养母替换掉了具体的生母，是"大堰河"这个革命抒情时代最重要的文学修辞手法，也是革命现实主义和革命浪漫主义文学相拥而生的终极秘密之一。通过这种替换，生母的血缘关系不再居主导地位，一个人就可以随意更换自己的血亲，既可以换成保姆，也可以替换成一块抹布，一口水井、一块馒头、一片土地，这样的分层滑动式抽屉文学概念的诞生，为一个抽象的母亲概念的冉冉升起奠定了坚实的基础。

"乳汁"作为这个"母亲"概念幸存的唯一尺度，于是继续进行替换，并且可以变成其他更有趣的东西。例如一碗水（典型的隐喻：喝水不忘挖井人）、一个馒头、一只母羊、一头驴等，这些物件，一旦被魔咒附体，都可以把任何符合阶级属性的"陌生人"成功地变成"母亲"。这样一来，乳汁——养育之恩——的魔力就凌驾于一切其他人与人之间的关系之上。

社会上有一种罪恶的乞丐团伙，他们会把盗来的儿童残忍地弄残废，

然后把他们派出去乞讨。这些残废的孩子，虽然挨骂挨打，而且乞讨来的所有钱粮都要上交给乞丐头目，只能得到一点点果腹的食物，但他们在长期恐吓和训练下，接受和默认了这种现实和名义上的"父子"关系。这种长期的胁迫之下而产生的依恋和爱慕心理，是典型的"斯德哥尔摩综合症"——绑匪在绑架人质，威胁他们的生命并且折磨他们之后，达到了目的后把这些人质释放。心理学家惊讶地发现，这些人质不仅没有憎恨绑匪，反而对他们充满了感激之情：绑匪不仅没有杀害他们，还给他们喝水，让他们吃面包。

在这里，我们可以看到，"乳汁"作为一种粮食，可以轻松地替换成面包、开水等食物，而且照样可以达到"乳汁"的功效，从而把一个人质，成功地变成自己的"孩子"。可以想象，这个被乞丐犯罪团伙的头目伤害致残的孩子如果会写诗，他也会充满热情地歌颂自己的"养父"——罪大恶极的人贩头目。

而在古代极权国家里，臣民和帝王的关系，也同样可以如法炮制地进行替换。在长期愚化训练之下的臣民，会把皇帝尊为父亲，把皇后尊为母亲。他们是万民的父母。延伸开来，地方的官僚，例如清朝的知府、县令等，会被称为"父母官"，而且这种称呼一直延伸到了现在——皇帝和父母官，都会赐予臣民们"粮食"——臣民们自己已经忘记了，这些粮食其实是他们自己劳动生产的，是他们用汗水浇灌之后从田地里长出来的，而不是皇帝和父母官赐予而从空气中冒出来的。皇帝和父母官们只不过把这些粮食剥夺了，占有了大部分之后，再分发一小部分给臣民们。他们故意颠倒了这种关系，而把臣民们的真实情感能力阉割掉，让他们只剩下一种抽象的感恩：谢主隆恩，青天大人。这些粮食，也是一种"乳汁"，有效地把皇帝、父母官和臣民的关系，改造成"父子"关系。从母系的角度出发，则是"母子"关系。杨贵妃这样一个娇滴滴的美女，也用同样的"隆恩"代替了"乳汁"，收养了岁数比她大十六岁的边鄙胡虏、一脸横肉的安禄山为干儿子。安禄山如果有才，说不定也会写一首《杨贵妃，我的干娘》之类的颂歌来向皇后谄媚，而鄙视自己无名无姓的亲娘了。或者，干脆花钱买诗，让那个每天醉醺醺的家伙李太白代工炮制一点什么"云想衣裳花想容,春风拂槛露华浓"之类的香语艳句。

这种逻辑继续推演,就可以合乎逻辑地把"母亲"升华为"大地""民族""国家",这两个概念可以在方便时随心所欲地互相替换。这样,更加抽象的"母亲",就跃升为一种国家意志,而使得所有的人,都变成"子民"。"母亲"具有居高临下的地位,既可以降福、关怀"子民",也可以按照实际的需要收回"一碗水""一个面包"和"一口乳汁",剥夺后者的"子民"资格。进一步地说,一旦有谁跟国家的"母亲"联姻,就顺理成章地变成了全体"子民"的父亲了。

父亲,在这个意义上,变成了至高无上的"祭司",从而拥有了随意行使暴力的权力。从具体的家庭而向抽象的国家引申,是几乎所有中央集权国家的主流意识形态,也是封建统治阶级的核心秘密。

在《大堰河,我的保姆》里,"我"即使是在牢狱里,睹雪思亲时,想到的也不是自己的血缘上的亲生母亲,而是曾经哺乳过"我"的保姆——大堰河。这种情感非常特别,仔细分析起来,不仅仅是一种亲情,还有一种牺牲的壮烈情怀。

"大堰河"就不仅仅是保姆的名字,而变成了大地的象征。

诗人在这首诗里,通过反复咏叹,其最后的情感仍然是归于"大堰河",归于大雪飘扬的"苦难"大地。在诗歌的最后,"大堰河"与"大地"完整地融合在一起。诗人歌颂苦难的"大堰河",就是歌颂苦难的"大地"。

这首诗通过排比铿锵有力的词句,在歌颂、拔高一种虚假的情感,而这种情感,又通过课堂教育,灌输给无数的学生。爱与恨如此简单,好与坏如此粗暴,营造了一种可怕的情感暴力,这同时也是社会迷惘和动荡不安的思想根源。

附录

叶开写自己

我的童年时代，如丝瓜一样挂着，风雨淋着，太阳晒着，这么自然而然长大。没听说过补习班，不记得做过什么作业。

倒挂在树上的童年

一想到童年，耳边就响起那首歌：罗大佑的《童年》在人生的河流中响起，如一只漂浮在水面上的纸船。

我一直觉得，《童年》是给我和我的小伙伴们写的。我们在池塘边的榕树上，听着知了吱吱喳喳叫着，看着老师在黑板上写个不停，心早就飞出了窗外，越过了甘蔗林，来到了水塘边。在闷热夏天，我们从三四米高树桠上，一脑袋扎进水塘里，远处浸水乘凉的水牛背上，漾出一圈圈涟漪。那些台湾相思树，在池塘边默默地长着，我们也在树上不知不觉地长大。那些童年，我和小伙伴们如一只只丝瓜、南瓜、瓠瓜，顺着粗藤结在树枝上，高高低低，大大小小。攀在大榕树浓密枝叶上，和飞鸟一样起落，栖息，眺望远处那些看不清楚的风景。

在我们的童年，我们有时候是鸟儿，有时候是鱼儿。有时候我们伤害鸟儿，用弹弓；有时候我们捕捉鱼儿，用渔网。我们就是一些草菅物命的小魔王。我们还会手执竹鞭，一路走过，一路挥打，把庄稼和野草打得落花流水。我们沿着碎石子铁路，从铁轨走到铁轨，枕木走到枕木，观察铁轨和铁轨的接缝，测量枕木和枕木的间距。

我们会把洋钉搁在铁轨上，火车驶过，就变成了一把微剑。我们还曾把一分钱硬币放在铁轨上，火车驶过，就变成了薄纸。那时一分钱能买一颗糖，可是一张被碾成镍纸的硬币，却被拒绝接受。

一个人永远也走不完枕木和铁轨，也永远走不到小河的尽头。

我曾纠集几个小伙伴，试图探寻我们家门口那条河的源头。这条河两旁排着农田，交叉着田垄，我们探险的道路，有时被竹林阻隔，有时被甘蔗林遮蔽。经过艰难跋涉，我们来到铁路涵洞边。从涵洞穿过去有危险，翻过铁路更危险。涵洞高，很长，两头说话声音要轻，很轻。除非你们是敌人，就像大家都知道的那种敌人，才可以高声喊叫，吓唬对方。我们常常会由朋友变成敌人，在涵洞的两头发起一场场微型战争，互相向对方发射各种石子。铁路上有无穷的弹药，挑选大小匀称，适合投射的石子，兜在背心前，频频发起冲锋，让牺牲者脑袋砸出鸽子蛋大包。涵洞适合扔石子互相残杀，但如果有人端起冲锋枪扫射，敌人会无一幸免。所以，在两米多高的涵洞里扔石子，才是儿童游戏的真谛。

如果突然天降暴雨，涵洞就变成了致命的陷阱。不过，从未听说有谁笨到被涵洞淹死，只听说涵洞里有妖怪。大人总爱编这些鬼怪故事吓唬我们，胆小的小伙伴，反而平安长大。在周围乡村，常有游泳能手淹死。胆怯的孩子，人生更漫长，走得也更遥远。

我们的探险长征，过了涵洞通常就宣告结束了。

有人很想一脑袋扎进水塘里，更多人想追随，并随时可能在水塘里发起一场猛烈的水战。

我的儿童时代，被一些遥不可及的屏障挡住了想象力。西边一座大山，是我们县城最高的山祖嶂。山上主要是杂草和妖怪，但我从未到过那么远的地方。长大之后，我去过很多高得多的大山，却从未攀登过儿童时代的山祖嶂。

父亲说那里是镇海眼，有一天大水会从海眼里涌出，淹没世界。诺亚方舟停在亚拉腊山上，过了七七四十九天，大雨才停住，风才吹拂起来，这个故事跟父亲讲的有些相似。父亲讲未来的洪水。那些洪水为什么会到来？是人类的罪恶又积累到不可饶恕了么？一本书说太阳系有一颗神秘的第十二个天体。这颗尼比鲁星体积是地球的四倍，那里的高智慧生命身高也是地球人类的四倍。尼比鲁星每隔三千六百地球年就会回归一次，从火星和木星轨道间庞然穿过，引发地球的大地震，北极冰洋会融化，南极冰原会坍塌，大洪水、大灾荒会扑向欧亚大陆、美洲大陆，淹没一切。那时，尼比鲁星巨人会乘着宇宙飞船来到地球。四十六万年前，他们就来过地球。

那时，地球上还没有智人，矮小的尼安德特人在欧洲大陆生存，有智慧的类人猿在非洲大陆行走。那个世界，与我们现在看到的完全不同。

我在一次儿童阅读讲座上问，什么人总会想起过去？什么人总想探寻世界的本源？什么人总想寻找流经童年的那条河？是作家、艺术家，这些艺术家不总是往前看，而总想回到生命的源头。总有那么几颗钻石在身体深处、在记忆深处，等待你的发现。

我的童年时代，如丝瓜一样挂着，风雨淋着，太阳晒着，这么自然而然长大。没听说过补习班，不记得做过什么作业。

我老家在状如小鸡鸡的雷州半岛顶端，一个只有十几户人家的小镇上。一条黄泥路像瓜藤一样趴在铁路南边，居民的泥砖房屋错落在路的两旁。小镇每月一、四、七是赶集日，这时圩市往来之人多如过江之鲫，喧闹之声直冲云霄，各种物产琳琅满目，要把戏的手艺人引起阵阵喝彩。这也是我们的节日。

小镇平时安静得让人紧张，连话都不敢大声说。路北的张六家摆杂货店，他儿子张红光天天有糖吃，不到九岁，牙齿就全蛀光了。他女儿张红梅是我们班同学，张红光也是，但兄妹俩从来不一起上学。张六家一吃肉就大声发笑，连路南的夏振国家都能听得见。夏振国和老婆都是瞎子，他们家纺麻绳，月光下心灵手巧，小孩子到处乱跑，个个都眼明手快。

在坡脊这样袖珍小镇，我们竟然也拉帮结派，斗个你死我活。

那时我们不过六一节，我们每天都玩"一定要解放台湾"的游戏。不知道谁发明这个游戏，听起来我们这帮不知道台湾在东南还是西北的小猴孩们，肩负着登陆台湾消灭国军的重任。我们就是在街上跑来跑去，相互打闹追逐，消耗永无穷无尽的精力，打发没完没了的无聊光阴。童年时代，时光那么漫长，那么难熬，长大需要那么久。可人到中年，时光飞逝，我们的时间哪里去了？

小伙伴中，张红梅是中间派。她眼睛很大，性格内向，神情忧郁，不爱说话。我从小喜欢她，现在连她的样子都忘记了，我还喜欢她。也许这只是一个记忆，一根小草，在记忆深处结着露珠，照亮了我返回童年的小路。

小镇上动物真多，猪啊、狗啊、鸡啊、鸭啊，都在黄泥路上旁若无人地跑。除了我们这些惹是生非的小猴孩，还真是旁边无人。我们一出现，动物们就四散而逃，长得比狗还精干的猪们跑得比鸭子还快。只有大白鹅不动声色，静候着我们的到来。但我们全都吃过亏，知道大白鹅有多厉害。一百多斤的大白鹅，长脖如一根扁担，头如铁锤，嘴如钢锥，被啄一下，重则骨折，轻则红肿。张红光屁股遭过大白鹅打击，一个可疑黑斑印在他瘦屁股上，如耻辱印记，成为他的梦魇。为此，连下河游水他都不肯脱裤子。

　　然后，我们就这么突然长大了，连我的女儿也不再是儿童了。

　　有一天在华东师范大学校园里走，看见路边那几棵熟悉的梧桐树，女儿疑惑地问我："爸爸，爸爸，你真的经常爬上去静坐吗？"

　　我够了够，发现够不到了分叉处，自己也迷惑起来。毕业二十多年，比我年纪大很多的梧桐树竟然也长高了。当年我们这些大学生穷极无聊，每天晚上翻墙出去喝酒，喝完回校就借酒唱歌，一直唱到把保卫处的人都招来，这才停止了夜晚的疯狂。

　　窗外，一阵大雨飘过城市的上空，掩盖了整个城市，也掩盖了我的记忆。

我的中学时代

我的老家坡脊是一个比芝麻还小的圩镇，位于中国大陆最南端的雷州半岛。你们都会用网络地图，我保证你们怎么放大，也看不见我的家乡。我自己试着在网上找，忧伤地发现，我的家乡似乎随着一阵热带季风消失了。

我念书的龙平小学，当时主要的活动是种植甘蔗，课余活动是捉鱼摸虾，从来没有做作业的记忆。那时候我们吃完晚饭，还要成群结队回学校晚自修，小孩子每人拎着一盏煤油灯，身体融进浓稠的夜色，在热情蚊虫的簇拥下，快乐地返校。在教室里，听话的同学会看看课本，我们这些猴孩则忙着在玻璃灯罩上炒豆子。乡村孩子想象力丰富，动手能力强，也容易满足。我们在玻璃灯罩上架一只用香烟包装锡纸叠成的小锅，从衣兜里掏出一把珍贵的黄豆小心地放进去，借着豆大的煤油灯火焰，慢慢地，香气就袅袅飘散在整个教室里，同学们的屁股都坐不住了。

那时学习松散，老师自己不知到哪里去打牌了，也不管我们闹翻天。乡村本来寂寞，闹得越欢越解闷。

同学们在教室里，完全是一种嘉年华般的欢乐时光。

我们的学校在一片山洼间，山上是一望无际的甘蔗林，山下是波光粼粼的大水塘。这种环境下，小动物特别多，小虫子也丰富。到了夏天，我们的精美食物从豆子转向蝉和蚂蚱，吃得不亦乐乎。那时不通电，晚自修八点钟结束，天色已经很晚了，夜也很深了。一百多个小伙伴们从不同的教室出来，前前后后在路上走，各种方向都有，每人提着一盏小油灯，人的行踪散出去很远，说话的声音和灯光一起，点缀了寂寞的夜晚。

我的家乡属于亚热带气候，天气变化多端，刮风打雷下雨，电闪雷鸣发洪水，生活贫穷而快乐。在这种简单的快乐中，很少有人想到将来怎样，要做一个什么样的人。

小学毕业考试中，我的语文和数学成绩加起来九十九分，升不上初中。但我大姐走了个后门，把我弄进了河唇初级中学，这才有了继续读书的机会。

那时河唇是一个小镇，仍然叫公社，但河唇又是柳州铁路局辖下的火车大站，从北方来的火车从河唇枢纽分成两个方向，分别前往茂名和湛江，因此这里有一个车辆段，段长级等同于县长。河唇镇还有一个更厉害的大单位，是雷州水库运河管理局。

我的家乡虽然偏僻，气候炎热，但有一座排在全国十大之列的鹤地水库。这座水库面积巨大，水质清澈，在水库管理局不远的青年亭上眺望，简直烟波浩渺，横无际涯，中有数个小岛，从没人上去过，令人十分遐想。

我从小就在鹤地水库里玩水，上初中后住集体宿舍，几十个人挤在一间教室改成的宿舍里，周末才骑自行车行走十几里地回坡脊。其中最重要的路段，是在鹤地水库的大坝上。那个大坝黄泥路面，如果下雨，又被手扶拖拉机碾过，几乎就是不能通行的黄泥沼泽地带了。虽然不会陷入没顶之灾，但黄泥黏性大，骑车冲上去，会被黄泥巴来个直截了当的急刹车。有些冒失的孩子，也干脆就从自行车把手前飞出去，落在黄泥汤了。有那么大的一座水库，衣服弄脏了也没有问题。我们会连车一起扛着翻过堤坝围栏，带着车一起冲进水库浅滩里洗澡。乡村孩子没那么多讲究，直接脱个精光，衣服在水里泡掉黄泥浆后，摊在草上、石头上晾晒，我们则继续在水里泡澡，去暑。

我入读的河唇初级中学等级森严，每年级按照优、良、中、差分为四等，优等生在一班，他们的任课老师是学校选了又选、拔了又拔的。他们的数学老师不用角尺都能画出完美的直线，我们的老师用上三角板都计算不出两个直角相加等于多少度；他们的语文老师不看课本就能倒背如流，我们的语文老师看着课本口水直流；他们的英语老师能把英语说得跟八哥似的婉转动听，我们的英语老师原来是教德育的，只会那几句"耗子打油"（How old are you）、"我是有奶"（What's your name）、"打死啊喷死噢"（That is a

pencil）什么的，反反复复把我们拎起来折磨。我所在的四班被学校视为垃圾回收站、差生集中营，全公社的坏蛋全都在这里自生自灭。教我们的老师有杀猪的、有开拖拉机的、有打预防针的、有做冰棍的，个个身份都十分可疑。我们都比较喜欢做冰棍的老师，因为地处热带边缘，他们家有一台垄断性的大冰柜，冰柜里装满了咸得死人的黑乎乎盐水，这样的盐水可以到零下十八度都不结冰。

我们班两年之内换了四个班主任，到初二结束，来了吴卓寿老师。

有一天，他把我留在教室里，问我："廉江去过吗？"

廉江是我们的县城，我去过很多次，很喜欢那里的一家私人书屋，很多图书都是在他们家看到的。对于我们这些乡村孩子来说，县城就是不得了的大城市了。

我点点头。

"喜欢吗？"吴老师问。

"喜欢。"

"湛江去过吗？"吴老师又问。

湛江市是我们雷州地区的首府，南海舰队的基地，美丽的海港城市，曾经被一名歌手唱得令人悠然神往。

"去过……"我点点头。我小时候去过两次，母亲带我们去湛江动物园看猴子和哈哈镜。

"喜欢吗？"吴老师用沾了蜜一样的语调继续问。

我点头。

"不仅你喜欢，我也喜欢。"吴老师说，"我做梦都想去湛江工作"。

我没想到吴老师还会做梦，觉得他这个人有些与众不同。

"那，我问你，广州去过吗？"吴老师的声音从天外传来。

广州？好吧，广州，我一听到这个名字，心里就像打翻了七八瓶调味酱，酸甜苦辣一起涌向我的喉咙。虽然我根本算不出世界上竟然还有七八种调料。

我父亲当过兵，去广州玩过，他在给我讲故事时，总说曾经在大戏院听过红线女唱粤剧,那声音美得就是鹦鹉也发不出来。

没等我回答,吴老师就从我苦闷的小黑脸上看到了答案,"广州,别说是你,我都没去过……"吴老师坐在我面前的桌面上,朝着教室外面挥挥手,赶走了几个探头探脑的家伙,居高临下地对我说,"广州,就是天堂。那里人人都身穿绫罗绸缎,天天都吃山珍海味,那里的女孩子个个像公主一样漂亮,你想想,你开动脑浆好好想想……"

我的脑浆完全不够用。

但我知道,我的脑浆里有一小根灯芯,被吴老师这能把稻草说成金条的舌头点燃了。他只需稍微再拧一下我这根灯芯,火就会旺起来,"如果你好好读书,考上大学,就能去广州了。你就可以在广州工作,还可以娶一个大城市的妹子。今后,你的孩子就能过上幸福的生活了"。

我那时才十四岁,吴老师就对我开始了成功学教育。不得不说,他的引诱式教育是有效果的,我被他鼓动得身体里有一阵火腾地烧了起来。

吴老师的家就紧挨着我们的教室,他不仅教我们语文,还顺便烤面包。每天烤五十个面包,四十五个给我们,剩下五个他们全家当早餐。

吴老师是我家乡中最早具有灵活的商业头脑的人,他曾经过早地停薪留职去开汽车跑长途,但被人骗了几次之后,亏了很多钱,不得不再次回到学校教书。他后来,真的去了湛江赤坎区的一所学校教书,实现了自己的愿望。

我则在他的煽动下,发奋努力,勉强以六门科目总分三百六十分的全班第一名成绩,很危险地搭上末班车,考进了河唇中学。

河唇中学在河唇火车站的另一头的坡上,高高低低的房屋错落着,看不出什么有致来。这所学校很偏僻,但后来据我考证,一千六百多年前唐朝在极南方设立的罗州府,其所在地就位于我们河唇中学的某个柴房屋基下。后来,我毕业了很久,廉江县政府在距离河唇中学不远处设立了一块纪念碑,表示这里真的是古城遗址。

河唇中学虽然校舍凌乱,各种设施倒是一应俱全。十几排瓦房坐落在不同方位,各个班级也不一定紧邻,看哪一间瓦房空出来了就安排哪一个

新班级进去。两年高中,一年调换一次教室,同时也调换一次宿舍。我们每个班都占有一幢瓦房,一头是教室,一头是集体宿舍,所以上课下课,都在隔壁,很方便。

我们河唇中学只有理科班,只有我读到了高二,强烈要求成立一个文科班,学校才有了文科班。但校领导很为难:文科班要上地理和历史,哪里可以找到老师呢?经过他们神乎其神的调配,一位上地理的老师改行教我们语文,而原来教政治的罗老师边学习边兼着教我们地理。历史老师是一位瘦瘦的老老师,老得有些驼背了,我不记得他姓什么了。他的历史知识实在贫乏,后来我们班主任在有些时候,就让我来给班上的同学兼着上历史。

我懂得也不多,就是认认真真把历史教科书翻完了而已。但我们同班同学,很多人都没有翻看过历史书,他们的历史书,不到半个学期,就变成各种纸飞机,消失在历史的长河中了。

那年高二参加湛江地区的预考,文科班只有我一个人上线,拥有参加高考的资格,其他四十多个同学都幸灾乐祸地看着我,欢送我撤出集体宿舍,搬进学校专门为我腾出来的招待所中一所发霉的房间里去。作为全校有史以来第一位过了预选线的文科生,我享受了特殊的待遇,不仅搬进了招待所,而且拥有了不做早操的特权。老师们还让我火线入了团,并且当上了团支部书记。

1986年我高二毕业,参加了那年的高考,六门加起来三百八十四分。这个分数,如果放在上海,大概可以上个大专,在我们湛江地区只能上个云中学堂。号称公平的高考,因地区差异而造成的极度不公,至今导致边远地区孩子即使付出更大的努力、更多的汗水,仍然不能得到同等的升学机会。这样极其不公平的高考制度,也仍然被一些目光短浅的人极力维护着。

我父亲让我进县一中文科补习班深造。

他说,你随便读,考不上就回家卖凉茶。

那时我哥哥已经在县一中文科补习班混了三年,我进文科班时,他已经补习到了第四个年头,他的同学如果应届考进大学的话,已经面临大学分配了。我进了文科补习班,因为有地头蛇我哥哥罩着,并且引荐给各路豪杰,才不被欺负,不感到陌生。那时我才知道,有一位补习班老前辈已经在这里第八个年头了。我看到他的脸上,有一种古怪的表情。他对我打招呼,也一声不吭,只是脑门上,皱起几线很深的皱纹。

我卖凉茶很有一手,在我们家,我每次卖凉茶都能赚更多的钱。

好几次在大学里演讲,我都吹牛说,如果我没有考上大学,说不定就没有现在的王老吉什么事了。

谁知道呢?

图书在版编目(CIP)数据

对抗语文/叶开著. —2 版(修订版). —上海：复旦大学出版社，2015.5(2019.6 重印)
ISBN 978-7-309-11292-4

Ⅰ. 对… Ⅱ. 叶… Ⅲ. 阅读课-中学-课外读物 Ⅳ. G634.333

中国版本图书馆 CIP 数据核字(2015)第 054930 号

对抗语文(修订版)
叶　开　著
责任编辑/李又顺　关春巧
复旦大学出版社有限公司出版发行
上海市国权路 579 号　邮编：200433
网址：fupnet@fudanpress.com　http：//www.fudanpress.com
门市零售：86-21-65642857　团体订购：86-21-65118853
外埠邮购：86-21-65109143　出版部电话：86-21-65642845
浙江新华数码印务有限公司

开本 787×1092　1/16　印张 20.5　字数 279 千
2019 年 6 月第 2 版第 4 次印刷
印数 23 001—29 000

ISBN 978-7-309-11292-4/G·1457
定价：36.00 元

如有印装质量问题，请向复旦大学出版社有限公司出版部调换。
版权所有　　侵权必究